Michael Herbst
Patrick Todjeras

Verwurzelt!

Stimmen zum Buch

»In Zeiten zahlloser Umbrüche eine starke und sichere Orientierung im Glauben. Ein beeindruckendes Werk, geistlich fundiert und reich an menschlicher Erfahrung. Ein großer Gewinn für jeden, der im Glauben wachsen will und auf ‚gesunde' Nahrung setzt.«

Otto Neubauer | Leiter der „Akademie für Dialog und Evangelisation" in Wien

»Ohne die Geschichte Jesu bleibt Gott ungreifbar, der Glaube wirkungslos, die Kirche belanglos. Die Autoren öffnen ein herausforderndes Panorama, um in Glaube, Hoffnung und Liebe wachsen zu können.«

Hans-Hermann Pompe | Generalsekretär der „Arbeitsgemeinschaft Missionarische Dienste" in Berlin

»In den Gemeinden wächst die Sehnsucht nach Tiefgang im Glauben. Dieses Buch gleicht einem faszinierenden Reiseführer, der durch theologische Insider-Tipps dabei hilft, sich bei Christus zu verwurzeln. Absolut lesenswert!«

Markus Weimer | Pfarrer der Ev. Landeskirche in Baden, Leitungsteam „churchconvention"

»Verpflanzt. Verwurzelt. Verwachsen. Durchdrungen. Michael Herbst und Patrick Todjeras eröffnen hier einen tief durchdachten Grundkurs für geistliches Leben. Darin verweben sie die Jesusgeschichte mit unserer eigenen. Praxisnah und theologisch verantwortet zugleich führen sie den Leser durch die zentralen Themen der Nachfolge. Ein Buch, das auch als Gruppe gelesen werden kann und hilft, dass wir werden wie ›Bäume, gepflanzt an Wasserbächen‹ (Psalm 1).«

Roland Werner | Generalsekretär des CVJM-Gesamtverbands und Prior der Christus-Treff-Gemeinschaften

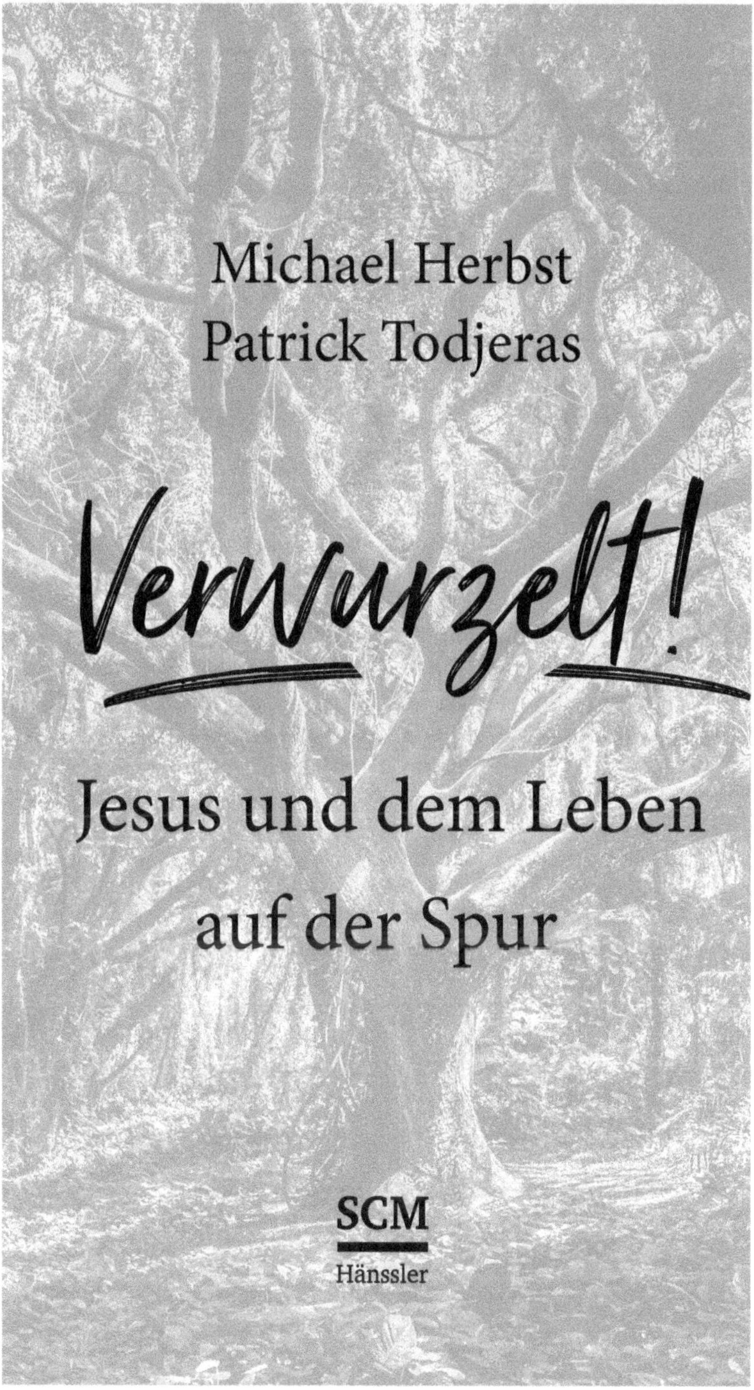

Michael Herbst
Patrick Todjeras

Verwurzelt!

Jesus und dem Leben auf der Spur

SCM
Hänssler

SCM

Stiftung Christliche Medien

SCM Hänssler ist ein Imprint der SCM Verlagsgruppe, die zur Stiftung Christliche Medien gehört, einer gemeinnützigen Stiftung, die sich für die Förderung und Verbreitung christlicher Bücher, Zeitschriften, Filme und Musik einsetzt.

MIX
Papier aus verantwortungsvollen Quellen
FSC® C014496

2. Auflage 2021

Max-Eyth-Straße 41 · 71088 Holzgerlingen
Internet: www.scm-haenssler.de; E-Mail: info@scm-haenssler.de

Lektorat: Christiane Kathmann, www.lektorat-kathmann.de
Umschlaggestaltung: Kathrin Spiegelberg, Weil im Schönbuch
Autorenfoto Michael Herbst: Kilian Dorner
Autorenfoto Patrick Todjeras: Naemi Todjeras
Titelbild: Vanja Terzic
Satz: Christoph Möller, Hattingen
Druck und Verarbeitung: GGP Media GmbH, Pößneck
Gedruckt in Deutschland
ISBN 978-3-7751-6032-2
Bestell-Nr. 396.032

Inhalt

Vorwort

Ich, Michael, liebe den Wald. Patrick hat es eher mit den Bergen. Okay, jedem das Seine! Mir ist nicht so wohl (sehr vorsichtig formuliert), wenn es hoch hinaus- und – mehr noch – tief hinabgeht. Das ist in Wäldern eher selten der Fall, deshalb liebe ich sie. Laufen, Wandern, auf einer Bank sitzen und die Bäume anschauen. Im Frühjahr die Buschwindröschen bewundern und das frische Grün der Buchen. Im Sommer das Licht der Sonne bestaunen, das durch das Blätterdach fällt. Im Herbst die bunten, leuchtenden Blätter genießen. Im Winter auf knirschendem Schnee durch den Wald streifen.

Wälder tun der Seele gut, das ist erwiesen. Waldbaden ist in. Es baut Stress ab, stärkt das Immunsystem und hilft, Abstand von den Alltagssorgen zu bekommen. In unserer schönen vorpommerschen Boddenlandschaft gibt es auf der Insel Usedom den ersten »Kur- und Heilwald« Deutschlands. Inzwischen kann man sogar Kurse belegen und sich zum »Kursleiter« oder zur »Kursleiterin für Waldbaden« ausbilden lassen.[1]

So weit will ich es nicht treiben, aber in den Wald zieht es mich immer wieder und sooft wie möglich. Manchmal denke ich dabei über die Bäume nach, die ich in unserem Universitätsforst sehe. Ganz in unserer Nähe befindet sich an einer Kreuzung im Wald eine alte Linde. Man erzählt sich, dass der Forstmeister Plagens sie vor bald 90 Jahren pflanzte, eine Bank dazustellte und sich vornahm, hier seinen Ruhestand zu genießen.[2] Was dieser Baum schon alles gesehen hat!

Die Linde steht da: fest, gesund, mit einem mächtigen Laubdach, alt, aber stabil. Ihre Wurzeln reichen hinab ins Erdreich, halten den Baum aufrecht, lassen ihn Wind und Wetter, Sturm und Schnee, Hitze und Frost überstehen. Am Wurzelstock (das ist der Übergang vom Stamm zu den Wurzeln) hängt das Wurzelsystem, das bei der Linde »Herzwurzelsystem« heißt. Über die Wurzel versorgt sich der Baum mit Nährstoffen, die aufgenommen, gespeichert und weitergereicht werden – bis in die Blätter hinein. Die Grobwurzeln sind dabei für das Gerüst zuständig und halten den Baum, die Feinwurzeln versorgen ihn.[3]

Bäume können sogar über ihre Wurzeln kommunizieren! Sie empfangen Informationen und geben sie weiter, am Baum selbst zwischen Blättern und Wurzeln (zum Beispiel, um in trockenen Zeiten die Verdunstung zu mindern), aber auch von Baum zu Baum. Schon Charles Darwin vertrat die Idee eines »root brain«, eines Wurzelgehirns. Die kanadische Forstwissenschaftlerin Suzanne Simard (Universität British Columbia) spricht sogar von einem »Wood Wide Web«. Sie konnte nachweisen, dass Bäume »Nährstoffe und Informationen quer durch den Wald austauschen. Fehlen einem Baum Nährstoffe, versorgen ihn die anderen Bäume«.[4] Diese Tatsache hat uns auch auf der Suche nach einem treffenden Titel für unser Buch inspiriert.

Wir sind jedoch nicht die Ersten, die sich vom Bild des Baumes und der Wurzel dazu anregen lassen, über den christlichen Glauben nachzudenken. In Psalm 1, der so etwas wie das Zugangstor zur Welt der Psalmen darstellt, wird der gesunde Baum zur Metapher für den Menschen, der Gottes Wort liebt und mit Eifer studiert. Ein solcher Mensch »ist wie ein Baum, gepflanzt an den Wasserbächen, der seine Frucht bringt zu seiner Zeit, und seine Blätter verwelken nicht. Und was er macht, das gerät wohl« (Vers 3).

Über die Gerechten heißt es in Psalm 92,15: »Und wenn sie auch alt werden, werden sie dennoch blühen, fruchtbar und frisch sein.« Diese Vorstellung dürfte besonders den älteren Leserinnen und Lesern gefallen.

Auch Jeremia vergleicht den, der auf Gott vertraut, mit einem am Wasser gepflanzten Baum, dessen Wurzeln zum Bach hin ausgestreckt sind (Jeremia 17,8).

Jesus spricht von guten und faulen Bäumen, die man jeweils an ihren Früchten erkennen kann. Dabei denkt er an die

Menschen, die sein Wort hören und danach leben (Matthäus 7,17-20). Das Wort zu hören ist so etwas wie der Nährstoff, den gesunde Bäume brauchen! Einen guten Baum muss man nicht auffordern, gute Früchte zu bringen. Er tut es wie von selbst. Es ist die unmittelbare Folge seines Wesens als guter und gesunder Baum.

Patrick und mir ist besonders ein Abschnitt aus dem Epheserbrief wichtig geworden: Es ist eine der wenigen Stellen, an denen uns ein »apostolisches Gebet« vorliegt. Paulus betet für die Gemeinden, an die er schreibt. Sein Anliegen ist klar:

> *Ich kann nur meine Knie beugen vor Gott, dem Vater, dem Vater von allem, was im Himmel und auf der Erde ist. Ich bete, dass er euch aus seinem großen Reichtum die Kraft gibt, durch seinen Geist innerlich stark zu werden. Und ich bete, dass Christus durch den Glauben immer mehr in euren Herzen wohnt und ihr in der Liebe Gottes fest verwurzelt und gegründet seid. So könnt ihr mit allen Gläubigen ihr ganzes Ausmaß erfassen, die Breite, Länge, Höhe und Tiefe. Und ihr könnt auch die Liebe erkennen, die Christus zu uns hat; eine Liebe, die größer ist, als ihr je begreifen werdet. Dadurch wird euch der Reichtum Gottes immer mehr erfüllen.*
>
> Epheser 3,14-19; NLB

Das ist offenbar das Ziel, zu dem wir als Christen unterwegs sind: Der inwendige Mensch, das neue Leben, das uns durch Taufe und Glauben geschenkt ist, soll stark werden. Und das verdeutlicht Paulus durch Bilder aus der Natur und dem Bauwesen: Wir sind dann »eingewurzelt« wie die Linde im Weitenhäger Universitätsforst und fest gegründet wie ein solides Haus auf seinem Fundament. Christus selbst hat Wohnung in unserem Herzen genommen, der Mitte unseres Menschseins. Wir wachsen in der Erkenntnis und in der Liebe. Kopf und Herz folgen dem, was sie von Christus lernen, und das Handeln folgt auf dem Fuß.

Etwas später im Epheserbrief nimmt Paulus diesen Faden

noch einmal auf. Durch die verschiedenen Dienste, Aufgaben, Rollen und Ämter in der Gemeinde soll der Leib Christi erbaut werden. Dabei werden die Christen allmählich wachsen: »zur Einheit des Glaubens und der Erkenntnis des Sohnes Gottes, zum vollendeten Menschen, zum vollen Maß der Fülle Christi, damit wir nicht mehr unmündig seien und uns von jedem Wind einer Lehre bewegen und umhertreiben lassen« (Epheser 4,13). Hier verwendet der Apostel Kategorien menschlicher Reifung: Mündig sollen die Christen werden. Das ist ein wesentliches Ziel, dem die Dienste, Aufgaben, Rollen und Ämter in der Gemeinde gewidmet sein sollen. Darum sprechen wir in unserer Gemeinde in Greifswald, wenn wir über das Leben von Jüngerinnen und Jüngern nachdenken, stets von lebendigem, mündigem Christsein.[5]

Wer Gottes Wort und Weisung liebt, von dem heißt es, dass er ein fruchtbares Leben führt – wie ein fest verwurzelter Baum.

Dabei denke ich wieder an den ersten Psalm: Wer Gottes Wort und Weisung liebt, wer sich mit der Schrift befasst, sie wieder und wieder liest und bedenkt, von dem heißt es, dass er ein fruchtbares Leben führt – wie ein fest verwurzelter Baum. Anders gesagt: Er wird lebendig und mündig im Glauben.

Im Neuen Testament ist das alles auf Jesus ausgerichtet: Lebendiges, mündiges Christsein ist nichts anderes als Nachfolge. Christus nachzugehen ist Berufung jedes Getauften, ist Wesen lebendigen Glaubens. Auf Jesus zu hören, ihm zu vertrauen, von ihm getragen (sicher auch: ertragen) zu werden, von ihm alles Nötige zu bekommen, das unser Leben nährt, das ist der Weg des christlichen Glaubens. »In Christ alone«[6], singen wir in einem bekannten Lobpreislied; »Solus Christus«, Christus allein, ist der Ruf der Reformatoren.

Da findet sich nun alles zusammen: Lebendiges und mündiges Christsein hat damit zu tun, dass wir in der Liebe Christi verwurzelt sind. Diese Wurzel gibt uns Halt, sie versorgt uns mit allen nötigen Nährstoffen, macht uns belastbar und vital. Jetzt können wir alles, was wir über Wurzeln gelernt haben, sinnbildlich übertragen. Wenn ich durch den Wald laufe oder wandere, dann betrachte ich die (gesunden) Bäume und denke: So fest verwurzelt möchte ich sein, in der Liebe Christi, in Erkenntnis und Wesen des Gekreuzigten und Auferstandenen.

Darum haben wir ein Buch geschrieben, in dem wir gemeinsam »Jesus nachgehen«. Paulus hat es einmal als sein Ziel beschrieben, den Christen in Galatien Jesus Christus als den Gekreuzigten vor Augen zu malen (Galater 3,1). Der Weg des Wachstums und der Reifung im Glauben führt nicht über mehr »Innerlichkeit« im Sinne einer tieferen Einkehr in das eigene Selbst, sondern er hat mit einer Änderung der Blickrichtung zu tun: von uns weg auf Jesus hin.

Der Glaube lässt sich Jesus Christus als den Gekreuzigten vor Augen malen. Da schaut er hin. Und wenn er wieder weggeschaut und mit sich selbst befasst ist, sei es stolz über das Erreichte, stolz über Geleistetes, über Anerkennung, über Fortschritte im Glauben, sei es deprimiert über das Verfehlte, erschüttert über Versagen und Zurückbleiben, gekränkt durch Zurückweisung, dann heißt Umkehr vor allem Umkehr der Blickrichtung: zurück zu Jesus, zu seiner unverrückbaren Gnade, seiner Treue, seiner Aufmerksamkeit, seiner Vergebung und seinen Mandaten für unser Leben. Der lebendige und mündige Glaube schaut auf Jesus. Er geht Jesus nach. In Gedanken. Im Gespräch. In der Gemeinschaft. In der Anfechtung. Im Dank. Im tätigen Dasein. Im Erfolg. Im Leiden. In der Liebe zu den Menschen, zu denen Jesus unterwegs ist.

Die Veränderung unseres Lebens hat eine Nebenwirkung: Wir schauen weniger auf uns und mehr auf ihn. Wir sehen uns in ihm verwurzelt: unsere Schuld vergeben, unser gutes Ende besiegelt, unsere Bestimmung geklärt, unsere Angst beruhigt, unser Sehnen gestillt, unser Schutz garantiert. Unter der Hand ändert sich dabei vieles, aber wir registrieren es nicht als »unsere Fortschritte«. Andere vielleicht schon, wir nicht, denn wir sind ja mit Jesus beschäftigt und nicht mit unseren Fortschritten. Bei uns weiß die Rechte nicht so genau, was die Linke tut. Wir tragen unsere Siege nicht mehr wie Trophäen vor uns her. Wir stürzen durch unsere Niederlagen nicht mehr in Verzweiflung. So oder so sind wir – durch Taufe und Glauben und Nachfolge – in Jesus verwurzelt.

> Der lebendige und mündige Glaube schaut auf Jesus. Er geht Jesus nach.

Dieses Buch soll dem nacheifern, wovon Paulus spricht: Es soll Menschen Jesus Christus als den Gekreuzigten und Auferstandenen vor Augen malen. Die Texte im ersten Teil folgen dem Weg Jesu und zeigen, was es bedeutet, zu ihm umzukehren und zu seiner Familie zu gehören. Im zweiten Teil beschreiben wir, wozu uns Jesus aussendet. Im dritten Teil geht es darum, zu zeigen, wie durch Jesus alles neu werden kann. Der vierte Teil ist ein kräftiger Schlussakkord, der noch einmal das »Solus Christus« herausarbeitet.

Wir Autoren sind seit einigen Jahren brüderlich, kollegial und freundschaftlich miteinander unterwegs: als Prediger bei GreifBar, unserer Gemeinde in Greifswald, und als Kollegen in der Leitung des Instituts zur Erforschung von Evangelisation und Gemeindeentwicklung der Universität Greifswald. Dieses Buch ist aus der Arbeit unserer Gemeinde entstanden. Wir hoffen, dass es Ihnen, unseren Leserinnen und Lesern hilft, Jesus nachzugehen.

Zusätzlich haben wir Material entwickelt, das dabei hilft, die Texte in Gruppen zu besprechen, sodass dieses Buch auch in Hauskreisen und Kleingruppen, für Freizeiten und Mitarbeiterrunden genutzt werden kann.

Wir danken denen, ohne deren Hilfe dieses Buch nicht zustande gekommen wäre: den Theologiestudentinnen Miriam Best und Juliane Franke, die bei der ersten Sichtung der Texte geholfen haben, Christiane Herbst für akribisches Korrekturlesen, Annalena Pabst für die vorzügliche Betreuung im Auftrag des Verlags, Christiane Kathmann für das intensive Lektorat und last but not least all jenen, die uns auf unserem Lebensweg immer wieder ermuntert haben, Jesus nachzugehen.

Michael Herbst, Weitenhagen und Sjöhagen
Patrick Todjeras, St. Georgen im Attergau
Im September 2019

Erster Teil

Verpflanzt – Der Boden, in dem wir wachsen

Zeit, um Wurzeln zu schlagen

Es gibt tatsächlich einen Menschen, der seine Rechner mit 300 Millionen Daten gefüttert hat, um herauszufinden, welcher Tag im letzten Jahrhundert besonders ereignislos war. Wer heute im Rentenalter ist, kann sich vielleicht noch an diesen Tag erinnern – oder auch nicht. Laut William Tunstall-Pedoes Recherchen war der 11. April 1954 der langweiligste Tag des 20. Jahrhunderts. Nichts Besonderes ist an diesem Tag passiert. Gar nichts! Es gab eine Wahl in Belgien und ein türkischer Universitätsrektor wurde geboren. Für seine Eltern war das bestimmt etwas Besonderes, und die Wahl hat vermutlich für ein paar Schlagzeilen gesorgt, aber im Blick auf die Weltgeschichte ist dieser Tag bedeutungslos.[7]

Sicher ist es interessanter, die spannendsten Tage zu suchen. Große Momente wie das Wunder von Bern 1954, der Warschauer Kniefall 1970, der Fall der Berliner Mauer am 9. November 1989 oder als die deutsche Fußballnationalmannschaft im Sommer 2014 Weltmeister wurde. Schreckliche Begebenheiten wie das Attentat auf Martin Luther King 1968, der Bombenanschlag auf das Murrah Federal Building in Oklahoma City am 19. April 1995, der Tsunami im Indischen Ozean am 26. Dezember 2004 oder die Pariser Attentate am 13. November 2015. Tage, an denen große Reden gehalten wurden, sind ebenfalls interessant. Oft waren das Tage, an denen wichtige Menschen ihr Amt antraten.

Manche Sätze aus diesen Reden sind sehr bekannt. Wer sagte beispielsweise zum Amtsantritt: »Fragt nicht, was euer Land für euch tun kann, sondern fragt, was ihr für euer Land tun könnt«?[8]

Und von wem stammt dieses Zitat: »Von heute an müssen wir uns aufraffen, uns den Staub abklopfen und wieder mit der

Arbeit beginnen, Amerika zu erneuern. … An diesem Tag sind wir hier, weil wir die Hoffnung statt der Furcht gewählt haben.«? Schon schwerer! Ein Tipp, das war genau 48 Jahre später.[9]

Wer sagte vier Jahre später an einem anderen großen Tag: »Und nun möchte ich den Segen erteilen. Doch zuerst bitte ich euch um einen Gefallen. Bevor der Bischof das Volk segnet, bitte ich darum, dass ihr den Herrn bittet, damit ich gesegnet werde.«?[10]

Ein Letztes noch: Wer sagte in seiner Antrittsrede: »Die Zeit ist erfüllt, und das Reich Gottes ist nahe herbeigekommen. Tut Buße und glaubt an das Evangelium!«?[11]

> Die Zeit ist erfüllt, und das Reich Gottes ist nahe herbeigekommen. Tut Buße und glaubt an das Evangelium!

War der Tag, an dem Jesus zum ersten Mal in der Öffentlichkeit auftrat, einer der langweiligen oder einer der aufregenden Tage? Das ist schwer zu sagen, denn wir kennen nicht einmal das Datum. Wir haben nur eine äußerst knappe Zusammenfassung seiner ersten Rede und erfahren ein paar der Ereignisse, die auf diese Rede folgten. Hand aufs Herz, wir würden eher sagen, die Heilige Nacht (Lukas 2,6-20) war aufregend, und ganz sicher war jenes Wochenende aufregend, an dem Jesus hingerichtet wurde und plötzlich wieder lebendig war (Markus 14,32–16,14). Warum aber sollte dieser Tag seiner ersten öffentlichen Rede aufregend sein?

Der Evangelist Markus findet die Heilige Nacht offenbar nicht so interessant. Er erzählt nicht einmal von ihr. Stattdessen beginnt er sein Evangelium mit einer Vorstellung, wer Jesus war, erzählt von seiner Taufe und dann geht es los – mit dieser ersten Rede. Wäre Markus persönlich hier, würde er sagen: »Das ist die größte Rede, die ich je vernommen habe!«

Und ich denke: »Wäre ich nicht so träge und abgebrüht, müsste es mich aus den Schuhen hauen, was hier von Jesus gesagt wird! Wenn ich das ernst nähme, würde kaum etwas bleiben, wie es ist!«

Zeit, in der wir leben

Nachdem aber Johannes überantwortet wurde, kam Jesus nach Galiläa und predigte das Evangelium Gottes und sprach: Die Zeit ist erfüllt, und das Reich Gottes ist nahe herbeigekommen. Tut Buße und glaubt an das Evangelium!

Markus 1,14-15

Jesus beginnt seine Antrittspredigt mit einer Zeitansage: »Die Zeit ist erfüllt«, so übersetzt Luther. »Die von Gott bestimmte Zeit ist da«, heißt es in der BasisBibel und: »Die Zeit ist gekommen«, in der Neuen Genfer Übersetzung. Anschließend verkündet Jesus: »Das Reich Gottes ist nahe herbeigekommen.« Man kann auch übersetzen: »Sein Reich wird sichtbar in der Welt« (BB) oder »Das Reich Gottes ist nahe« (NGÜ). Ich würde es so ausdrücken: »Es ist so weit. Der von Gott bestimmte Zeitpunkt ist da. Die Zeit ist erfüllt.« Dabei schwingt mit: Es reicht jetzt! Vorbei ist das Warten!

In meiner Familie gibt es seit meiner Kindheit ein kleines Glöckchen, das nur einmal im Jahr zum Einsatz kommt. Das Weihnachtszimmer ist für alle tabu, für unsere erwachsenen Kinder und erst recht für die Enkel. Erst wenn das Glöckchen erklingt, dürfen sie hinein, den Baum bestaunen, den Duft riechen, die Weihnachtsmusik hören. Vorher herrscht große Spannung, doch plötzlich ist der große Moment da: Es ist so weit. Vorbei ist das Warten. Bis heute geht dann ein kleiner Ruck durchs Herz: Endlich. Jetzt kann das Fest beginnen!

Jesus sagt nicht weniger: »Jetzt, in diesem Moment ist es so weit. Das Reich ist im Kommen. Es wird alles neu. Gott lässt das Neue beginnen. Von nun an scheidet sich die Zeit in ein Vorher und ein Nachher. Die Zeit ist erfüllt. Weil ich da bin. Indem ich da bin.«

In Greifswald sind wir Teil einer Gemeinde mit dem etwas seltsamen Namen GreifBar. Mit großem B, weil es bei uns immer etwas zu essen und zu trinken gibt. Im Logo haben wir das »G« aus dem Greifswalder Stadtmarketing, weil wir für diese Stadt und in dieser Stadt Gemeinde sind, Teil des Volkes von Jesus, das er hier hat. Aber eben auch schlicht greifbar: Das, was Jesus ist und gibt, das soll greifbar sein, zugänglich, nicht hinter den Mauern von Tradition und Sitte verborgen, offen für jeden, in der ganzen Stadt. Das Leben mit Gott ist greifbar. Wer es möchte, muss nur zugreifen. Das Leben mit Gott steht für alle offen, selbst für diejenigen, die religiös bisher »unmusikalisch« sind. Für alle, die zu klug oder zu schlicht sind, um sich mit dem Glauben zu beschäftigen, oder die das alles bisher nur für eine Nebensache gehalten haben. Greifbar nah kommt uns Gottes Liebe. Jahrelang war das unsere (selbst gedichtete und musikalisch nicht gerade anspruchsvolle) Hymne: »Greifbar nah bist du mir, o Herr.«

> Die Zeit ist erfüllt. Weil Jesus da ist. Indem er da ist.

Unser Name ist eine einzige Wiederholung: Jetzt ist das, was Gott schenkt, verfügbar, erreichbar, greifbar, denn die Zeit ist erfüllt. Für uns. Jetzt, nicht damals in grauer Vorzeit. Jetzt, nicht irgendwann in einer unklaren Zukunft.

Kraft, aus der wir leben

Das, was jetzt greifbar ist, nennt Jesus das »Reich Gottes«. Im Grunde ist das missverständlich. »Die Zeit ist erfüllt und das Reich Gottes ist herbeigekommen« – Ist das Reich ein Gebiet? Könnten wir sagen: »Die Zeit ist erfüllt und Deutschland ist herbeigekommen?« Ganz sicher nicht. Jesu Worte bedeuten eher Folgendes: »Die Zeit ist erfüllt. Gott tritt die Regierung an.« Der König kommt. Unser Gott kommt und regiert.

Allerdings steckt in dieser Lösung das nächste Problem: Wieso kommt der König erst jetzt und beginnt zu regieren? Hat er das vorher nicht getan? Wer hat denn dann vorher regiert? Wenn das Reich kommt, »am Kommen zugange« ist, wie man in Westfalen sagt, heißt das ja, dass es vorher nicht da war. Oder nicht?

Jetzt könnte man sich stundenlang in den schwierigsten Fragen verlieren. Regiert Gott alles? Oder haben wir es noch mit anderen Mächten zu tun, zum Beispiel mit dem Teufel, der Jesus in der Wüste in die Knie zwingen wollte? Regiert Gott heute mehr als früher? War Gott früher etwa nicht König?

Aber mit theoretischen Abhandlungen und Diskussionen würde man es nur unnötig kompliziert machen. Gott kommt, Gott wird König, Gott beginnt zu regieren, Gottes Herrschaft setzt sich durch. Wenn Jesus das sagt, dann meint er nicht: »Vorher hatte Gott nicht die Hand am Steuer«, sondern: »Ab jetzt wird das Gute und Heilsame geschehen, das Gottes tiefstes Wollen ist. Ab jetzt wird sich sein guter Wille mehr und mehr durchsetzen, und zwar in einer Welt, über die er sicher die Kontrolle hat, über die er schützend und fördernd die Hand hält, die nicht des Teufels ist, aber in der so vieles geschieht, was mit Sicherheit *nicht* Gottes Wille ist.« Dass Gottes Reich kommt, dass Gott König wird, dass seine Herrschaft naht, das ist die Frohe Botschaft: Er setzt durch, was wirklich gut ist. Er macht ein Ende mit dem Bösen, Zerstörerischen, mit all dem, was kränkt, verletzt, tötet, zerstört, beschädigt, verdunkelt, mit all dem, was Chaos bringt statt Kosmos. Er macht Schluss mit allem, was Tod bringt statt Leben, Entzweiung statt Liebe, Krankheit statt Lebendigkeit, Zerstörung statt Entfaltung, Menscheneinsamkeit statt Gotteskindschaft, In-sich-Verdrehtsein statt Aufeinander-Bezogensein. Er sagt: »Schluss! Die Zeit ist erfüllt! Es reicht, jetzt geht es los! Erfüllung, nicht nur Erwartung, jetzt!«

Jesus sagt auch: »Das ist mein Auftrag. Ich bin es sozusagen in Person: Gott wird König und alles wird neu. Von jetzt an. Wo immer ich hinkomme, kommt Gottes Reich.« Wir beten: »Dein Reich komme«, und sagen damit: »Jesus, komm, sei König.« Darum folgt sofort: »Dein Wille geschehe.« Denn es ist ja sein Reich und sein Wille, das ist nichts anderes, als dass endlich alles gut und heil wird.

Das ist die Kraft, aus der wir leben. Sie ist nicht *in uns*, wir sind nicht König. Jesus ist es. Aber wir rufen ihn und er verkündet: »Jetzt ist es so weit. Ich komme, ich bin der König, ich mache alles neu.« Jesus sagt nicht: »Nun ist eine neue Zeit. Gebt euch mal mehr Mühe und bringt die Dinge für mich in Ordnung«, sondern: »Ich bin da, und wo ich hinkomme, wo ich mit euch hingehe, da wird es neu.« Markus erzählt in den ersten Kapiteln, wie das aussieht: Da werden Gebundene frei (der Satan regiert nicht), da werden Kranke gesund (die Krankheit hat nicht das Sagen), da werden Schuldige versöhnt (die Fesseln alter Schuld fallen ab). Tolkien lässt in »Herr der Ringe« die alte Ioreth sagen: »Die Hände des Königs sind die Hände eines Heilers.«[12] So ist es!

Jesus macht Schluss mit allem, was Tod bringt statt Leben.

Wenn wir als Christen Gemeinde des Königs sind, leben wir aus dieser Kraft. Und dann liegen wir auf den Knien und rufen: »Dein Reich komme.« Jesus antwortet darauf: »Die Zeit ist erfüllt, meine Regierung ist im Kommen.«

Als Gemeinden organisieren wir nicht ein religiöses Vereinsleben. Wir sind keine christlichen Kleingartenvereine. Wir sind die Boten des Königs! Und wir wollen sehen, wie sein Reich kommt, und unseren Teil dazu beitragen: Kinder leben ein anderes Leben, Schuldige werden frei, alte Geschichten (auch in der Gemeinde) werden endlich vergeben und zu den Akten gelegt, Alkoholiker werden trocken, Ehen repariert, hochmütige Akademiker heiter und demütig, in sich verdrehte Egozentriker dienen, Verzweifelte hoffen, Sterbende sterben getrost, manch Kranker wird gesund, Menschen mit wenig Bildung nehmen ein neues Leben in Angriff, Eltern lernen erziehen. Das Reich kommt!

Freude, die uns erfasst

Das alles nennt Jesus in seiner Antrittspredigt ein Evangelium, eine gute Nachricht oder eine frohe Botschaft. Evangelium ist ein ganz weltliches Wort. Der erste Marathonläufer, ein Mann namens Pheidippides, lief im Jahr 490 vor der Geburt unseres Königs von Marathon nach Athen. Leider starb er kurz nach seiner Ankunft vor Erschöpfung (das ist eine Warnung an alle Läufer!). Aber er überbrachte zuvor ein Evangelium: »Die Schlacht der Hellenen gegen die Perser ist gewonnen.« Das war eine gute Nachricht: »Wir haben gesiegt!« Eine gute Nachricht, die das Schicksal der Menschen damals gewendet hat. (Wenn diese Geschichte nur erfunden ist, ist sie wirklich gut erfunden!)

Das *ist* Evangelium: Der Sieg ist errungen. Euer Schicksal hat sich gedreht, eure Schuld ist vergeben. Der Grund: Die Zeit ist erfüllt. Das Reich ist gekommen. Johannes der Täufer sagte: »Kehrt bloß um, denn das Gericht Gottes steht vor der Tür. Nur wer umkehrt, hat eine Chance« (vergleiche Matthäus 3,1-12). Jesus stellt das auf den Kopf und verkündet: »Das Reich kommt, darum kehrt um. Es soll alles gut werden, das werdet ihr doch wohl nicht verpassen wollen!«

Bei seiner Taufe sagte der Vater zu Jesus: »Du bist mein geliebter Sohn. An dir habe ich so viel Freude, ich bin so unglaublich froh, dass es dich gibt und dass du mein Kind bist.« Das Evangelium ist, dass der Vater zu uns genau das Gleiche sagt: »Du bist meine geliebte Tochter, du bist mein geliebter Sohn. Ich bin so froh, dass es dich gibt. Ich freue mich unbändig, dass ich dein Vater bin.« Und das sagt er nicht zu den Feinen, Fertigen und Vollkommenen. Das sagt er zu uns Unfertigen und Unvollkommenen. Ich entgegne also: »Aber, Vater, schau doch hin, was ich alles nicht hinbekommen habe, was mir unter den Händen zerbrochen ist, wo ich so elendig versagt habe, wo mein Leben nicht vorzeigbar ist. Du müsstest dich doch abwenden, meiner schämen, mich hart ins Gericht nehmen.« Doch er antwortet: »Ach, mein Kind, du bist immer noch mein geliebter Sohn, du bist nichts als meine geliebte Tochter, und nichts soll sich daran ändern.« Henri Nouwen schreibt: »Das legt die innerste Wahrheit eines jeden Menschen frei.«[13] Das ist die Freude, die uns erfasst, wenn die Zeit erfüllt ist und die Kraft Gottes uns regiert.

Die Richtungsänderung unseres Lebens

Am Ende seiner Antrittspredigt sagt Jesus: »Nun vertraut bitte dieser guten Nachricht. Vertraut ihr mehr als euren wechselnden Stimmungen und euren zweifelnden Überlegungen. Vertraut und kehrt um.«

Kehrt um, das heißt dreierlei:

1. Kehrt heim

Wir könnten sagen: »Hm, so furchtbar viel königliches Regieren von Jesus sehen wir nicht.« Aber das hat damit zu tun, dass der König seine Herrschaft nicht mit Sklaven beginnt, sondern mit heimkehrenden Söhnen und Töchtern. Seine Herrschaft breitet sich von Mensch zu Mensch aus, immer einzeln und hoffentlich in großen Zahlen. Die Herrschaft des Königs beginnt mit Um-Kehr als Heim-Kehr der Kinder.

Im engsten Freundeskreis habe ich den Schmerz von Eltern erlebt, deren erwachsene Kinder sich von ihnen abgewendet haben. Nicht so ein bisschen pubertärer Aufstand, sondern die sich hart, aggressiv, hasserfüllt, verbittert losgerissen, den Kontakt aufgekündigt haben und die Eltern verwaisen lassen. Ich glaube, es gibt kaum Schwereres. Genau das macht der Vater im Himmel millionenfach durch. Gott leidet schmerzhaft als verlassener Vater.

Jesus sagt: »Kehrt um. Kommt zum Vater. Geht heim.«

Vielleicht sagen Sie: »Das habe ich hinter mir.« Vielleicht wäre es dann an der Zeit, hier und heute neu oder zum ersten Mal zu sagen: »Vater, ich komme heim.« Nicht nur »coming home for Christmas«, sondern: »Es ist Zeit. Ich komme heim. Danke für die offene Tür. Danke für die Arme, in die du mich schließt. Danke für deinen Schmerz. Danke, dass ich wieder neu kommen darf.«

2. Kehrt euch ab

Zum anderen bedeutet »Kehrt um!«: »Kehrt euch ab! Ändert euren Kurs. Lasst alles, was Gott hasst.«

Markus berichtet in seinem Evangelium direkt nach der Antrittspredigt davon, wie Jesus die ersten Jünger beruft. Sie lassen alles stehen und liegen und folgen ihm nach. Er ist ja der König. Fortan zählt, was er gut nennt. Dazu müssen die ersten Jünger ihre Eltern, ihre Heimat, ihre Lehrstelle verlassen.

Nun würden vielleicht manche sagen: »Och, das ist nicht so schwer, ich bin froh, dass ich da weg bin!« Aber dann geht es in ihrem Leben vielleicht um etwas anderes. Jeder muss etwas verlassen, um Jesus zu folgen, und sei es nur unser Eigenwille. Jesus folgen, wohin immer er will? Jesus vertrauen, auch wenn mir das, was er will, vollkommen gegen den Strich geht? Jesus zu willen sein, auch wenn er ganz behutsam fragt, ob er denn jetzt mal über dieses eine Thema reden darf, das ich vor ihm immer verborgen habe, der Bereich, in dem ich ihn nie zugelassen habe?

»Kehrt euch ab!«

Es geht darum, die eigene Hand in Gottes Hand zu legen und zu sagen: »Wo immer du mich hinführst – Wie sollte es da nicht gut für mich sein!«

3. Kehrt euch hin

Und schließlich bedeutet »Kehrt um!«: »Kehrt euch hin.« Jesus beruft die Jünger zu sich und sagt: »Es ist so weit. Meine Regierung beginnt. Mit euch. Ich brauche euch in meiner Regierung. Keine Angst: Ich tue das Wesentliche. Aber ich brauche euch. Ihr sollt es weitersagen. Ihr sollt Menschen in meine Nähe rufen.«

Das ist der Dienst, und dieser Dienst geschieht durch die Gemeinde. Sie ist die Vorhut des Königs. Deshalb müssen wir so viel Wert darauf legen, dass wir in der Gemeinde auch füreinander und für unseren Dienst greifbar und verlässlich werden. Weil es um diesen Dienst geht, den keiner allein tut, den wir zusammen tun. Darum beruft Jesus nicht Einzelne, sondern die erste Gemeinde, den Kreis der Jünger.

»Kehrt heim, kehrt euch ab, kehrt euch hin. Denn die Zeit ist erfüllt. Das Reich ist da. Der König kommt und regiert. Freut euch und vertraut.« Was für eine Rede!

Markus sagt: »Das war der aufregendste Tag! Der Tag, an dem Jesus seine Regierungserklärung abgegeben hat!«

Nichts davon ist Vergangenheit. Das ist unser Leben, hier und jetzt. Zeit, um Wurzeln zu schlagen. In Jesu Nähe.

Zeit, um zu entscheiden

Ein außergewöhnlicher Patient saß im Jahr 1982 im Wartezimmer des portugiesischen Neurologen Antonio Damasio.[14] Elliot war einige Monate zuvor ein Tumor aus dem Frontalhirn operiert worden. Der Tumor war klein gewesen, doch die Folgen tragisch: Aus ihm war ein chronischer Zögerer geworden. Er konnte sich nicht mehr zwischen mehreren Möglichkeiten entscheiden. Er hing stundenlang am Autoradio, weil er sich nicht für einen Sender entscheiden konnte. Er konnte kein Wort schreiben, wenn er einen schwarzen und einen blauen Stift zur Wahl hatte. Elliot war alltagsuntauglich geworden. Sein Intelligenzquotient war unverändert – nur entscheiden konnte er sich nicht mehr.

Elliot ist ein ganz besonderer Patient und doch haben wir mit ihm gemeinsam, dass wir immer wieder in Situationen kommen, in denen wir Entscheidungen treffen müssen, die uns schwerfallen. Da gibt es die großen Entscheidungen, wie Partnerwahl, Studienortwechsel, ein neuer Job oder ein Autokauf. Manche fällen solche Entscheidungen schnell, andere langsam. Dann gibt es die kleinen Entscheidungen, wie Briefmarkenkauf, Restaurant-Reservierung oder Abheftsystem. Auch hier entscheiden sich einige schneller als andere.

Der Kauf eines Gebrauchtwagens kann zur Qual werden: Farbe, Kilometerstand, Kofferraumvolumen, Beinfreiheit, Benzinverbrauch, Schiebedach. Die Angelegenheit ist komplex, viele Faktoren sind unbekannt, manche sind unverfügbar, etwa ob das Auto mehr Zeit in der Werkstatt verbracht hat als auf der Straße. Außerdem funken unsere Gefühle dazwischen. Das eine Auto erscheint uns besonders sicher, weil unser Vater die Marke fuhr. Mit jenem könnte man den Nachbarn beeindrucken. Beim dritten ist uns der Verkäufer sympathisch. Wie viel Zeit benötigen wir, um uns zu entscheiden?

Selbst Forscher beginnen gerade erst damit zu verstehen, was bei Entscheidungen in uns vorgeht. Wir werden beeinflusst von Hormonen, Tricks von Verkäufern, der eigenen Herkunft, von spontanen Gefühlen.

Damasio unterzog Elliot diverser Tests und kam zu dem Schluss, dass dieser emotional erkaltet war. Der Neurologe erinnert sich: »In den vielen Stunden des Gesprächs mit ihm sah ich nie den Hauch einer Emotion. Keine Traurigkeit, keine Ungeduld, keine Frustration.«[15] Elliot konnte sich nicht entscheiden, weil sich alles gleich anfühlte. Gefühlsarmut und Entscheidungsunfähigkeit hängen also zusammen.

> Gefühlsarmut und Entscheidungsunfähigkeit hängen zusammen.

Von der Antike bis ins 20. Jahrhundert war die herrschende Meinung, dass Menschen rational entscheiden. Elliot brachte ans Licht, dass ohne Gefühl der Verstand hilflos ist. Das Geheimnis guten Entscheidens besteht darin, beides, Gefühl und Verstand, mitreden zu lassen. Wer Gefühl oder Verstand verliert, verliert sich im Dickicht der Möglichkeiten.

Eine schnelle Entscheidung

Sich zu entscheiden, ist wie Wurzeln zu schlagen. Wir wählen eine bestimmte Möglichkeit und bleiben dabei. Wie das gehen kann, lesen wir in der folgenden Geschichte:

Am nächsten Tag stand Johannes abermals da und zwei seiner Jünger; und als er Jesus vorübergehen sah, sprach er: Siehe, das ist Gottes Lamm! Und die zwei Jünger hörten ihn reden und folgten Jesus nach.

Jesus aber wandte sich um und sah sie nachfolgen und sprach zu ihnen: Was sucht ihr? Sie aber sprachen zu ihm: Rabbi – das heißt übersetzt: Meister –, wo wirst du bleiben? Er sprach zu ihnen: Kommt und seht! Sie kamen und sahen's und blieben diesen Tag bei ihm. Es war aber um die zehnte Stunde.

Einer von den zweien, die Johannes gehört hatten und Jesus nachgefolgt waren, war Andreas, der Bruder des Simon Petrus. Der findet zuerst seinen Bruder Simon und spricht zu ihm: Wir haben den Messias gefunden, das heißt übersetzt: der Gesalbte. Und er führte ihn zu Jesus. Als Jesus ihn sah, sprach er: Du bist Simon, der Sohn des Johannes; du sollst Kephas heißen, das heißt übersetzt: Fels.

Johannes 1,35-42

Andreas und der andere Jünger, dessen Namen wir nicht kennen, gehören wohl zu der Sorte, die bei Entscheidungen nicht lange fackeln – zumindest bei der Entscheidung, Jesus nachzufolgen, geht es bei ihnen sehr schnell. Sie werden von ihrem Lehrer Johannes dem Täufer unspektakulär auf den vorbeigehenden Jesus aufmerksam gemacht. Beiläufig wird auf den hingewiesen, an dem sich die Geschichte ihres jüdischen Volkes, ja der ganzen Welt, entscheiden wird. Jesus aus Nazareth ist ein Lehrer mit einer neuen Botschaft, einer, der Wunder tut, den Verachteten nachgeht und mit den Ausgestoßenen isst. Er lebt und verkündet Freude, erzählt von seinem Vater im Himmel und spricht über das, was uns Menschen von diesem Vater trennt. Jesus, der Sohn Gottes, erbarmt sich über die Reumütigen und ärgert sich über die Hochmütigen. Wir hören hier – ganz undramatisch, fast eher angedeutet –, dass dieser Jesus die Hoffnung ist, auf die Johannes der Täufer und seine Jünger gewartet haben.

Wie viel Zeit braucht man, um sich zu entscheiden? Andreas und der andere Jünger entscheiden sich sofort. Sie entscheiden sich, Jesus zu folgen, von ihm leben zu lernen, ihn nachzuahmen. Sie folgen Jesus bis zu seinem Tod am Kreuz und erleben seine unwahrscheinliche Auferstehung. Diese beiden Jünger entscheiden sich, Jesus gegenüber loyal zu sein, sich Jesus gegenüber verantwortlich zu fühlen und Jesus als ihren Meister und Herrn anzunehmen. Sie wollen Jesus lieben und ihr altes Leben neu im Licht dessen ordnen, was Jesus sagt, wie er lebt, und was er für wichtig hält.

Aus dem Alltag des Lebens

Andreas und der andere Jünger finden zu Jesus oder anders gesagt: Sie fangen an zu glauben.

Es ist spannend zu beobachten, wie es dazu kommt. Wir lesen von Verfügbarem und von Unverfügbarem, das die Entscheidung beeinflusst. Da gibt es Dinge, die wir gestalten, beeinflussen, kontrollieren und vorbereiten können, und andere, bei denen dies nicht der Fall ist. Wir können nicht über sie verfügen, sie sind uns entzogen.

Verfügbar ist, dass Andreas und der andere Jünger auf Jesus hingewiesen werden. Ein Mensch, dem sie vertrauen, tut dies mit Worten, die für sie Sinn ergeben. Für diejenigen, die mit Johannes dem Täufer zusammen waren, war eindeutig, wer oder was das »Lamm Gottes« war. Für die beiden Jünger taucht anscheinend ein fehlendes Puzzleteil auf, das plötzlich eine ganz neue Region erschließt und den vielen anderen ungeordneten Teilen Sinn gibt. Sie hatten Worte aus dem ersten Teil der Bibel im Kopf und im Herzen, in denen einer angekündigt und versprochen wurde, der wie ein Lamm zur Schlachtbank geführt werden sollte (vgl. Jesaja 53,7): Das Lamm Gottes, einer, der wie ein Lamm zum Opfer wird. Das verstehen Andreas und der andere Jünger schnell. Ein Opfer, das wiedergutmacht, was kaputtgegangen ist. Es bildet eine Brücke über Unüberbrückbares. Es erträgt, was ihm auferlegt wird, und nimmt die Lasten aller Menschen stellvertretend auf sich, damit diese entlastet werden.

Das Lamm Gottes ist ein Opfer, das die Bestimmung aller

Menschen wiederherstellt, nämlich mit und bei Gott dem Vater zu sein. Für Andreas und den anderen ergeben die Worte vom »Lamm Gottes« so viel Sinn, dass sie diesem »Reiz« folgen und Jesus nachgehen. Bis hierher ist das alles noch überhaupt nicht spektakulär.

> Das Lamm Gottes bildet eine Brücke über Unüberbrückbares.

Wenn wir Menschen einladen, Jesus kennenzulernen, dann tun wir das vermutlich weniger mit den Worten von Johannes dem Täufer: »Seht, das Lamm Gottes.« Aber wir tun es doch genauso wie Johannes der Täufer. Wir weisen auf den Boden hin, in den wir verwurzelt werden. Wir deuten mit unseren Fingern auf den Sohn Gottes und sagen: »Sieh! Sieh, da ist Jesus! Er liebt dich, egal was passiert. Er weiß von dir im Guten wie im Schlechten. Jesus weicht nicht von deiner Seite, auch wenn dich alle anderen verlassen. Er schenkt dir Kraft und Orientierung im Dickicht der Möglichkeiten. Sieh, da ist Jesus!«

Wir wollen so von Jesus reden, dass es für Menschen in ihrem Lebenspuzzle Sinn ergibt. Jesus soll dabei als das eine Puzzleteil erkannt werden, das all den anderen Teilen, den schon geordneten und den ungeordneten, Sinn verleiht.

Worüber wir verfügen können, ist, dass wir von Jesus offen und öffentlich sprechen. Zudem liegt es in unserer Hand, so von Jesus zu sprechen, dass es für Andreasse und andere Menschen intellektuell reizvoll, emotional erfahrbar, anregend, irritierend und anschlussfähig an alltägliche Fragen ist. Wir können die Erwartungen unserer Gesprächspartner ernst nehmen und an ihre Hoffnungen anknüpfen.

Das mag in den seltensten Fällen mit den Worten »Siehe, das Lamm Gottes« geschehen, aber vielleicht mit den Worten:

- »Für Jesus bist du kein Verlierer!«
- »Du bist genug.«
- »Dein Scheitern ist nicht das Ende.«

- »Du bist nicht allein.«
- »Keine Angst.«
- »Du bist kein Sklave deiner Zeit und deiner Aufgaben.«
- »Nur Mut!«

Gemeinden existieren, damit Menschen von diesem Jesus hören und ihm begegnen können. Gemeinden sind Orte, an denen sie ihm versuchsweise nachfolgen können. Man hat zum Beispiel die Möglichkeit, einmal in der Kleingruppe dabei zu sein und zu sehen, wie die Menschen dort miteinander umgehen. Oder man kann der Musik zuhören und mit anderen reden. Durch Predigten kann man herausgefordert, ermutigt, gestärkt oder provoziert werden.

Dann gibt es jene, die sich schnell entscheiden, Jesus nachzufolgen, und andere, die sich langsam entscheiden. Und dann gibt es leider Menschen, die sich gar nicht entscheiden, wie Elliot.

Auf dem Weg zum Glauben gibt es neben dem Verfügbaren aber auch das Unverfügbare. Den entscheidenden Schritt, der zur Begegnung mit Andreas und dem anderen führt, geht Jesus: Er dreht sich um. Er zeigt sich, geht auf sie zu. Das ist die Voraussetzung dafür, dass die Jünger ihm nachfolgen. Jesus dreht sich um und lädt Andreas und den anderen Jünger ein, bei ihm zu bleiben. Er ist der Einladende, der Gebende. In diesem unverfügbaren Schritt wird Glaube geheimnisvoll vom Geist Gottes geschenkt. Dem einen geht ein Licht auf, für den anderen löst sich ein Knoten, der Nächste empfindet tiefen Trost, für wieder einen anderen werden die inneren Stimmen der Anklage plötzlich leiser. So kann es sich anfühlen, wenn Jesus einem Menschen begegnet. Es ist für uns unverfügbar, ob Glaube entsteht und dass Glaube entsteht – das können wir weder machen noch beeinflussen noch für uns in Anspruch nehmen.

Wie viel Zeit braucht man, um sich zu entscheiden, Jesus nachzufolgen?

Fragt man nach der Dauer eines Entscheidungsweges, kann man sagen: Für die einen geht es schnell, für andere langsam, und manche entscheiden sich gar nicht. Etwas anderes ist es aber, das Subjekt des Handelns zu bestimmen. Wir können uns nicht *für* den Glauben entscheiden. Ein Mensch kann nicht von sich aus und mit autonomem Beschluss sagen: »So, ab jetzt fange ich an zu glauben.«

Es ist für uns unverfügbar, ob Glaube entsteht.

Das heißt aber nicht, dass unser menschlicher Wille ausgeschaltet wird und wir zu »Marionetten« werden. Vielmehr bewirkt der Geist Gottes in uns unser Wollen. Es liegt an dem Geist Gottes, dass uns Glaube geschenkt wird.

Gott sei Dank! Es wäre schlimm, wenn unser Glaube von uns abhängen würde, von unserer Entscheidungskraft, von unseren Emotionen, unserem Verstand. Gott sei Dank sind wir nicht »Herr« über diese Entscheidung.

Das bewahrt uns vor zwei Fallen. Zum einen sollten wir uns nicht über jene wundern, die schon so oft von Jesus gehört haben und ihm doch nicht folgen. Es liegt nicht an ihrer Entscheidungsfähigkeit. Das bringt uns zwar zu der weit schwierigeren Frage, warum es einigen geschenkt wird und anderen nicht, aber das bleibt uns, so schmerzhaft die Einsicht ist, verborgen. Zum anderen dürfen wir unsere Verkündigung und unser Reden über Jesus nicht für unwesentlich halten. Es ist nicht egal, ob wir auf Jesus hinweisen und andere einladen, Jesus nachzufolgen, denn er will jedem Menschen begegnen. Dabei will er uns als Mitarbeiter der Freude gebrauchen. Noch wichtiger ist, dass der Geist Gottes sich an das Wort der Bibel bindet – und das will und muss verkündet werden.

Als Christ ist das manchmal frustrierend und ernüchternd. Es ist frustrierend, weil ich nicht verstehe, warum die eine Jesus einlässt und der andere sich nicht »entscheidet«. Es ist frustrierend, wenn ich meine, dass ich den Menschen Jesus vor Augen gemalt habe, und die Andreasse dieser Welt keine Ahnung haben, wovon ich rede. Es ist ernüchternd, wenn mir Menschen, die Jesus nachfolgen, sagen, dass sie nicht *wegen*, sondern *trotz* meiner Erklärungen angefangen haben, sich für Jesus zu interessieren.

Aber das ändert nichts an unserem Auftrag: Als Christinnen und Christen sind wir von unserem Herrn Jesus Christus in den Dienst genommen, von ihm zu erzählen. Was sich in den Herzen der Menschen tut, das bereitet Gott vor und das bewirkt er – das ist Gottes Versprechen.

Wir können also beeinflussen, wann, wo und wie Gottes Wort unter die Leute kommt, für Andreasse und andere. Der Heilige Geist macht das Wort in ihnen lebendig und schenkt Glauben. Für die einen, wie für Andreas und den anderen Jünger, ist der Beginn des Glaubens so einschneidend, dass sogar Datum und Uhrzeit der Begegnung mit Jesus angeführt werden – zum Beispiel an einem bestimmten Tag um 8:30 Uhr oder »um die zehnte Stunde«. Für andere Menschen ist der Beginn weniger aufregend, aber nicht weniger wichtig.

> Wir dürfen unsere Verkündigung und unser Reden über Jesus nicht für unwesentlich halten.

Spontane Mission

Wir könnten nun der Vorstellung erliegen, dass Andreas gezielt auf Simon zugegangen ist, um seinen Bruder in vollem missionarischen Eifer für die neue Sache zu gewinnen. Schnell könnten wir dies auf uns übertragen und sagen: Auch wir sollen mit missionarischem Eifer die Menschen in unserem Umfeld gezielt mit Jesus »konfrontieren«.

Wenn wir genauer auf die Wortwahl im Text achten, entdecken wir jedoch ein Wort, das uns zu denken gibt. Andreas spricht einfach mit seinem Bruder Simon und erzählt, dass er den Retter Israels und der ganzen Welt, den Retter seines Herzens gefunden hat.

Dieses »Sprechen« klingt im griechischen Urtext nüchtern,

nach einer gewissen Absichtslosigkeit, nach einer völligen freudigen Entspannung, nach einer Gewissheit, dass hinter menschlichem Finden göttliche Regie steckt. Andreas kehrt in sein altes Leben zurück und lebt es zunächst einfach weiter. Aber er sortiert es neu, ordnet es neu im Licht dessen, was er in der Gegenwart Jesu gespürt und verstanden hat. Dabei stößt er zufällig auf Simon, seinen Bruder, und siehe da: Der Geist Gottes war schon vorher da und hat das Seine getan. Andreas muss seinen Bruder nicht erst überreden, als wollte er ihn für den Kauf eines bestimmten Autos gewinnen. Die Entscheidung hatte der Geist in Simon schon vorbereitet.

Wie viel Zeit braucht man, um sich zu entscheiden, Jesus nachzufolgen?

Für Andreas und den anderen Jünger ging es ziemlich schnell. Für andere geht es langsam und wieder andere entscheiden sich gar nicht. Verstand und Gefühl sind beide wichtig und notwendig, und doch lesen wir, dass der Eintritt in die Nachfolge Jesu nicht bei uns beginnt, sondern vorbereitet wird. Das sehen wir bei Andreas, bei dem anderen, bei Simon und bei jenen unter uns, die Jesus folgen.

> Weil Jesus „sich umdreht", beginnt Glaube.

Den entscheidenden Moment der Entscheidung haben wir nicht in der Hand, nicht für uns und nicht für andere. Weil Jesus »sich umdreht«, beginnt Glaube. Das war damals so, das ist heute so und das wird immer so sein.

Gottes Geist tut etwas Geheimnisvolles in den Herzen, aber nicht ohne uns. Wir können es Andreas nachtun und anderen freudig und gelassen mitteilen, wer uns begegnet ist. Mutig und beiläufig können wir auf den zeigen, der schon da ist, Jesus. Wie Johannes können wir von dem sprechen, der zur Hoffnung und zur Antwort für Andreasse und andere werden kann. Unsere Aufgabe ist es, Jesus zu verkünden und zu hoffen und zu beten, dass der Geist Menschen innerlich bewegt. Es ist wichtig zu wissen, was unseres ist und was wir nicht in der Hand haben.

Es ist uns verborgen, *warum* die einen beginnen, Jesus nachzufolgen, und die anderen das nicht tun. Nicht verborgen ist uns aber, *dass* Menschen beginnen, Jesus zu folgen. Der Boden, in den sie verpflanzt werden, ist eindeutig – Jesus – und zu ihm wollen wir mit Herz und Verstand einladen.

Zu Jesu Familie gehören

Im Vorfeld von großen und bedeutenden Wahlen entdeckt die Politik regelmäßig die Familie als Wahlkampfthema wieder. Dabei richten sich die Wahlkämpfer offenbar nach dem berühmten Satz in Tolstois Anna Karenina: »Alle glücklichen Familien ähneln einander, jede unglückliche Familie ist auf ihre eigene Art unglücklich.«[16]

Wenn man die Vorschläge für eine »moderne Familienpolitik« der großen und kleinen Parteien ansieht, gibt es ein fast unüberschaubares Angebot dafür, was für die Familie alles besser werden soll: kostenlose Kitas, mehr Familiengeld, wenn beide Eltern die Arbeitszeit reduzieren, Baukindergeld, ein Bildungskonto, auf das der Staat einzahlt, Baby-Begrüßungsgeld, Kindergeld 2.0 – all das, um Familien »glücklich« zu machen.

Wenn ich mit meinen Kindern die Weihnachtsgeschichte im Bilderbuch anschaue, dann sehe ich dort meistens eine glückliche Familie: Maria, Josef und Baby-Jesus. Die Heilige Familie ist fröhlich und selig beieinander und lauscht dem Gesang der Engel. Mit dem Gold, dem Weihrauch und der Myrrhe wird der Grundstein für eine sorgenfreie finanzielle Zukunft gelegt. Das ist fast wie Baby-Begrüßungsgeld. Einige Jahre später und nach einigen Kindern mehr lesen wir von einem Clinch in der Heiligen Familie:

> *Und es kamen seine (Jesu) Mutter und seine Brüder und standen draußen, schickten zu ihm und ließen ihn rufen. Und das Volk saß um ihn. Und sie sprachen zu ihm: Siehe, deine Mutter und deine Brüder und deine Schwestern draußen fragen nach dir. Und er antwortete ihnen und sprach:*

Wer ist meine Mutter und meine Brüder? Und er sah ringsum auf die, die um ihn im Kreise saßen, und sprach: Siehe, das ist meine Mutter und das sind meine Brüder! Denn wer Gottes Willen tut, der ist mein Bruder und meine Schwester und meine Mutter.

Markus 3,31-35

Es herrscht dicke Luft in der Heiligen Familie. Jesus hält sich, umgeben von einer Menschenmenge, in einem Haus auf. Seine Mutter und seine Geschwister sind draußen vor der Tür und fragen nach ihm.

Diese Passage fühlt sich so an, als würde man ein Telefongespräch einer fremden Person im Bus oder im Vorbeigehen beiläufig mitbekommen. Man hört nur denjenigen, der redet, und muss sich hinzureimen, was die Person am anderen Ende der Leitung sagt, denkt und fühlt. Man sieht keine Gestik und Mimik. In dieser Geschichte wissen wir nicht, wie die Angesprochenen reagiert haben. In Jesu Worten ist keine ruhige Argumentation nachzuverfolgen. Es bleiben eine Menge Fragen unbeantwortet. Hier blitzt etwas auf, über dessen Tragweite man sich erst nach und nach klar wird.

Worum es hier nicht geht

Zunächst ist festzuhalten, was mit diesen Worten auf keinen Fall gesagt werden soll: Der Evangelist Markus hat diese Geschichte nicht erzählt, um der Familie, die damals eine wichtige Rolle spielte, zu schaden oder sie zu zerstören. Diese Worte sind kein Freifahrtschein, um die Familie im Namen Gottes im Stich zu lassen, acht- und sorglos »das Christliche« voranzustellen und den Zusammenhalt und die Verantwortung, die jeder gegenüber seiner Familie hat, zu ignorieren.

Außerdem sollte man nicht meinen, dass die Nächsten nur diejenigen sind, die um Jesus versammelt sind. Man könnte ja schnell denken, dass man von nun an nur noch mit Christen oder mit der Spezies »Gemeindemensch« zu tun haben soll.

Um beides geht es in diesem Text nicht. Vielmehr machten der Schreiber Markus und die Jünger damals die Erfahrung, dass ihr Bekenntnis zu Jesus in ihrem Umfeld nicht verstanden wurde. Christen stießen bei Verwandten, Freunden und Bekannten auf Unverständnis. Man hielt sie, die Nachfolger eines Gekreuzigten, für verrückt.

Eine neue Gemeinschaft = eine Heilige Familie

Der Text zeichnet ein interessantes Bild: Draußen steht die Familie, drinnen sitzen die Fremden.

Die Gegenüberstellungen von »draußen – drinnen«, »stehen – sitzen«, und »Familie – Fremde« zeigen unvereinbare Gegensätze. Sowohl räumlich als auch in der Körperhaltung und den Beziehungsverhältnissen ist eine Trennung sichtbar.

Außerdem geht es um eine geistliche Scheidung. Jesus wird von seiner Familie nicht verstanden und abgelehnt. Seine Familie versucht, ihn vom Predigen und Heilen abzuhalten und ihn nach Hause zurückzuholen (Markus 3,21). Seine Familie meint, er sei von Sinnen.

»Wer ist meine Mutter und meine Brüder?« Jesu Worte sind zugleich eindrucksvoll und befremdlich. Die Geste des Umherschauens wirkt fast rätselhaft, sein Verhalten den Seinen gegenüber irgendwie merkwürdig.

»Siehe, das ist meine Mutter und das sind meine Brüder! Denn wer Gottes Willen tut, der ist mein Bruder und meine Schwester und meine Mutter.«

Jesus sagt damit, dass durch ihn eine *neue* Gemeinschaft entsteht. Sein Leben, seine Werke und seine Taten stiften diese neue Gemeinschaft. Dass Jesus am Kreuz für die Sünde vieler und die Sünden jedes Einzelnen stirbt und danach auferstehen wird, bildet dabei das Fundament. Die neue Gemeinschaft lebt aber nicht davon, dass sie sich nur an das erinnert, was Jesus getan hat. Es handelt sich auch nicht um eine Gemeinschaft, die sich nur verpflichtet, ihrem Lehrer Jesus nachzueifern und sein Werk fortzuführen. Jesus spricht von einer neuen Gemeinschaft, in der er die Mitte ist, die nicht durch die Erinnerung oder die Werke der Anwesenden lebt, sondern durch die Beziehung mit Jesus. Es geht um eine Gemeinschaft, die erst Gemeinschaft ist, wenn Gemeinschaft mit Jesus besteht. Er ist der Boden, in den Christen verpflanzt sind.

Durch die Beziehung zu Jesus entsteht ein neues Verhältnis zu den anderen, die bei Jesus sind, und zu jenen, die noch nicht in Gemeinschaft mit Jesus sind. In dieser neuen Gemeinschaft bildet Jesus durch den Heiligen Geist die Mitte. Die neue Gemeinschaft existiert, weil Jesus ihr Zentrum ist. Sie weiß sich von ihm getragen. In Verfolgung und Leid überlebt sie, weil Jesus nicht loslässt und verspricht, dass die Pforten der Hölle diese Gemeinschaft nicht überwältigen werden (Matthäus 16,18).

> Die neue Gemeinschaft existiert, weil Jesus ihr Zentrum ist.

Durch den Blick auf Jesus und in der Nähe von Jesus findet die Gemeinschaft Vision und Mut, um aufzubrechen. Jesus setzt eine neue Gemeinschaft ein, die Familienbande, Ethnizitäten, Stämme, Herkunft, sozialen Status, Ererbtes und Vermachtes, Reichtum und Armut, Glück und Pech überwindet – nicht ignoriert und ablehnt, sondern neu gestaltet, umformt.

Jesus hat hier keinen Streit mit seiner Familie, sondern er muss etwas deutlich machen, was auf den ersten Blick nicht zu sehen ist: Mit, durch und in Jesus ist Gottes Herrschaft da und es entsteht eine neue Gemeinschaft. Hier ist etwas Neues! Eine neue Heilige Familie.

Zur Heiligen Familie zu gehören, trennt

Das Neue Testament nimmt den Unterschied zwischen draußen und drinnen ernster als mancher von uns. Es werden zwei Kreise gezogen: jene, die drinnen bei Jesus sind, und jene, die draußen vor der Tür stehen. Die einen, die bei Jesus sind, folgen ihm nach und prüfen ihre Gedanken, Worte und Werke im »Jesus-Spiegel«. Draußen sind diejenigen, die mit diesem Jesus nichts zu tun haben wollen, wissentlich oder unwissentlich. In dieser Geschichte stehen aber auch jene vor der Tür, die eine bestimmte Meinung von Jesus haben und dadurch den Sohn Gottes »verpassen«.

Dabei wird nicht den Menschen das Recht gegeben, zu richten, wer sich wo befindet. Meist ist es für das menschliche Auge verborgen, wer drinnen und wer draußen ist. Wir können also nicht darüber verfügen, es nicht bestimmen oder bewirken und schon gar nicht beeinflussen. Das alles macht Gott selbst durch den Heiligen Geist. Der Heilige Geist bewirkt Glauben. Durch diesen Glauben sind wir in eine Gemeinschaft gerufen, die Gemeinde. Im Gottesdienst, durch Engagement in unserem Umfeld und durch gemeinsames Gebet, mit Jesus in der Mitte leben wir und üben uns in ein Leben als Christinnen und Christen ein.

Diejenigen, die als Gottes Eigentum leben, bilden die christliche Gemeinschaft. Sie sind die Kirche, wenn auch nicht immer sichtbar. Die Kirche ist eine Familie, eine Schar Gottes, Gottes Angehörige. Zu ihr gehören Menschen, die Gott durch sein Wirken in Jesus für sich zurückgewonnen, wieder in die Hand genommen, zu seinem Eigentum gemacht hat.

Jesus wendet sich allen Menschen zu, und doch finden nicht alle Menschen zu ihm. Wir werden hineingeboren in eine Wirklichkeit, in der Jesus nicht im Mittelpunkt steht. In die Wirklichkeit, in der Jesus Christus der Mittelpunkt ist, kommt man nur durch den Glauben an ihn. Das trennt zwangsläufig. Durch das ganze Neue Testament hindurch wird von zwei Kreisen, von zwei Wirklichkeiten gesprochen. Diese Trennung wird nicht aufgehoben.

Eine Wirklichkeit ist wie ein Zusammenhang. Leben in der Wirklichkeit Gottes, mit Jesus in der Mitte, zeigt sich in allen Zusammenhängen unserer Existenz. Es zeigt sich darin, wie wir unser Leben und unser Sterben verstehen, wie wir unsere familiären Beziehungen leben und unser Leben gestalten. In unseren verbindlichen Liebesbeziehungen und treuen Freundschaften, darin, wie wir unsere Arbeit tun, was für uns der Sinn des Lebens ist, wie wir Geld ausgeben und wie wir Entscheidungen treffen, wird Gottes Wirklichkeit sichtbar.

> Jesus wendet sich allen Menschen zu, und doch finden nicht alle Menschen zu ihm.

Wenn wir mit Jesus leben, tun wir all das aus seiner Kraft. Wir leben mutig und wir sterben gewiss, dass wir in Gottes Händen sind. Wir sind unseren Familien gegenüber verbindlich, sind aber nicht Knechte unserer Familien und gehen unsere eigenen Wege. Wir lieben sorglos, verstehen Liebe als Geschenk und gehen damit vorsichtig um. Wir sind treue Freundinnen und Freunde in Freud und Leid, trösten mit Worten und unterstützen mit Geld. Wir tun unsere Arbeit gewissenhaft und wissen, was wir einzubringen haben und was wir lernen sollen. Wir leben unser Leben zum Lob Gottes. Unsere Gedanken, unsere Wochenplanung, unser Fleischkonsum, unsere Scherze und Witze, die Rechnungen, die wir zahlen, die Anstellungsverhältnisse, die wir eingehen, all das leben wir zum Lob Gottes.

Zur Heiligen Familie zu gehören, das trennt. Wer sich in die Nachfolge Jesu begibt, muss bereit sein, schmerzhafte Trennungen und Verluste auf sich zu nehmen. Deswegen zeigt Markus die schwerwiegende Nachfolge Jesu am Thema Familie.

Zur Heiligen Familie zu gehören, das verbindet

Aber zur Heiligen Familie zu gehören, das verbindet auch. Zum einen sind wir als Heilige Familie dadurch verbunden, dass Gott uns alle angenommen hat, nicht den einen mehr und den anderen weniger. Keiner von uns hat irgendetwas zu seinem Heil und seiner Rettung beigetragen, uns allen ist Gnade widerfahren. Wir stellen uns gemeinsam unter das Wort Gottes, wir stehen gemeinsam am Tisch des Herrn beim Abendmahl, feiern und empfangen. Wir empfangen ohne Rang und Namen, ohne Vorzug und Benachteiligung. Zur Familie Gottes zu gehören, schafft Beziehung unter Ungleichen. Das heißt nicht, dass die Gemeinde Jesu auf Tuchfühlung gehen muss und alle beste Freunde werden sollen. Es heißt aber, dass wir, weil wir miteinander verbunden sind, auch füreinander verantwortlich sind. Wir sollen uns um das kümmern, was dem anderen hilft zu wachsen und zu gedeihen.

Zum anderen sind wir als Heilige Familie in besonderer Weise mit unseren Nächsten in der ganzen Welt und besonders mit denjenigen vor unserer Haustür verbunden. Diese Verbindung zeigt sich darin, dass wir versuchen, dort zu helfen wo Not am Mann oder an der Frau ist. Barmherzigkeit will uns leiten. Praktische Taten zeigen diese Verbundenheit, Liebe für unsere Erde. Außerdem sind wir es den Menschen in unserem Umfeld schuldig, von Jesus zu erzählen, ihn zu feiern und in seine Nähe einzuladen.

Zur Heiligen Familie zu gehören, das verpflichtet

Diese Verpflichtung ist gleichzeitig das Eingangskriterium für die Wirklichkeit Jesu. Wenn Jesus sagt, dass zur neuen Familie alle gehören, die Gottes Willen tun, dann ist genau das der bestehende und fortlaufende Auftrag: Gottes Willen tun. Gottes Wille zeigt sich in Jesu Werken, Taten, Worten, Leben, Tod und Auferstehung.

In der Gemeinde lernen wir, was Glaube heißt. Wir probieren aus, scheitern fröhlich und stehen miteinander wieder auf. Außerdem sind wir in die Pflicht genommen, Freudenboten und Zeugen Jesu zu sein. Wir verkündigen, dass Jesus für jeden Menschen ein Wort der Rettung und eine Geste der Liebe hat.

> Wir probieren aus, scheitern fröhlich und stehen miteinander wieder auf.

Dass Jesus für uns da ist und wir an ihm bleiben, ist wichtiger als alle unsere Vorsätze, Anstrengungen, Aufschwünge und Kraftakte. Aus diesem »Bei-Jesus-Bleiben« heraus konnte Zachäus das Ergaunerte verteilen. Die große Sünderin lernte, was den Namen Liebe verdient. Der zornige Jünger Jesu, genannt Donnersohn, wurde zum Jünger der Liebe. Diejenigen, die begriffen haben, welche Riesensumme ihnen erlassen ist, werden vom Nächsten nicht mehr ihr eigenes Recht verlangen. Das ist unsere Bestimmung.

Eine Heimat im Exil?

Jeremia war ein Prophet, ein von Gott berufener Mann. Er verkündete Gottes Willen für das Volk Israel. Das war kein einfacher Job, da es sich bei dem, was Gott für das Volk Israel zu sagen hatte, meistens um Worte der Mahnung und des Gerichts handelte. Das war eher unangenehm für die Hörer und damit gefährlich für den Boten, denn auch damals galt: Wer schlechte Nachrichten überbringt, lebt gefährlich.

Jeremias Dienst war von außen betrachtet ein »Epic Fail«. Seine Dienstzeit als Prophet betrug vierzig Jahre – vierzig Jahre überbrachte er dem Volk Israel Nachrichten und niemand hörte auf ihn.

Hinzu kam, dass das Volk Israel eine schwere Zeit durchmachte. Sein Gebiet wurde erobert, in kriegerischen Auseinandersetzungen wurde der Widerstand der Israeliten gebrochen, ihre Häuser wurden verwüstet, Menschen umgebracht. Leid, Leid und noch mehr Leid kam über das Volk. Der Tempel, das Zeichen für die Gegenwart Gottes, das Zeichen für die eigene Identität, Garantie für die eigene Existenz, wurde zerstört.

Gottes Geschichte mit Israel

Eines der mächtigsten Herrschaftshäuser dieser Zeit hatte das Land eingenommen. Die Elite des Landes wurde deportiert und nach Babylon gebracht: die professionelle Klasse, die Leiter, die Gelehrten, jene, die darauf achtgaben, dass die Identität nicht verloren ging. Diese Leute waren es, die immer wieder in Erinnerung riefen, was sie bereits mit Gott erlebt hatten.

Das war Taktik babylonischer Unterwerfungskunst. König Nebukadnezar und seine Leute handelten nach dem Motto: Nimm dem besiegten Volk die führende Schicht, die die eigenen Gesetze und die Identität pflegt. Nimm dem besiegten Volk seine Priester und Geistlichen und es wird endgültig zerstört werden. Die Besiegten verlieren ihre Identität. Sie verlieren ihre Vergangenheit und damit auch ihre Zukunft. In einigen Generationen würden sie sich assimilieren und den letzten Widerstand aufgeben.

Es waren nur wenige Menschen im Land Israel zurückgeblieben. Sie sollten in dem zerstörten Gebiet arbeiten und für das babylonische Reich landwirtschaftliche Produkte liefern. Unter den Übriggebliebenen war der Prophet Jeremia. Als Bote Gottes richtete er Worte an die Verschleppten im Exil (Jeremia 29,1).

Die Stadt Babel oder Babylon war die Hauptstadt des babylonischen Reiches. Sie lag im heutigen Irak, am Fluss Euphrat, etwa 90 Kilometer südlich von Bagdad. Babylon war das Epizentrum der feindlichen Macht. Der Name dieser Stadt wurde in der Geschichte der Christenheit zum Inbegriff des Feindes. Beispielsweise verwendete ihn Martin Luther, als er sich mit dem Papst in Rom stritt, das er Babylon nannte.

Babylon steht für das Feindliche. Es ist ein Ort, an dem man nicht sein will, weil dort Dunkelheit und Verdammnis herrschen. Babylon ist das Exil, der Ort, an dem ich wider Willen bin und an dem ich festgehalten und unterdrückt werde. Babylon ist Feindesland. Und dennoch sagt Gott seinem Volk im Exil:

> *Baut Häuser und wohnt darin; pflanzt Gärten und esst ihre Früchte; nehmt euch Frauen und zeugt Söhne und Töchter, nehmt für eure Söhne Frauen und gebt eure Töchter Männern, dass sie Söhne und Töchter gebären; mehrt euch dort, dass ihr nicht weniger werdet. Suchet der Stadt Bestes, dahin ich euch habe wegführen lassen, und betet für sie zum HERRN; denn wenn's ihr wohlgeht, so geht's euch auch wohl.*
>
> Jeremia 29,5-7

In Vers 4 sagt Gott, dass er das Volk ins Exil hat wegführen lassen, in Vers 1 steht jedoch, dass Nebukadnezar das Volk verschleppt hat. War es nun Gott oder Nebukadnezar? Wer ist verantwortlich für das, was geschehen ist? Der Text zeigt uns, dass Gott für sich beansprucht, Herr und Lenker der Geschichte und auch der Taten von Nebukadnezar zu sein. Gott lenkt die Mächte und Gewalten auf eine bestimmte Art und Weise. Er hat das Volk Israel ins Exil gebracht und hat dort etwas ihm vor. Es ist kein Zufall, kein Schicksal. Der allmächtige Gott hat das Volk Israel niemals aus seiner Hand gelassen. Er hat es niemals verlassen, obwohl es sich für die Israeliten vielleicht so anfühlt.

Das ist ein herausfordernder, fast unheimlicher Gedanke. Das Leid, das dem Volk Israel durch die Eroberung und durch das Exil angetan wurde, die Toten, die Verschleppung, die Grausamkeiten, die Vertreibung, soll mit Gottes Wissen und Willen in Zusammenhang gebracht werden? Gott, der Lenker der Geschichte Israels? Auch der traurigen und schmerzhaften Geschichte?

Der allmächtige Gott hat das Volk Israel niemals aus seiner Hand gelassen.

Wir erfahren nichts darüber, wie Gott lenkt, ob es aktiv oder passiv ist, ob er bewirkt oder zulässt. Wir erfahren aber, dass die Geschichte dieser Welt nicht losgelöst von Gott geschrieben wird.

An dieser Stelle müssen wir achtgeben. Wir dürfen nicht meinen, dass wir Gottes Willen im Blick auf den Lauf der Geschichte erkennen könnten, denn das können wir nicht. Der Lauf der Geschichte, was dem Volk Israel zugestoßen ist und wie das mit dem Willen Gottes zusammenhängt, ist uns verborgen. Was wir jedoch erfahren, ist, dass das ins Exil vertriebene Volk Israel Gottes Führung erkannt hat. Gottes Zuwendung war da, trotz der widrigen Bedingungen und trotz des unerklärlichen Verlaufs der Geschichte.

Gott lenkt auf wunderbare und doch beängstigende Weise

Die Worte von Jeremia müssen ein Schock für die ersten Hörer gewesen sein. Gottes Worte an die Vertriebenen lauten zusammengefasst: »Euer Exil soll eure Heimat werden. Der Ort, der für den Feind steht, der für euch dunkel ist und an den ihr verschleppt und vertrieben wurdet, soll eure Heimat werden. Grenzt euch nicht ab, sondern lasst euch darauf ein! Seid keine Touristen, die mit gepackten Koffern im Hotelzimmer sitzen. Investiert in die Wirtschaft, baut Häuser, die ihr vererben könnt, wohnt und lebt ohne Rückzug. Lasst euch ein auf die pluralistische Gesellschaft Babylons. Werdet Teil des gesellschaftlichen Lebens, des sozialen Zusammenhalts. Werdet Teil dieser Stadt, wo an jeder Ecke einem anderen Gott geopfert wird. Werdet Teil der Politik, tragt zum wirtschaftlichen Wohlergehen dieser Stadt bei. Lasst euch darauf ein und liebt diese Stadt!«

Dieser Gedanke wird im zentralen Vers 7 auf den Punkt gebracht: »Suchet der Stadt Bestes.« Das hier gebrauchte Wort für »das Beste« ist das hebräische Wort »Schalom«. Schalom meint das umfassende Wohl für die Stadt. Anders formuliert hieße das also: »Suchet für die Stadt ökonomischen Wohlstand, sozialen Zusammenhalt, psychische Gesundheit.« Schalom meint außerdem das umfassende Heil für die Stadt, es geht auch um das geistliche Wohl: »Die Stadt soll blühen durch euren Einsatz – auf jedem erdenklichen Weg.«

Suchet für die Stadt ökonomischen Wohlstand, sozialen Zusammenhalt, psychische Gesundheit, umfassendes Heil.

Zudem heißt es: »betet für sie zum HERRN«. Die Juden wussten, dass sie für Schalom für Jerusalem beten sollten. Das war ihre Stadt, dort war ihr Heiligtum. Aber nun sollen sie ebenfalls für das Schalom Babylons beten. Sie sollen für etwas beten, das sie nicht lieben. Es wird ein Ja zum Exil gefordert. Ein Ja, weil es kein Zufall ist, was passiert ist. Es gibt eine Bestimmung, die mit dem Erlebten zusammenhängt. Deshalb sollen sie den Ort, der wie eine Verfluchung aussieht, annehmen. Sie sollen den Ort der Feindschaft bejahen.

Dieses Ja ist aber kein Ja, das bedeutet, dass sich das Volk assimilieren soll. Es soll seine Identität nicht aufgeben, sondern sie an diesem Ort leben. Dieses Ja lebt von einer Hoffnung, die dem Volk vor Augen gemalt wird:

> *Denn so spricht der HERR: Wenn für Babel siebzig Jahre voll sind, so will ich euch heimsuchen und will mein gnädiges Wort an euch erfüllen, dass ich euch wieder an diesen Ort bringe. Denn ich weiß wohl, was ich für Gedanken über euch habe, spricht der HERR: Gedanken des Friedens und nicht des Leides, dass ich euch gebe Zukunft und Hoffnung. Und ihr werdet mich anrufen und hingehen und mich bitten, und ich will euch erhören. Ihr werdet mich suchen und finden; denn wenn ihr mich von ganzem Herzen suchen werdet, so will ich mich von euch finden lassen, spricht der HERR, und will eure Gefangenschaft wenden und euch sammeln aus allen Völkern und von allen Orten, wohin ich euch verstoßen habe, spricht der HERR, und will euch wieder an diesen Ort bringen, von wo ich euch habe wegführen lassen.*
>
> Jeremia 29,10-14

Das Ja zum Exil enthält die Bereitschaft, es zur Heimat werden zu lassen und für die Stadt das Beste zu suchen. Dieses Ja steht vor der Gewissheit, dass das Exil nicht die Endstation der Reise ist. Gott wird das Volk Israel wieder sammeln, Babylon wird einmal Vergangenheit sein. Gott lenkt die Geschichte des Volkes Israel.

»Sei nicht besorgt, Volk Israel, dein Gott denkt an dich.« – Das sind zuversichtliche und provokative Nachrichten des Propheten Jeremia.

Der Stadt Bestes

Als Christen erwarten wir auch für uns Hoffnung und Trost, Mahnung und Anweisung aus diesen Versen des Propheten Jeremia. Wie sollen wir an den Orten, an die wir gestellt sind, leben?

Als Christen ist es unsere Aufgabe, in dieser Welt zu leben und für »unsere Stadt« das Beste zu suchen. Davon lesen wir häufig im zweiten Teil der Bibel, im Neuen Testament.

»Der Stadt Bestes«, das ist ein wiederkehrendes Thema und ein Auftrag für die christliche Gemeinde: Wir sind dazu aufgefordert, für unsere Stadt das Beste zu suchen. Wir sollen uns zum Wohl und zum Heil der Stadt einbringen, das heißt, Schalom für die Stadt erstreben.

> Als Christen ist es unsere Aufgabe, ohne gesellschaftlichen Rückzug zu leben.

Vielleicht hatte der eine oder andere gar nicht vor, an dem Ort zu leben oder an dem Punkt im Leben zu stehen, an dem er sich gerade befindet. Trotzdem möchte ich jede und jeden ermutigen, Teil des gesellschaftlichen, wirtschaftlichen und sozialen Lebens zu werden. Als Christen ist es unsere Aufgabe, ohne gesellschaftlichen Rückzug zu wohnen und zu leben! Wir sammeln uns zum Gottesdienst, lassen uns stärken, ermutigen, trösten und aufrichten. Und dann werden wir Teil des sozialen Zusammenhalts und lernen, unsere Stadt und ihre Menschen zu lieben. Wir suchen Schalom.

Wir wollen das tun, ganz gleich ob wir im Ostseeviertel in Greifswald oder in einem Dorf in Österreich leben. Schalom heißt, das Wohl unseres Wohnortes zu suchen, gemeinsam mit den Menschen. Schalom heißt, verlässlich da zu sein, Kinder und Jugendliche zu betreuen, alte Menschen zu besuchen, Migranten zu unterstützen, Menschen mit Behinderungen anzunehmen. Schalom heißt, ansprechbar zu sein, Freund zu werden, von Jesus zu erzählen, wie Jesus zu leben.

Schalom für dein Viertel, dein Dorf, deine Stadt.

Wir wollen das tun, wenn wir öffentlich Gottesdienst feiern. Wir wollen das tun, wenn wir in der Stadthalle den christlichen Glauben vorstellen. Wir wollen das alles tun, weil wir davon überzeugt sind, dass eine Beziehung mit Jesus Christus das Beste für jeden Menschen ist. Das Beste, was jedem Menschen in Deutschland, Österreich, der Schweiz und überall auf der Welt passieren kann, ist, Jesus Christus kennenzulernen.

Ja, das ist der Schalom Gottes für die Menschen, auch für die in unserer Stadt und Region. Dafür setzen wir uns ein. Dafür setzen wir uns aus. Dafür nehmen wir Feindschaft, üble Nachrede und Naserümpfen in Kauf.

Als Christen und als Gemeinden sollen wir uns zum Wohl und zum Heil der Stadt einbringen: für sie beten und sie lieben, für die Verantwortlichen in der Verwaltung, in den Büros, für unseren Bürgermeister, für die Stadträte. Für die Hauptamtlichen und Ehrenamtlichen. Für jene, die das tun, was gut und heilsam für die Menschen ist. Und ebenfalls für jene, von denen wir weit entfernt sind.

Beten für Bekannte wie für jene, die uns auslachen und sich über uns lustig machen. Es gibt nichts Reinigenderes für das Herz als für jene zu beten, die einen verstoßen, wie es Jesus sagt: »Ich aber sage euch: Liebt eure Feinde und bittet für die, die euch verfolgen« (Matthäus 5,44). Unser Auftrag, uns für die Welt zu geben, ist nur die kleine Version dessen, was Jesus für die ganze Welt und jeden Menschen getan hat.

Wenn wir all das tun, werden Menschen staunend fragen: »Warum lebt ihr so? Was bewegt euch?«

Christen leben als »resident aliens« und als Botschafter

Als Christen tun wir das alles als jene, die heimisch geworden sind, und gleichzeitig als jene, die der weltlichen Heimat fremd bleiben. Das ist und bleibt eine Spannung. Folgendes Bild bringt es gut auf den Punkt:

Wer schon einmal in die USA eingereist ist, der musste ein Einreiseformular ausfüllen. Dort gibt es eine Bezeichnung, die deutlich macht, was ich sagen will: »resident alien«. Das sind Menschen, die in den USA wohnen, aber nicht die Staatsbürgerschaft haben. Gemeint sind »non-US-citizens living in the United States« – eine Person, die zugleich heimisch ist (»resident«) und fremd (»alien«). Das entspricht etwa den Botschaftern in einem Land.

Als Christen sind wir Jesu Botschafter. Botschafter leben in einem Land, das ihnen zugewiesen wurde. Botschafter müssen die Sprache beherrschen, die Kultur verstehen. Sie werden Teil des Lebens und des Sozialgefüges und schätzen und lieben das Land, in dem sie leben.

Dennoch vergisst ein Botschafter nicht, dass er die Werte und die Interessen eines anderen Landes repräsentiert. Ein Botschafter ist zweisprachig, er spricht die Sprache seines Herkunftslandes und die des Landes, in das er gesandt ist.

Christen repräsentieren ein Reich, das nicht von dieser Welt ist.

Christen sind Botschafter in dieser Welt, sie sind als Kinder Gottes ausgesandt. Sie sind mit der himmlischen Staatsbürgerschaft ausgestattet. Sie vertreten Werte und Interessen ihres Königs. Sie repräsentieren ein Reich, das nicht von dieser Welt ist. Sie leben nach dem Vorbild Jesu, sind großzügig mit ihrem Geld und ihrer Zeit, sind treu in ihren Beziehungen, suchen das Wohl ihres Nächsten und fragen sich untereinander: »Wie kannst *du* wachsen? Wie kannst *du* reifen? Was kann ich geben, damit *du* weiterkommst?« Sie lassen sich nicht verunsichern durch die Trends unserer Zeit, lassen sich nicht treiben von politischer Hetze oder verführen von einfachen Antworten, sondern fragen sich immer wieder, was Jesus tun würde. Sie fragen sich, wem Jesus seine Aufmerksamkeit schenken würde, wem Jesus seine Liebe zeigen würde. Ganz da, voller Einsatz. Denn sie wissen, in welchem Reich sie verwurzelt sind.

Buße – der Weg zurück zu den Wurzeln

Als ich ein kleiner Junge war, war es noch üblich, Kindern in allen Monaten, die ein »R« im Namen tragen (und das sind die meisten!), einmal täglich einen Esslöffel von einer Substanz zu geben, bei der es mich heute noch schüttelt: Lebertran. Das ist ein ganz tolles Zeug, ungeheuer gesund, gewonnen aus der Leber von Dorsch, Kabeljau und Schellfisch, es enthält jede Menge Omega-3-Fettsäuren und noch mehr Vitamin A und D. Es hilft bei Unterernährung und gegen Rachitis. Das alles ändert nichts daran, dass es ein Fischleberöl ist – und das heißt, dass es auch so aussieht und vor allem so schmeckt. Von September (»R«) bis April (immer noch »R«!) täglich mittags ein Esslöffel. Ich weiß noch genau, in welchem Schrank der Lebertran bei uns aufbewahrt wurde: Hängeschrank Küche links, rechte Tür, rechts vorn. Irgendwann kam die Einsicht, dass Unterernährung und Rachitis uns jetzt nicht mehr so sehr drohen, aber da muss ich schon kurz vor dem Examen gewesen sein.

Bei dem folgenden Text muss ich an diese Zeit denken:

Eines Tages kamen einige Schriftgelehrte und Pharisäer zu Jesus und sagten: »Meister, bitte zeige uns ein Wunder, als Beweis dafür, dass du von Gott kommst.« Doch Jesus erwiderte: »Nur schlechte, treulose Menschen würden ein Wunder verlangen. Das einzige Zeichen, das ich ihnen geben will, ist das, was mit dem Propheten Jona geschah. So wie Jona drei Tage und drei Nächte im Bauch des großen Fisches verbracht hat, so wird der Menschensohn drei Tage und drei

Nächte im Herzen der Erde sein. Die Einwohner Ninives werden sich am Tag des Gerichts gegen euch erheben und euch verurteilen, denn sie haben Reue gezeigt, nachdem sie Jonas Predigt gehört hatten. Und nun ist einer bei euch, der weit größer ist als Jona – aber ihr weigert euch zu bereuen. Auch die Königin von Saba wird sich am Tag des Gerichts gegen euch erheben und euch verurteilen, denn sie kam aus einem fremden Land, um die Weisheiten König Salomos zu hören. Und nun ist einer bei euch, der weit größer ist als Salomo – und ihr wollt ihm nicht zuhören.«

Matthäus 12,38-42; NLB

Die Worte von Jesus im Streit mit den schlauen und frommen Leuten seiner Zeit haben einen Geschmack wie Lebertran. Es ist ein unangenehmes, sperriges und schwieriges Wort, das uns hier zugemutet wird. Mein Lehrer im Neues Testament Ulrich Luz meint, der kleine Abschnitt sei »extrem schwierig und umstritten«.[17]

Erzählt wird uns im Grunde ein Konflikt, der sich immer mehr zuspitzt. Auf der einen Seite steht Jesus, inzwischen ein bekannter Prediger, ein Heiler, ein Lehrer, der mit seinen Freunden durch das Land zieht und von Gott redet wie keiner vor ihm. Auf der anderen Seite die intellektuelle Elite und die ernsthaft Religiösen. Professoren und Evangelikale, vielleicht sogar evangelikale Professoren. Es sind schon ein paar Freundlichkeiten ausgetauscht worden. Jesus hat seine Gegner Schlangenbrut genannt und sie halten ihn für einen Kumpan des Bösen. Beste Voraussetzungen für eine Freundschaft.

Der Schlagabtausch

Ganz gesittet richten die Schriftgelehrten, also die ganz Ernsthaften unter den Frommen, eine Bitte an Jesus. Das wirkt alles noch recht höflich. »Lieber Meister, hochverehrter Lehrer, bitte, wir möchten ein Zeichen von dir sehen.« Hinter der höflichen Fassade steckt jedoch ein nicht so höfliches Ansinnen. Ein Zeichen wollen sie haben. Sie wollen, dass Jesus sich ausweist. Das ist wie im Krimi, wenn der Verdächtige den Polizisten fragt: »Können Sie sich überhaupt ausweisen?« Da geht es um Legitimation. Könnte ja jeder daherkommen. So auch hier: »Kannst du dich ausweisen und damit beweisen, dass du zu Recht beanspruchst, im Namen Gottes aufzutreten?« Beweise es, Jesus!

Ähnliches möchte König Herodes in Andrew Lloyd Webbers Musical »Jesus Christ Superstar«, wenn er fordert: »Walk across my swimming pool, change my water into wine.« Beweise es, Jesus!

Jesus spielt nicht mit, weder im Ton noch in der Sache. Im Tonfall wählt er wieder eher den Säbel als das Florett: »Ihr seid böse, ihr habt euch von Gott abgewandt.« In der Sache sagt er schlicht und ergreifend: »Nein. Ihr bekommt nicht, was ihr wollt.«

Ein Zeichen wollen sie haben, sie wollen, dass Jesus sich ausweist.

Man könnte wirklich fragen, was diese Leute eigentlich noch sehen wollen. Vor diesem Streit hat Jesus gerade einen Menschen geheilt, der blind, gehörlos und besessen war. Kein schlechtes Zeichen, sollte man meinen. Aber Jesus verteidigt sich nicht, sagt nicht: »Ihr habt doch schon genug gesehen«, sondern: »Nein. Ihr bekommt kein Zeichen.« Dies zeigt uns bezüglich Kommunikation im Glauben, auch in der Gemeinde: Zur Liebe gehört nicht nur Wärme, Bestätigung und Annahme, sondern auch Konfrontation und Streit.

Das Rätsel

Jesus setzt noch eins drauf und verkündet: »Doch, ein Zeichen wird euch gegeben.« Es ist immer auffällig, wenn Jesus im Passiv spricht, denn dann meint er, dass Gott etwas tun wird. Das heißt, Gott gibt den Schriftgelehrten tatsächlich *ein* Zeichen. Es ist das Zeichen des Jona. Was soll das denn bedeuten? Die Jungs wollten ein Zeichen und sie bekommen ein Rätsel. Sie fordern seine Legitimation und Jesus gibt den Quizmaster.

Seit bald 2000 Jahren versuchen schlaue Leute, dieses Rätsel zu lösen. Was ist das Zeichen des Jona? Es gibt eine Menge Deutungen. Ist es ein Zeichen, das der Prophet Jona bekommt? Oder ist es ein Zeichen, das er gegeben hat? Oder ist er selbst das Zeichen?

Es gibt zwei Antworten, die sich aus dem Bericht des Matthäus ergeben. Die erste hat mit Jona und seiner Zeit im Fisch zu tun – nach der er vermutlich schlimmer stank als Lebertran. Die zweite mit seiner Botschaft.

Jona war ein flüchtiger Prophet. Er sollte in Ninive eine Strafpredigt halten, aber er machte sich stattdessen lieber aus dem Staub.[18] Bei einem Unwetter auf See landete er in den Fluten und wurde von einem großen Fisch verschluckt. Jona war drei Tage im Bauch des großen Fisches, bevor er endlich wieder an Land gespuckt wurde. Das wird zum Zeichen, da Jesus sterben und drei Tage im Bauch der Erde ruhen wird. Dann aber muss die Erde ihn wieder ausspucken und er wird leben. Das Zeichen für die Schriftgelehrten soll sein, dass Jesus am Kreuz stirbt und beerdigt wird und dann den Tod überwindet und lebt. Ein größeres Zeichen kann es nicht geben.

Die zweite Antwort bezieht das Zeichen des Jona auf seine große Rede, die er in Ninive gehalten hat. Er rief die Menschen zur Umkehr und sie kehrten tatsächlich um. So ruft Jesus die Schriftgelehrten zur Umkehr, aber sie wollen nicht umkehren. Ein größeres Zeichen als die Worte von Jesus und seinen Ruf zur Umkehr werden sie nicht bekommen.

Die Zurücksetzung

Die klugen und frommen Leute wollen Jesus zur Rechenschaft ziehen. Sie fordern ein Zeichen, dass er tatsächlich der ist, der er zu sein behauptet. Jesus weigert sich jedoch, ihnen seinen göttlichen Ausweis vor die Nase zu halten. Stattdessen dreht er den Spieß um und weist seine Hörer darauf hin, dass sie selbst sich werden ausweisen müssen. Es wird der Tag des Gerichts kommen und an dem Tag werden sie sich für ihr Leben verantworten müssen. Es kommt der Tag, an dem sie Rechenschaft ablegen müssen für ihre Bosheit.

An diesem Tag werden die Heiden von Ninive ebenfalls da sein. Bis hier war das alles nicht besonders schockierend. Bis hier hätten die schlauen und frommen Leute gesagt: »Klar, wissen wir. Wir werden da sein, die Heiden, die Völker werden da sein, und dann werden wir als Gottes auserwähltes Volk über die anderen zu Gericht sitzen und das Urteil sprechen.«

Doch Jesus sagt: »Weit gefehlt. An diesem Tag werden die Heiden von Ninive nicht auf der Anklagebank sitzen, sondern auf dem Richterstuhl. Sie haben Jona ernst genommen und ihr Leben von Grund auf neu geordnet. Sie haben ihre Schuld eingesehen und ihr Leben geändert und Gott die Ehre gegeben. Auf dem Richterstuhl werden *sie* sitzen, nicht ihr! Euer Platz ist auf der Anklagebank. Ihr seid nicht umgekehrt, obwohl ihr es mit etwas weit Größerem als mit Jona zu tun hattet, nämlich mit dem Menschensohn, dem von Gott Gesandten.« Da bricht eine Welt für die frommen Leute zusammen. So hatten sie sich ihre Rolle bei der letzten großen Abrechnung nicht vorgestellt!

> Die Heiden haben Jona ernst genommen und ihr Leben von Grund auf neu geordnet.

Jesus geht nicht mit den Gebrochenen so um, aber mit den starken Frommen – und zwar durchgängig! Diese lebertranartigen Worte von Jesus halten uns vor Augen, dass jedes Menschenleben einer letzten Rechenschaft entgegengeht und allein Umkehr zu Jesus unsere Rettung sein kann. Diese Worte gehören zum Boden, in den wir verpflanzt sind. Wir sollen das hören, weil wir das Gericht Gottes nicht aus unserem Glauben eliminieren dürfen, weil wir uns vor jeder Selbstsicherheit hüten sollen und weil uns vor Augen stehen soll, dass Umkehr zu Jesus unsere Rettung ist.

Wir können das Gericht Gottes nicht aus unserem Glauben eliminieren

Es fällt uns leichter, von der großen Liebe und Menschenfreundlichkeit Gottes, von seinem unermüdlichen Erbarmen, von seiner Suche nach jedem einzelnen Menschenkind zu reden. Wenn jemand vom Gericht redet, legt sich unsere Stirn in Falten. Das schmeckt wie Lebertran. Wir wollen keine Drohbotschaft, wir wollen eine Frohbotschaft. Aber es wäre fahrlässig, das Gericht zu unterschlagen. Es würde ja auch nicht ausfallen, nur weil wir es nicht haben wollen. Wir müssten einen erheblichen Teil dessen, was Jesus sagte, schlicht unterschlagen, wenn wir darauf verzichten wollten, vom Gericht zu reden. Gerhard Lohfink hat berechnet, dass ungefähr ein Viertel der Jesus-Worte im Neuen Testament vom Gericht handeln.[19]

Dass es einen Tag letzter Rechenschaft gibt, ist ein unverzichtbarer Gedanke. Es muss alles ans Licht kommen. Unrecht muss Unrecht genannt werden, es müssen die Täter ihrer Taten überführt werden. Lüge und Manipulation, Herzlosigkeit und Gewalt, all die unschuldig Ermordeten, all die Opfer menschlichen Hasses und menschlicher Herrschsucht, all das verlangt nach Gerechtigkeit. Es wird nicht immer so bleiben, dass die Täter davonkommen und die Opfer als Opfer zurückbleiben. Lohfink schreibt: »Eine Weltgeschichte, in der die Mörder über ihre unschuldigen Opfer triumphieren, in der die Rücksichtslosen recht behalten und die Betrogenen ewig betrogen bleiben, wäre von einer letzten Absurdität.«[20] Gott wird das Böse ans Licht bringen und richten und alles wieder ins Reine bringen. Darum ist der Gedanke ans Gericht unverzichtbar.

Dass es einen Tag letzter Rechenschaft gibt, zeigt den Ernst der Einladung Jesu. Es ist immer die Rückseite seiner herzlichen Einladung, dass ich mich durch ein Nein ausschließen kann. Ein reicher Jüngling geht traurig davon. Ein älterer Bruder steht draußen vor der Tür. Einer der Jünger wählt das Geld und verrät den Herrn. Jesus erzählt vom großen Gastmahl im Himmel (Lukas 14,16-24), bei dem sich die geladenen Gäste einer nach dem anderen entschuldigen lassen. Sie haben anderes im Sinn. Der Gastgeber schickt daraufhin Boten an die Hecken und Zäune und sammelt die Heiden, die Armen und die Verachteten ein. Aber er sagt auch: »Keiner von denen, die geladen waren, wird von dem Mahl kosten.« Ein Nein ist ein Nein. Sosehr Jesus um jeden ringt, so groß ist sein Ernst. Es geht um Leben oder Tod, an der Stellung zu Jesus entscheidet sich alles.

Wir sollen uns vor jeder Selbstsicherheit hüten

Wir könnten uns zurücklehnen und uns darüber freuen, dass Jesus den Schriftgelehrten und Pharisäern mal so richtig die Meinung gesagt hat. Die Zeilen wurden oft gegen Juden allgemein ausgelegt. Doch das geht haarscharf an dem vorbei, worum es hier geht. Die Klugen und Frommen in dieser Geschichte stehen für uns Kluge und Fromme – zu allen Zeiten und an allen Orten. Für uns, die wir meinen, uns unserer Sache sicher sein zu können, die wir denken, wir hätten Ansprüche an Jesus zu stellen: »Weise dich mal aus. Gib uns ein Zeichen. Tu dies, mach das!« Für uns, die wir gern von der Liebe hören und nicht so gern von der Umkehr. Für uns, die wir uns gern den Segen gefallen lassen, aber nur so ungern Buße tun für die eigene Bosheit und die eigene Ich-Bezogenheit. Für uns, die wir die schattigen Stellen in der eigenen Lebensführung vor Jesus verbergen, all das, wo

Jesus nicht mitreden darf oder nur so lange mitreden darf, wie er sagt, was wir hören wollen. Für uns, die wir gern auf andere herabschauen.

Jesus schockiert die fromme Elite, die Pharisäer und Schriftgelehrten, die Getauften und theologisch Examinierten, die Evangelikalen und kirchlich Einflussreichen, die moralisch Überlegenen und ach so Selbstgewissen. Ninive sitzt auf dem Richterstuhl, die Heiden, die es sich zu Herzen gingen ließen, die demütig waren und in ihren Abgrund geblickt haben, die sich auf nichts etwas einbilden können, die vor Erleichterung gar nicht mehr zu beruhigen sind, weil sie tatsächlich drinnen sein dürfen und nicht draußen bleiben müssen. Vorsicht also, wenn uns die ganze Sache mit Gott allzu sicher und selbstverständlich wird. Sie ist es nicht.

Die Klugen und Frommen in dieser Geschichte stehen für uns Kluge und Fromme.

Umkehr zu Jesus ist unsere Rettung

Die Klugen und die Frommen wollen ein Zeichen. Jesus gewährt ihnen etwas, das viel größer ist als das, was sie gefordert haben: Er gewährt ihnen einen Blick auf das innerste Geheimnis seiner letzten Tage auf Erden. Jesus wird wie Jona von einem Ungeheuer verschluckt. Er wird drei Tage im Herzen der Erde bleiben, im kalten Grab, in den Klauen des Todes, dieses großen Vernichters. Dann wird ihn die Erde freigeben müssen, der Tod kann ihn nicht halten.

Wir wissen, was die Hörer damals noch nicht wissen konnten: Jesus redet hier von seinem Gang an das Kreuz, von seinem bitteren Tod und von seiner siegreichen Auferstehung. Es geht um mehr als bei Jona. Es ist nicht nur eine Bußpredigt, wie sie die Niniviten im Herzen traf und rührte. Hier liegt die Rettung bereit, weil Jesus sein Leben gibt und nicht nur Urlaub im Fisch verbringt. Jesus ist kein widerspenstiger Prophet wie Jona, sondern der eine, der nie vom Weg abgekommen ist. Darin liegt die Rettung, weil Jesus den Preis für jede Schuld unseres Lebens bezahlt hat: jede noch so große, noch so schlimme, noch so oft wiederholte, noch so hartnäckige, noch so peinliche, noch so unverzeihliche, noch so verruchte, noch so das Gewissen peinigende Schuld.

Das Zeichen des Jona macht deutlich: Alles ist vergeben! Ob gerichtet oder gerettet hängt nur daran, ob ich jeder Selbstgewissheit den Abschied gebe und zu Jesus hinfliehe. Das Zeichen des Jona macht deutlich: Umkehr ist möglich und willkommen, denn Jesus wartet.

Es ist ratsam, sich bewusst Zeiten der Besinnung und des Bilanzziehens zu nehmen. Immer wieder sollten wir unser eigenes Herz überprüfen: Wo habe ich etwas anderes als Jesus geliebt? Wo habe ich jemand anderes als Gott gefürchtet? Wo habe ich etwas anderes mehr verehrt? Wo habe ich den Anschluss verpasst an das Leben mit Gott? Jesus redet mit uns über das Gericht. Es ist ihm ernst.

Zeiten, in denen wir unser Herz überprüfen, sind Lebertranzeiten. Aber anders als das Fischöl hinterlässt die Umkehr keinen schlechten Geschmack. Jesus ringt mit den Klugen und Frommen nicht deshalb, weil er sie endgültig erniedrigen will. Er ringt mit ihnen, weil er bis zum Schluss hofft, dass er sie erreichen wird. Bis das Gegenteil bewiesen ist, kämpft er um sie, rüttelt sie wach. Bis zum Ende will er ihnen die Tür aufhalten: Wer es nur erträgt und hört und Zuflucht sucht bei ihm, wer nur endlich die Selbstgewissheit fahren lässt und nicht mehr auf sich selbst vertraut, der tritt in Gottes Reich ein. Der wird bei Gott geborgen und in sein Reich verpflanzt sein – im Leben wie im Sterben.

Eine gesunde Selbsteinschätzung

Ich beginne mit einer Beleidigung: »Du bist ein Schaf!« Und du darfst dir aussuchen, ob du lieber ein dummes Schaf, ein schwarzes Schaf, ein widerspenstiges Schaf, ein Schaf auf dem Weg zum Scherer, ein Lamm auf dem Weg zur Schlachtbank oder ein verlorenes Schaf sein möchtest. Aber eines bist du in jedem Fall: ein Schaf. So steht es in Gottes Wort: Du bist ein Schaf.

Dies ist eines der radikalsten Bilder der Bibel: Jesus als guter Hirte, wir als seine Schafe (Johannes 10,11-30). Dabei geht es nicht um Hirtenromantik oder um schöne fromme Lieder wie: »Weil ich Jesu Schäflein bin.« Ich will allen Zuckerguss von den Bildern abkratzen, auf denen Jesus mit einem Schaf auf der Schulter dem Sonnenuntergang entgegenschreitet. Denn ich möchte durch eine Beleidigung und eine Enttäuschung hindurch zur Freude an Ostern und an Jesus, den Auferstandenen, führen.

Jesus kennt uns: Wir sind Schafe!

Die Beleidigung

Es fängt eigentlich gar nicht so schlimm an: Der gute Hirte kennt seine Schafe. Das ist wirklich etwas Erstaunliches. Ich las neulich von zwei Hirten, die im Zug unterwegs waren und an großen Schafherden vorbeifuhren. Plötzlich zeigt der eine aus dem Fenster und sagt: »Da vorn sind meine fünf Lämmer, die ich vor ein paar Tagen verkauft habe.« Der gute Hirte kennt seine Schafe. Das klingt schön.

Aber ehe es zu schön wird: Das ist kein Kompliment! Der

schottische Autor J. Douglas MacMillan (1933–1991) arbeitete zwölf Jahre als Schafhirte, bevor er Pastor und später Theologieprofessor wurde, und schildert in einem Buch[21], wie das Leben mit Schafen wirklich ist und wie sich diese Tiere verhalten. Haus- und Nutztiere, die weglaufen, bejubeln normalerweise ihre Freiheit – »Endlich bin ich in der Wildnis, wo ich hingehöre!« – oder sie fühlen sich verloren und verlassen und versuchen um jeden Preis, nach Hause zu kommen. Nicht so Schafe! Diese Herdentiere rennen panisch hin und her, völlig kopflos, absolut planlos. MacMillan sagt dazu: »Das Schaf ist ein dummes Tier. Es verliert sofort die Orientierung, ganz anders als Katze oder Hund. Und wenn man ein verlorenes Schaf findet, dann rast es weiter hin und her und will sich nicht heimführen lassen. Wenn man es findet, muss man es zu fassen kriegen, niederwerfen, Vorder- und Hinterbeine zusammenbinden, es sich über die Schulter werfen und heimschleppen.«[22] Ich ergänze: So ein Schaf stinkt, es ist undankbar und es ist ihm gleichgültig, wie es dem Hirten dabei geht. Den lächelnden Jesus mit dem glücklichen Schaf auf der Schulter sollten wir also lieber aus unserem Kopf streichen.

Das wäre an sich gut zu ertragen, ein bisschen Theorie und Hintergrundwissen über Schafe. Aber Jesus sagt: »Ihr seid Schafe. Ihr seid diese dummen Tiere.«

So ein Schaf stinkt, es ist undankbar und es ist ihm gleichgültig, wie es dem Hirten geht.

Das ist nicht die einzige, aber eine Perspektive von Jesus auf uns: hilflos, schutzlos, voller Panik, mit schlechten Entscheidungen, gern mal in der Sackgasse des Lebens. Jesus sagt: »Mein liebes Schaf, du bist geistlich, im Blick auf dein Leben vor Gott schutzlos, hilflos, ziemlich töricht, oft auf dem Holzweg. Und ich weiß das!«

Tim Keller illustriert das folgendermaßen: Die meisten Menschen denken, dass sie vor zehn Jahren noch ziemlich unreif waren, nicht auf dem neuesten Stand, mit dummen Einschätzungen und törichten Entscheidungen. Unser jetziges Ich urteilt: »Mit 15 (oder später mit 25, 35, 45 oder 55) war ich so unreif! Aber das habe ich hinter mir!« Das Problem: Unser zukünftiges Ich wird genau dasselbe über unser gegenwärtiges Ich sagen. Keller bringt es folgendermaßen auf den Punkt: »Du bleibst ein Leben lang ein Trottel, der meint, er habe es hinter sich.«[23]

Jetzt gibt es für das Leben eines Jüngers oder einer Jüngerin ja einen besonders geeigneten Begriff: »Lebendiges, mündiges Christsein.« Hier jedoch werden ganz andere Worte gebraucht: »Törichtes, widerspenstiges Schafsein« – darum geht es. Und darüber kann man dann nur demütig werden. »Demütiges, bescheidenes Christsein.«

Jesus sagt also: »Das seid ihr, ich weiß es, ich kenne euch. Ich kenne eure Dummheiten von früher. Ich sehe, wie ihr euch heute falsch entscheidet und immer wieder tut, was nicht recht ist. Und ich sehe auch schon, welche unglaublich törichten Dinge euch morgen einfallen werden. Ich kenne euch durch und durch. Ihr seid und bleibt Schafe. Und wenn ich euch finde, muss ich euch mit sanfter Gewalt heimbringen. Dass ihr zu Hause ankommt, verdankt ihr dann gewiss nicht eurer geläuterten Einsicht, sondern meiner Beharrlichkeit. Bitte überschätzt euch nicht andauernd: Denkt nicht, ihr würdet das schon eines Tages selbst hinbekommen. Ihr braucht immer einen Hirten!«

Das alles ist wahrlich kein Kompliment. Aber Vorsicht: Das ist noch nicht alles, was es über uns zu sagen gibt. Dummheit ist nicht Schicksal. Aber im Blick auf das Entscheidende, im Blick auf unser Leben mit Gott, im Blick auf unsere Seele und ihr Ergehen, im Blick darauf und zunächst einmal nur darauf, sind wir Schafe. Das sagt Gottes Wort.

Und Jesus ist ein seltsamer Hirte.

Die Enttäuschung

Wenn man diesen ersten Punkt verdaut hat, kommt es noch besser. Jesus sagt: Ich bin der gute Hirte. Und was macht den guten Hirten aus? Er lässt sein Leben für seine Schafe.

Dem kann man durchaus etwas abgewinnen. Schafe sind zwar dumm, aber auch wertvoll. Es gibt ja kaum etwas am Schaf, das man nicht verwerten kann: die Milch, das Fell, das Fleisch, die Hörner, so sie welche haben. Schafe sind ein kostbarer Besitz. Es ist nachvollziehbar, dass der gute Hirte sich um sie kümmert. Der Einsatz des Lebens beginnt schon hier: Dem Wind und dem Wetter ausgesetzt sorgt der gute Hirte für seine Herde.

Auch stimmt es, dass ein guter Hirte nicht wegläuft, wenn es hart auf hart kommt. Ein guter Hirte bleibt, stellt sich den Problemen. Gute Leitung zeigt sich immer, wenn es schwer wird, dann wird der Charakter sichtbar. Der gute Hirte stellt sich dem Wolf. Vom jungen König David wird berichtet, dass er sich für den Kampf gegen Goliat empfiehlt, weil er als Schafhirte seine Schafe gegen Löwen verteidigt hat. So machen es die guten Hirten!

Aber gute Hirten kennen Grenzen. Wenn es am Ende ein Entweder-Oder gibt, wenn das Leben der Schafe gegen das Leben des Hirten abzuwägen ist, dann sagt jeder: »Schade um die Herde, aber bring dich bloß in Sicherheit.« Schafe können wir ersetzen, den Hirten nicht. »Du hast genug getan, viel geopfert, warst wirklich ein guter Hirte, aber jetzt zählt dein Leben mehr als die Schafe. Am Ende des Tages ist doch, wenn es recht zugeht, das Schaf für den Hirten da und nicht der Hirte für das Schaf.« Das Schaf ist Investment, ein Wirtschaftsgut, ein Produktionsfaktor. Der Hirte soll vom Schaf leben und nicht für das Schaf sterben. Kein vernünftiger Hirte ginge über diese Grenze. Auch wir täten das nicht: Wenn die geliebte Katze in den Ofen spränge, wären wir traurig, vielleicht sogar sehr traurig, aber wir sprängen nicht hinterher. Niemals!

Wenn wir also wirklich verstehen wollen, wer Jesus für uns ist, dann müssen wir hier durch: Jesus zerbricht dieses Bild und enttäuscht alle vernünftigen Erwartungen. Er geht über alle Grenzen. Wir können nicht sagen: »Wir wissen ja, was ein guter Hirte ist, darum verstehen wir Jesus.« Es ist ganz anders: Jesus definiert völlig neu, über allen gesunden Menschenverstand hinaus, was ein guter Hirte ist, weil er der eine, einzige Hirte ist, der sein Leben für die Schafe lässt.

Jesus definiert über allen gesunden Menschenverstand hinaus, was ein guter Hirte ist.

Rainer Stuhlmann, ein Ausleger aus dem Rheinland sagt: Das ist menschlich betrachtet totaler Schwachsinn. Ein Hirte lebt vom Ertrag aus Wolle, Milch und Fleisch. Ein Hirte, der seine Herde weidet und vor allem im Sinn hat, dass die Schafe überleben, ist ein dummer Hirte, ein schlechter Hirte. Er mag ein Tierfreund sein, aber als Hirte, als Profi übertreibt er maßlos. Der ist kein Hirte, der ist selbst ein Schaf, das sich zur Schlachtbank führen lässt.[24]

Und so ist es, so muss man das zusammensetzen: Der Hirte, der uns Schafe kennt und weiß, wie wir waren, sind und sein werden, der lässt sein Leben für uns. Der lässt sich zur Schlachtbank führen. Der lässt sich vom Wolf zerbeißen und ans Kreuz nageln. Der stellt sich so vor uns, dass der Feind nicht nach uns greifen kann. Der sagt: »Meine Ehre, meine Macht, meine Würde, mein Leben – wenn es euch an den Kragen geht, dann lasse ich lieber das alles fahren, als dich, als dich, mein dummes, widerspenstiges, unbelehrbares – Schaf.« So ist es, das bricht alle Vorstellungen von guten Hirten und lässt uns staunen: So ist nur einer, so ist nur Jesus, der eine, einzige gute Hirte. Für dich, du Schaf. Wir Trottel sind sein ganzer Reichtum. Das ist das Evangelium, das ist Gottes Wort. Und uns bleibt dankbares, staunendes Christsein.

Die Freude an Jesus dem Auferstandenen

Durch die Beleidigung und Enttäuschung hindurch kommen wir zur Freude. Ich hoffe, dass Gottes Wort unser Herz weitet und wir froh sind über unseren guten Hirten. Und Jesus sagt noch etwas über das Leben der Schafe beim guten Hirten: »Ich kenne euch, jedes einzelne Schaf beim Namen« (auch das ist eine Vorstellung, die weit über das hinausgeht, was irdische Hirten von sich sagen würden). Jesus spricht die Schafe an, sie hören seine Stimme und sie folgen ihm. Und nichts soll sie je wieder aus der Nähe des Hirten vertreiben oder rauben.

Und da ist nun das, was lebendiges, mündiges Christsein tatsächlich ausmacht. Nach dem widerspenstigen und demütigen und dankbaren und staunenden Christsein: das hörende und folgende Christsein. Das bedeutet: hören, was der gute Hirte sagt, und gehen, wohin er uns führt.

Es gibt einen großen Unterschied zwischen den Hirten hier im Westen und den Hirten im Orient. Bei uns gehen die Hirten hinter der Herde her. Sie treiben sozusagen die Schafe. Im Orient gehen sie voran und rufen die Schafe, ihnen zu folgen.

> Im Orient gehen die Hirten voran und rufen die Schafe, ihnen zu folgen.

Diese Lektion der Schafe dürfen wir lernen. Jesus zuhören, wenn er spricht, durch die Bibel in der Stille, durch das Wort in der Predigt, durch das geschwisterliche Gespräch, hören und folgen – daran arbeiten wir unser Leben lang. Und wieder und wieder brauchen wir es, dass er uns nachgeht und heimbringt. Aber das tut er. Und wieder und wieder üben wir es. Wir lernen es, umfassend und bedingungslos seinem Ruf zu folgen.

Am Anfang unseres Weges mit Jesus brauchen wir ihn oft in irgendeiner persönlichen Not. Wir sagen dann: »Jesus, hilf mir, tröste mich in Trauer, vergib mir dieses schlimme Versagen, heile meine inneren Wunden, kläre meinen verwirrten Kopf auf, hilf mir zu einer guten Entscheidung, lass mich nach dieser Enttäuschung in der Liebe klarkommen, öffne die Tür für meine berufliche Karriere. Jesus, hilf mir. Ach ja, hilf mir, Jesus, aber bleib bitte aus meinem Liebesleben fern, rede mir nicht rein in meine Zeiteinteilung und verpflichte mich nicht zu sehr im Dienst für dein Reich, störe mich nicht in meiner Karriere und meinem Einsatz von Zeit und Geld. Hilf mir, aber verlange nicht zu viel von mir.«

Mit der Zeit lernen wir, was es bedeutet, Jesus umfassend zu folgen. Zwischendurch vergessen wir es wieder, dann holt er uns zurück, verlässlich, belastbar.

Umfassend und bedingungslos! Wie bringt der Hirte das Schaf heim? Er wirft es zu Boden, hält es fest, bindet die Beine zusammen, wirft es sich über die Schulter. Manchmal ist es rau in der Obhut des Hirten. Manchmal hätten wir dummen Schafe es gern sanfter. Aber du bist ein Schaf und er ist der Hirte. So vieles verstehen wir nicht. Dann sagen wir: »Was tut der Hirte da mit mir?« Dabei ist es das, was er tun muss, selbst wenn ich es noch nicht verstehe. Auch schafft er die Wölfe dieser Welt nicht ab, und das kann ungemütlich werden. Aber egal welchen Namen der Wolf trägt, Jesus stellt sich dazwischen. Kein Wolf darf uns von ihm trennen. Zwischendurch laufen wir gern mal weg, aber dann holt er uns zurück, verlässlich, als guter Hirte.

Umfassend und bedingungslos. Seine Stimme hören und ihm folgen. Das ist die beste Lebensform für uns Schafe! So lernen wir, unsere Wurzeln im guten Boden zu schlagen.

Zweiter Teil

Verwurzelt – Der Grund von allem ist eine Person

Mit herzlosen Grüßen – Eine sperrige Geschichte vom Erbarmen

Bekanntlich liebe ich Obst, vor allem in Form eines angeknabberten Apfels – auf den Geräten aus Cupertino/Kalifornien. Vor Kurzem habe ich mein zehnjähriges Jubiläum der Befreiung aus dem Windows-Imperium gefeiert. Apple ist etwas Feines.

Doch meine Liebe zur Software von Apple hat eine kleine Delle bekommen – die Autokorrektur. Die ist eigentlich ebenfalls was Feines, aber leider passiert mir häufiger Folgendes: Bei E-Mails schreibe ich am Ende noch rasch: »Mit herzlichen Grüßen«. Dabei vertippe ich mich immer wieder. Bei den »herzlichen Grüßen« erwische ich schon mal das »o« statt des »i«. Und dann schlägt die Autokorrektur zu und ergänzt »herzlo« sofort zu »herzlosen Grüßen«. Ein paarmal hätte ich beinah versehentlich auf »Absenden« gedrückt. Das hätte bedeutet: Mails an Studenten in der Examensphase: »Mit herzlosen Grüßen.« Mails an meine liebe Frau, aber mit herzlosen Grüßen. Mails an Rektorin, Spender und Stifter, Kollegen und Fakultät: »Mit herzlosen Grüßen.« So nah kommt da das Herzliche dem Herzlosen, nur eine Taste ist dazwischen.

Das passiert nicht nur beim Tippen an hochmodernen Geräten, auch im täglichen Leben stehen wir ständig vor der Entscheidung, ob wir mit Herzlichkeit und Barmherzigkeit reagieren oder kalt und herzlos. Erbarmen fällt uns manchmal ganz schön schwer. Jesus war und ist da anders. Wobei – die Worte, die er gegenüber einer Ausländerin gebraucht, wirken ganz schön herzlos (Markus 7,24-30).

Kinder und Hunde

Markus erzählt, wie Jesus einen seiner ganz seltenen Ausflüge über die Grenzen seiner jüdischen Heimat hinaus macht. Nach Tyrus, zu den Menschen, in deren Pass steht, sie seien Syrophönizier – keine Juden, sondern Heiden. Da kommt diese Frau ohne Namen. Sie tut einen großen Schritt: Sie nähert sich Jesus und bittet ihn um Hilfe – Jesus, in dessen Namen schon das Wort Hilfe eingraviert ist, denn Jeschua bedeutet: Der Herr hilft.

Während die Frau dabei ist, sich einen Namen zu *machen*, ist Jesus auf dem besten Weg, seinen Namen zu verspielen. Er ist an diesem Tag nicht darauf eingestellt, zu helfen. Er ist erschöpft, überwältigt von den vielen, die etwas von ihm wollten. Er sucht Ruhe, will sich entspannen. Zu Hause geht das nicht, deshalb macht er einen Ausflug ins Ausland.

Aber hier funktioniert das genauso wenig, denn da kommt diese Frau. Sie weiß, dass sie eigentlich keine Chance hat. Sie erfüllt keine der Bedingungen, die zu Hoffnung Anlass gäben. Sie ist eine Frau, kein Mann; sie ist eine Syrophönizierin, keine Jüdin; eine Heidin, keine Frau aus Gottes Volk. Sie ist eigentlich komplett unterqualifiziert, um Jesus erfolgreich um Hilfe zu bitten.

Diese Mutter erfüllt keine der Bedingungen, die zu Hoffnung Anlass gäben.

Sie weiß das alles, aber sie lässt sich davon nicht aufhalten. Sie trägt ihre Bitte vor – auf Knien: »Jesus, hilf mir! Meiner kleinen Tochter, meinem lieben Kind, geht es nicht gut. Ein Dämon hat von ihr Besitz ergriffen.« Das bedeutet, die Tochter ist nicht mehr bei sich, nicht mehr Herrin im eigenen Haus, da hat etwas Böses und Lebensfeindliches die Regie übernommen, das Leben und alle Freude verleidet. Sie scheint irgendwie ganz fremd. Deshalb sagt die Mutter: »Jesus, kannst du uns nicht helfen, kannst du sie nicht bitte heilen, befreien, zu uns zurückbringen?«

Wenn jemand Jesus kennt, ihm diese Geschichte aber noch

unbekannt ist, denkt er jetzt vermutlich: Jesus wird der Frau bestimmt helfen. Vielleicht wird Jesus sagen: »Mit herzlichen Grüßen an die Tochter, mach dir keine Sorgen, alles wird gut.«

Doch genau das tut Jesus nicht. Seine Antwort ist abweisend, sie klingt sogar herzlos: »Mit dir habe ich nichts zu schaffen. Ich bin hier nicht zuständig.« Jesus geht offenbar nicht hausieren mit Heilungen.

Und er macht es noch schlimmer. Er gebraucht einen Vergleich mit Hunden, mit unreinen, stinkenden Straßenkötern. In Israel schlief Hündchen nicht mit Frauchen im Bett und saß nicht mit zu Tisch, um mit Leckerli gefüttert zu werden.

Jesus sagt: »Zuerst bekommen die Kinder zu essen, und man gibt nicht, was den Kindern zusteht, den Hunden. Es wäre nicht recht.« Im Klartext: »Ich bin für die Menschen des Gottesvolkes Israel da – und – nicht – für – dich. Deiner Tochter zu helfen, wäre ungefähr dasselbe, wie das Brot der Kinder den Hunden vorzuwerfen.« Die Geschichte läuft nicht wie erwartet. Die Geschichte ist eine völlige Fehlbesetzung für das Thema Barmherzigkeit! Da kommt eine und bittet um Hilfe und Jesus sagt: »Kommt nicht infrage, du Hündin.«

Hartnäckig

Nun aber kommt die entscheidende Stelle der ganzen Geschichte, und die ist sensationell: Man müsste sich doch über Jesus aufregen, ihn herzlos nennen. »Geht's noch, Jesus?«, möchte man rufen. »Hast du vergessen, was dein Markenkern ist? Das ist doch Heilung, Rettung, Erbarmen! Verweigerte Hilfeleistung, Jesus, verweigerte Hilfeleistung!« Ich habe mich gerade noch gebremst, bevor ich zu viel sage. Schließlich geht es um Jesus, Respekt und Ehrfurcht haben gesiegt, aber ein bisschen irritiert hat mich diese Reaktion schon. Später, viel später habe ich begriffen: »Das war knapp, da hätte ich mich beinahe völlig vergaloppiert!« Aber bleiben wir erst mal bei dieser Stelle.

Eine Person in dieser Geschichte ist nicht irritiert und regt sich nicht auf, und das kommt völlig unerwartet. Ausgerechnet die Mutter!

Diese Frau macht dreierlei:

Erstens gibt sie nicht nach, sie lässt sich nicht abwimmeln. Sie hat die Sturheit liebender Eltern. Es gibt ja bekanntlich Helden und Feiglinge, und manches dazwischen. Und dann gibt es noch Eltern. Eltern sind in einer eigenen Liga. Wenn dem Kind etwas fehlt oder das Kleine gar in Gefahr ist, gibt es für sie kein Halten. Da kennen sie nicht Freund noch Feind. Eltern tun, was Eltern tun müssen, für sie steht dann alles auf dem Spiel. So ist es bis heute. Wer die Sorge um ein Kind kennt, wer den Schmerz kennt, wenn einem ein Kind entgleitet, wenn es verloren scheint und etwas Fremdem willig wurde, in Gefahr, in Not, entlaufen oder bedroht, der kennt den Willen, alles, aber auch alles zu tun, um das Kind zu retten. So jemand weiß, wozu Eltern fähig sind. Und deshalb gibt diese Mutter nicht nach.

Zweitens gibt sie Jesus recht. Das ist sensationell. Sie verzieht nicht das Gesicht, sie ist nicht beleidigt. Sie beschimpft Jesus nicht, sondern sie sagt: »Du hast recht. Es stimmt, was du sagst. Und ich habe kein Recht, ich habe keinen Anspruch auf deine Hilfe. Ich stehe hier vor dir ohne Lizenz zum Fordern.«

Diese Frau lässt sich nicht von Jesus abwimmeln.

Drittens gibt sie Jesus etwas zurück. Sie erwidert sein eigenes Beispiel, indem sie die kleine Chance darin ergreift. Sie geht durch den schmalen Spalt, den Jesus in der Tür offen gehalten hat. »Ist es nicht so«, hat Jesus gefragt, »dass zuerst die Kinder essen? Und dass man ihr Essen nicht den Hunden vorwirft?« »Ja«, antwortet die Frau, »so ist es, zuerst essen die Kinder. Ja, wir sind wie die Hunde, du hast recht. Aber dann bleibt doch genug, was vom Tisch fällt. Und das, das dürfen die Hunde essen. Ist es nicht so? Jesus, ist es nicht so, da ist doch genug auf dem Tisch selbst für die Hunde, oder nicht?« Damit erreicht sie Jesu Herz. Sie ist zugleich demütig und stark, voller Respekt und zugleich beharrlich, ja unnachgiebig. Das rührt ihn an und überzeugt ihn. Er tut, worum sie ihn gebeten hat, und das Kind wird frei und heil.

Ich behaupte, dass dies die Pointe dieser Geschichte ist, einer Geschichte, die uns die Person vor Augen führt, in der wir Christen verwurzelt sind. Wir können im Blick auf unser Verhältnis zu Gott zwei wesentliche Lektionen von dieser großartigen Mutter lernen.

Erstens: Wir stehen vor Gott niemals mit Ansprüchen. Erbarmen ist unverdient, es ist kein Recht, das wir haben und jederzeit einfordern könnten. Diese erstaunliche Heidin begreift – von Angesicht zu Angesicht mit Jesus –, wie es zugeht in Gottes Reich. Gibt es Ansprüche, Würde, irgendetwas eigenes, das ich vorweisen könnte? Nein! Das alles verschafft mir nie und nimmer Zugang zu Gottes Gaben und Beistand. Wenn ich zu Jesus komme, dann nie auf der Basis meines Gutseins, sondern immer auf der Basis seiner Güte! Ich bitte nicht um etwas, das mir zusteht, sondern um etwas, das mir *nicht* zusteht. Ich will nicht, was ich verdient habe, ich will, was ich nicht verdient habe! Doch ich sage: Ich lasse dich nicht, es sei denn, du segnest mich.

Die erste Lektion zum Thema Barmherzigkeit heißt: »Gib mir, Herr, was mir nicht zusteht.« So fängt es an und so bleibt es bis zum letzten Atemzug. Gott schuldet uns nichts, aber er gibt uns alles. Anders gesagt: Man kann Gott auf zweierlei Weise enttäuschen. Man kann arrogant vor ihm stehen und sagen: »Gib mir mein mir zustehendes Gut.« Das funktioniert nicht. Man kann aber auch verzagt vor ihm stehen und auf das Gute verzichten, weil man nicht wagt, auf seine Barmherzigkeit zu hoffen, zu setzen, zu beten, eindringlich und nachdrücklich und immer wieder.

Die zweite Lektion: Die Frau erkennt, da ist genug, sogar mehr als genug. Natürlich kommen zuerst die Kinder, aber es ist genug, über alle Maßen genug für alle, selbst für die Hunde. Und jetzt verstehen wir zwei andere Geschichten besser, die Markus vor und nach dieser merkwürdigen Heilung erzählt, nämlich die

Speisung erst der 5000 und dann der 4000. Da werden alle satt und am Ende sammeln sie die Krumen – und es sind Körbe voll, jede Menge Reste, genug, um noch einmal so viele zu speisen.

Das ist das Evangelium vom Überfluss des Erbarmens und der Güte. »Herr, das reicht voll und ganz. Gib erst den Kindern, ich armer Hund stelle mich hinten an und weiß doch: Es reicht. Dein Herz ist so groß, Herr, denn du bist gar nicht herzlos, sondern unendlich herzlich! Deine Güte fließt über, Jesus – es kann gar nicht sein, dass ich nicht satt werde. Wir kennen es doch, Jesus, bei dir bleiben immer körbeweise Vergebung und Neuanfang, Segen und Kraft, Liebe und Weisheit, Trost und Hilfe übrig! Wie wunderbar ist dein Erbarmen.« Papst Franziskus, der seltsame kleine Mann mit den kleinen Autos, fasst dies in einem Buchtitel zusammen: »Der Name Gottes ist Barmherzigkeit«.[25]

Das war das erste, das großartige Evangelium der Brosamen für uns Hunde! Was aber bedeutet das für die Barmherzigkeit als Wert unserer Gemeinden?

Barmherzigkeit als Wert?

Wir neigen vielleicht dazu, uns mit Jesus zu identifizieren. Jesus war barmherzig, also sollen wir es auch sein. Aber vielleicht zögern wir auch, uns mit Jesus zu identifizieren. Ich zögere generell, wenn es vollmundig heißt, wir Jüngerinnen und Jünger sollten mehr wie Jesus werden. Sollen wir das wirklich? Sollen wir so werden wie Jesus hier in der Geschichte?

> Mir würde es reichen, wenn ich mehr wie diese Mutter wäre – so demütig, stark, respektvoll und beharrlich.

Mir selbst würde es reichen, wenn ich mehr wie diese Mutter wäre, so demütig und stark, so respektvoll und dann doch wieder beharrlich.

Dann muss ich ihre Geschichte ein Stückchen weiterschreiben. Was hat wohl dies alles mit dieser Frau gemacht? Was hat sie an diesem Tag begriffen? Vielleicht Folgendes: Mir ist unverdient und ohne Anspruch Erbarmen begegnet. Wie sollte ich das nun irgendjemandem vorenthalten, der mein Entgegenkommen braucht, egal ob er es verdient oder nicht? Wie sollte ich jetzt herzlos sein, nachdem er so herzlich zu mir war? Wie sollte ich kalt und hartherzig auf die Not anderer reagieren, wo mir so unverhofft geholfen wurde? Wie sollte ich nicht sehen, was andere durchmachen? Wie sollte ich, wenn ich gesehen habe, nicht fühlen, was sie fühlen? Wie sollte ich, wenn ich mitfühle, nicht nachdenken, was zu tun wäre? Wie sollte ich, wenn ich nachgedacht habe, nicht Mittel und Wege finden, Unterstützer gewinnen und Aktionen planen? Wie sollte ich, wenn ich Mittel und Wege gefunden, Unterstützer gewonnen und Aktionen geplant habe, nicht durchhalten bis zum Ende, bis wirklich nachhaltig geholfen wurde? Da wird das Herz dabei sein, der Kopf und die Hand.

Und wie sollte ich nicht das alles tun, ohne es großartig zu registrieren? Anders gesagt: So ganz von selbst, selbstredend und selbstverständlich, so ganz ohne mir auf die Schulter zu klopfen, so ganz ohne zu denken: »Jetzt freut sich der Heiland aber!« Luther sagte: »Der Christenmensch lebt nicht bei sich selbst, er lebt im Glauben in Christus und in der Liebe im Nächsten.« Ich sage: Der Glaube birgt sich in der unverdienten Barmherzigkeit Jesu und gerade so ist er ganz berührt und bewegt vom anderen, der Erbarmen so nötig braucht.

So kommt es zum Erbarmen als Wert, nicht gemacht, anerzogen, erzwungen, dressiert.

Barmherzigkeit in der Gemeinde

Das alles gilt aber nicht nur für Einzelne, sondern auch in unseren Gemeinden. Hier könnte man jetzt beginnen: Wie können unsere Gemeinden Barmherzigkeit ausstrahlen? Wie können wir Menschen mit Würde behandeln, sodass unsere Barmherzigkeit sie nicht demütigt? Wer wartet auf unsere Barmherzigkeit? Werden wir hinsehen? Werden wir mitfühlen? Werden wir nachdenken? Werden wir Mittel und Wege finden? Werden wir Aktionen planen und durchführen? Werden wir geduldig durchhalten, bis zum Ende? Ist uns das wichtig, wichtiger als unsere Pläne, wichtiger als unser Privates? Sind wir da, wenn Hilfe erbeten wird?

Das ist ganz schön ambitioniert, sich das vorzunehmen, denn das braucht unser Herz, unseren Kopf und unsere Hand. Und wie ist es erst mit unserer Zeit, unseren Entscheidungen, unserer Hingabe? Da ist die Herausforderung, mehr wie diese Mutter zu werden, bevor wir uns daran machen, dem Herrn selbst ähnlich zu werden. Das Erbarmen, das uns widerfahren ist, zu fühlen, zu schmecken, zu erinnern, darüber nachzudenken. Wie sollten wir dann nicht im Glauben in Christus und in der Liebe im Nächsten wohnen?

Und worum ginge es da? Ich habe meine eigene Reihe von Werken der Barmherzigkeit erfunden, nur so zur Illustration, Werke für eine Gemeinde, nicht nur für Einzelne. Drei davon möchte ich aufzählen.

> Wir müssen das Erbarmen, das uns widerfahren ist, fühlen, schmecken, erinnern, darüber nachdenken.

Das erste: Missionarische Gastfreundschaft üben, Menschen ein Stück Heimat geben, einen gedeckten Tisch, Aufmerksamkeit, Interesse an ihrem Ergehen, Rücksicht auf ihre Fremdheit mit allem Frommen, in der Gemeinde, in der Art, wie wir Gottesdienst feiern, in dem Wahrnehmen derer, die beim Kirchencafé allein dastehen, in den Kleingruppen, die sich öffnen für suchende Menschen. In geduldigem Geleit und nicht als missionarisches Überfallkommando. Missionarische Gastfreundschaft wäre ein greifbares Werk der Barmherzigkeit.

Das zweite: Den Übersehenen dienen, Einsame wahrnehmen, besuchen, einladen, selbst die, die uns nicht spontan sympathisch sind, Traurigen nachgehen, verwundete Seelen trösten, Irrenden helfen, den Weg wiederzufinden.

Das dritte: Kinder stark machen. Sie sollen sich nie als Störenfriede fühlen, unerwünscht, lästig, beiseitegeschoben. Angebote für Kinder sind in einer Gemeinde der Barmherzigkeit hoch ehrenvolle und begehrte Dienste, und kein Leitungsteam sollte betteln, dass sich Mitarbeiter dafür finden. Wir denken darüber nach, welchen Schutz Kinder in einer gefährlichen Welt brauchen. Wir träumen davon, dass Kinder an ihren verschiedenen Lebensorten und in unseren Familien stark und gesund werden und ihre Begabungen entdecken und damit etwas Gutes anfangen können. Kein Vater und keine Mutter soll schräg angesehen werden, wenn sie entscheiden, ihr Kind noch nicht in Betreuung zu geben. Kinder haben Vorrang, Gottes schönste und schwerste Gabe. Das wäre ein greifbares Werk der Barmherzigkeit, wenn wir so die Kinder lieben würden.

Jetzt könnte man noch weitermachen vom Erbarmen mit der Schöpfung und dem Klima, vom Tragen der Schwierigen, vom Begleiten der Kranken und Sterbenden – hier muss jede und jeder seinen Schwerpunkt finden, auch die Gemeinde, welchen Bereich Gott uns besonders ans Herz legt.

Ich möchte bei der syrophönizischen Mutter in die Schule gehen, mit ihr Gottes erstaunliches Erbarmen erfahren, tief in mir wissen: Es ist mehr als genug!

In Jesus verwurzelt, kann ich sagen: Es ist mehr als genug! Ich möchte im Glauben in Christus wohnen. Und dann soll es abfärben, dass wir greifbar barmherzig werden als Gemeinden.

Ich möchte in der Liebe zum Nächsten wohnen.

Wo Barmherzigkeit beginnt

Das Jahr der Barmherzigkeit wurde von Papst Franziskus für die katholische Kirche ausgerufen und nach zwölf Monaten am 8. Dezember 2016 beendet. Dafür wurde eine Pforte im Petersdom zugänglich gemacht, eine große hölzerne Tür der Barmherzigkeit geöffnet, und dann wieder geschlossen. Zuerst die rechte Tür und dann die linke Tür.

Die Pforten der Barmherzigkeit sind geschlossen. Das Jahr der Barmherzigkeit ist abgelaufen. Aber ist es damit vorbei mit der Barmherzigkeit?

Vierzehn Werke der Barmherzigkeit

In Wien steht im 14. Bezirk die Kirche am Steinhof. Sie wurde von 1904 bis 1907 nach Entwürfen von Otto Wagner erbaut und gilt als eines der bedeutendsten Werke des Wiener Jugendstils. Die Kirche zum heiligen Leopold, wie sie eigentlich heißt, entstand im Zuge der Errichtung der Niederösterreichischen Landesheil- und Pflegeanstalt für Nerven- und Geisteskranke.

Der Architekt Otto Wagner hatte daher zu berücksichtigen, dass es sich um eine Anstaltskirche für psychisch kranke Patienten handeln würde. Er eruierte in Gesprächen mit Ärzten und Pflegepersonal die speziellen Anforderungen an ein derartiges Bauwerk. Ein Arztzimmer, Toiletten und Notausgänge wurden eingeplant, die Kirchenstühle durften wegen Verletzungsgefahr keine scharfen Ecken haben. Wagner, dem bei seinen Projekten die hygienischen Aspekte ein großes Anliegen waren, entwarf statt eines gewöhnlichen Weihwasserbeckens eine Variante mit herabtropfendem Wasser, um die Gefahr von Infektionen zu verringern. Außerdem gab es nicht nur für das Pflegepersonal, sondern auch für männliche und weibliche Patienten separate Eingänge, da zur damaligen Zeit in Nervenheilanstalten Geschlechtertrennung vorgeschrieben war.

Besonders interessant ist im Innenraum die Anordnung der Bleiglasfenster, die anhand von Heiligen biblische Aspekte der Barmherzigkeit zeigen.[26] Somit erhellt Barmherzigkeit am Tag die Kirche, wenn das Sonnenlicht hereinscheint.

In der katholischen Tradition wird unterteilt in sieben leibliche und in sieben geistliche Werke der Barmherzigkeit. Das westliche Fenster zeigt die leiblichen Werke. Sie stehen unter dem Spruch: »Wahrlich sage ich euch. Was ihr einem dieser meiner geringsten Brüder getan habt, das habt ihr mir getan.« Die leiblichen Werke der Barmherzigkeit sind:

- die Hungrigen speisen
- die Durstigen tränken
- die Fremden beherbergen
- die Nackten bekleiden
- die Kranken besuchen
- die Gefangenen erlösen
- die Toten begraben

Das östliche Fenster zeigt die geistigen Werke, welche unter folgendem Spruch stehen: »Selig sind die Barmherzigen, denn sie werden Barmherzigkeit erlangen.« Zu diesen Werken zählen gemäß der Tradition:

- die Sünder zurechtweisen
- die Unwissenden belehren
- den Zweifelnden recht raten
- die Betrübten trösten
- das Unrecht mit Geduld leiden
- denen, die uns beleidigt haben, gern verzeihen
- für Lebende und Tote bei Gott bitten

Mit diesen vierzehn Aspekten ist Barmherzigkeit umfassend definiert. Würde ich hiermit schließen, würden möglicherweise aber nur zwei Dinge in Erinnerung bleiben:

1. Ich möchte mal nach Wien fahren, weil es dort so schön ist.
2. Ich muss vierzehn Dinge tun, dann bin ich barmherzig.

Auch wenn es prinzipiell gut ist, Wien zu besuchen und Werke der Barmherzigkeit zu tun, führt es uns auf eine gefährliche Fährte.

Zwischen Selbstgerechtigkeit und Verzweiflung

Wenn wir die vierzehn Aspekte der Barmherzigkeit als Aufgabenliste verstehen, die wir erfüllen müssen, um ein anständiges Leben als Christin oder Christ zu leben, dann landen wir entweder in Selbstgerechtigkeit oder in Verzweiflung. Selbstgerecht könnten wir meinen: »Sieh nur her, wie gut ich das geschafft habe. Ich habe einen Score von 67 Prozent in Barmherzigkeit, aber das krieg ich sicher noch auf 73 Prozent, wenn ich einen Durstigen tränke und meinem Kollegen einen ausgebe.« Oder aber wir verzweifeln angesichts der schier unmöglichen Menge an Leid und angesichts der vielen Menschen, die unsere Barmherzigkeit nötig hätten. Entmutigt und überfordert lassen wir es gleich ganz sein.

> Wenn wir Barmherzigkeit als Aufgabenliste verstehen, dann landen wir in Selbstgerechtigkeit oder in Verzweiflung.

Spannend ist bei beiden Varianten, dass wir uns sowohl in der Selbstgerechtigkeit als auch in der Verzweiflung um uns selbst drehen. Wir richten unseren Blick auf unsere Kraft oder Kraftlosigkeit. Das Problem ist, dass wir *uns* beobachten und bewerten, ob es genug oder nicht genug ist, ob es reicht oder nicht. Wir blicken auf das, was wir schaffen und zu tun in der Lage sind oder eben nicht. Was damit eigentlich im Tiefsten der Barmherzigkeit geschehen soll, passiert dann nicht.

Im Tiefsten der Barmherzigkeit geht es darum, dass ich Schritt für Schritt in das Geheimnis eines Lebens eintrete, jenes Lebens, das hungrig oder durstig ist. Ich tauche ein in das Geheimnis einer fremden Person, eines Kranken, eines Gefangenen, eines Unwissenden, eines Betrübten. Ich tauche ein in das Geheimnis des Menschen, der mich beleidigt, der mir Unrecht tut.

Bei Barmherzigkeit wird, wie bei allen anderen Werten, eines deutlich: Ich kann beginnen, diesen Wert umzusetzen, indem ich in die Hände spucke und sage: »So, die Welt hat bis jetzt darauf gewartet, dass einer zeigt, wie Vertrauen, Klarheit, Beziehungen, Dienst, Außenorientierung und Barmherzigkeit funktionieren, Gott sei's gedankt, dass ihr jetzt mich habt. Welch ein Geschenk für diese Gemeinde, dass ich jetzt da bin, nun wird alles gut. Fürchtet euch nicht!« Aber natürlich funktioniert das nicht so. Denn dann wird es, vorsichtig gesagt, früher oder später Enttäuschung geben, in der Gemeinde, bei mir und bei jenen, die wir mit der Botschaft Christi erreichen wollen.

Gottes Erbarmen

Im Grunde leben alle Werte davon, dass sie eine Vorgeschichte haben. Alle Werte setzen voraus, dass uns etwas widerfahren ist, nämlich *das* widerfahren ist, was wir zu leben versuchen. Wir spiegeln wider, was Gott an jedem Einzelnen von uns und an uns als Gemeinde tut. Da geht es uns wie der syrophönizischen Frau, der Jesus Erbarmen erwiesen hat.

Unter diesem Blickwinkel bedeutet Barmherzigkeit, dass zuerst Gott ein Herz mit uns Armen hat. Das heißt, dass Gott zutiefst bewegt ist von dir und von mir und von uns, von seiner Welt.

Es heißt, dass Gott Mitleid empfindet mit mir und mit uns, mit der Stadt, in der du lebst, mit deiner Region, mit unserem Land. Gott ist es, der seinen Geschöpfen, den Menschen, nachgeht bis ans Äußerste. Gott beugt sich in Jesus zu uns Menschen herab. Gott kommt Schritt für Schritt in unser Leben – in jedes Leben, das ihn lässt. Gott begegnet dem inneren Hunger und Durst, der Unwissenheit und der Betrübtheit. Wenn wir Jesu Geburt, Leben, Tod und Auferstehung vor Augen haben, dann haben wir Gottes Barmherzigkeit *mit uns* vor Augen, mit jedem von uns. Denn da ist keiner unter uns, in keiner Stadt, der die Barmherzigkeit Gottes nicht benötigen würde.

In Jesus werden die Worte von Mose aus dem ersten Teil der Bibel konkret: »HERR, HERR, Gott, barmherzig und gnädig und geduldig und von großer Gnade und Treue« (2. Mose 34,6)[27].

Da ist kein Mensch, der die Barmherzigkeit Gottes nicht benötigen würde.

Das alte Wort Barmherzigkeit wird im ersten Teil der Bibel auch mit dem Wort »Liebe« (hesed) übersetzt. Für Gott bezeichnet dies eine unerschütterliche Liebe, die eine Gemeinschaft für immer trägt, egal was geschieht. Er spricht: »Meine Gnade soll nicht von dir weichen« (Jesaja 54,10).

In Jesus wird Gottes Barmherzigkeit greifbar, spürbar, klar und deutlich hörbar. Gottes Barmherzigkeit wird konkret und real, sie zeigt sich. Jesus richtet das verwundete Herz einer Frau am Brunnen wieder auf. Diese Frau hat ihr Leben unter die Herrschaft von Beziehungen gestellt, immer wieder hat sie dort nach Sinn und Erfüllung gesucht. Damit ist sie gescheitert, aber nicht bei Jesus, der ihr sagt: »Stell dein Leben unter die gute Führung Gottes und entreiße es jener Führung, die dich in Abhängigkeit und Verletzung treibt.« Das ist Gottes Barmherzigkeit.

Jesus speist die hungrigen Mägen und Herzen von Menschen, die nicht genau wissen, was sie von diesem Jesus zu erwarten haben, aber einfach mal mitgegangen sind und es ausprobieren wollen. Gottes Barmherzigkeit gibt und hat sich verpflichtet, jeden und jede, die bei Gott anklopft, zu beschenken.

Jesus holt den Beobachter vom Baum und gibt ihm Würde, Jesus heilt den Ausgestoßenen, der am Wegrand des Lebens einmal von ihm gehört hat.

Jesus heilt den Sohn dessen, der glauben will, aber nicht kann, Jesus lädt in das Himmelreich ein. Es kommt dabei immer wieder auf das eine hinaus: Jesus stellt die Beziehung von Menschen zu Gott, dem Vater, wieder her. Darüber hinaus stellt Jesus die Beziehung zwischen Menschen wieder her und er stellt die Beziehung von Menschen zu sich selbst wieder her. Das ist die Grundmelodie der Barmherzigkeit Gottes.

Barmherzigkeit rettet

Wenn wir uns auf die Barmherzigkeit Gottes konzentrieren, dann bleibt unser Blick nicht an uns und den Werken der Barmherzigkeit hängen, die uns möglich sind oder nicht. An keiner Stelle wird das deutlicher als in Jesu Leben, Tod und Auferstehung, die ja für uns geschehen sind.

Gottes Barmherzigkeit ist, dass er rettet. Gott ist barmherzig, wenn er Menschen von der Last der Schuld befreit. Gott ist barmherzig, wenn er Menschen von der Last befreit, ihr Leben andauernd aus eigenem Antrieb zu gestalten und sich selbst zu verwirklichen – ja, ich meine es ernst, das ist erlösungsbedürftig. Gott ist barmherzig, wenn er vom heillosen Denken rettet, vom zerstörerischen Tun an sich selbst und an anderen, vom verkehrten Machen, das uns und unsere Lieben immer mehr in die Finsternis führt.

Jesus gebraucht ein eindrückliches Bild für die Menschen, die er sieht, und er meint damit die Menschheit insgesamt:

> *Und Jesus zog umher in alle Städte und Dörfer, lehrte in ihren Synagogen und predigte das Evangelium von dem Reich und heilte alle Krankheiten und alle Gebrechen. Und als er das Volk sah, jammerte es ihn; denn sie waren geängstet und zerstreut wie die Schafe, die keinen Hirten haben.*
>
> Matthäus 9,35-36

Jesus spricht von ängstlichen und zerstreuten Schafen, die sich von einem Grasbüschel zum nächsten fressen und sich von der Stimme des Hirten entfernen, der sie im Leben und in Sicherheit hält. Jesu Jammer bleibt nicht bei einer emotionalen Erregung, sondern sie führt ihn ans Kreuz, in den Tod und durch den Tod. Das ist Gottes Barmherzigkeit, nicht nur eine emotionale Erregtheit, sondern die Bereitschaft, die Konsequenzen zu ertragen, damit die Menschen nicht verloren gehen, sondern gerettet werden. Jesus sagt: »Lernt, was das heißt (Hosea 6,6): ›Barmherzigkeit will ich und nicht Opfer.‹ Ich bin nicht gekommen, Gerechte zu rufen, sondern Sünder« (Matthäus 9,13).

Gottes Barmherzigkeit ist deshalb so wunderbar, weil wir Menschen so fürchterlich verloren sind.

Gottes Barmherzigkeit ergibt nur Sinn, wenn wir dem ins Auge blicken, was der Lauf jedes menschlichen Lebens ist – dem Tod.

Dieses »Entfernt-Sein von Gott« hat weitreichende Konsequenzen. Eine ist die, dass wir vergessen, dass wir von Gott geschaffen wurden, unser Leben von ihm eingehaucht bekamen, dass unser Leben von Gott geformt ist. Das vergessen wir nicht nur, sondern wir ignorieren es und beginnen, es zu bekämpfen.

Das mag bei dem schönen Thema »Barmherzigkeit« jetzt vielleicht irritieren. Aber ein barmherziger Gott ergibt nur dann Sinn, wenn uns deutlich wird, warum wir Barmherzigkeit brauchen. Anderenfalls wird Barmherzigkeit zur Worthülse, die wir für einen guten, lieben Gott benutzen, der aber einem selbst gemachten Gottesbild entspricht.

Wenn wir die Zeugnisse der Menschen in der Bibel lesen, die sich freuen und jubeln, dass Gott mit ihnen barmherzig ist, dann geschieht der Dank vor dem Hintergrund, dass sie erkannt haben, dass es für sie so nicht weitergehen kann. Sie haben erkannt, dass sie sich selbst nicht retten können, sie haben erkannt, dass sie mit jedem Handgriff der eigenen Rettung ihre Grube noch tiefer schaufeln. Sie haben erkannt, dass sie Rettung benötigen.

Echte Werke der Barmherzigkeit

Genau an dieser Stelle behandeln wir die Worte der Bibel oft nicht ernst genug, nämlich dann, wenn es unangenehm wird. Vom barmherzigen Gott wollen wir reden und Barmherzigkeit leben, aber warum wollen und sollten wir das tun, wenn wir es nicht wirklich nötig hätten?

Die folgende Geschichte illustriert dies sehr schön:

Ein Pfarrer muss entscheiden, welche Farbe der neue Kirchenteppich haben soll. Weil man ihm nachsagt, dass er alles kontrollieren will, entscheidet er nicht alleine, sondern beruft ein Komitee. In dieses wählt er jedoch neben sich selbst drei Kirchenvorsteher, von denen er glaubt, sie leicht überzeugen zu können. Der Pfarrer wünscht sich einen roten Teppich für die Kirche. Zwei der drei Kirchenvorsteher akzeptieren seine Wahl widerspruchslos. Nur das vierte Mitglied der Gruppe findet, dass blau besser zu dem Gebäude passen würde.

Bevor er überstimmt wird, sagt dieser: »Finden Sie nicht, dass wir Gott fragen sollten, was er bevorzugt?«

Der Pfarrer stimmt zögernd zu und spricht ein flüchtiges Gebet. Sofort erklingt eine donnernde Stimme vom Himmel: »ICH WILL BLAU!«

Der Pfarrer braucht einen Moment, um sich von dem Schreck zu erholen. Aber dann blickt er auf und sagt: »Na, da haben wir es ja: Drei Stimmen gegen zwei! Wir nehmen also den roten Teppich.«

> Die Pforten der Barmherzigkeit Gottes sind in und durch Jesus geöffnet.

Genau das passiert oft mit dem Wort Gottes. Nur wartet Gott nicht darauf, dass wir ihm das Wort erteilen, er hat längst geredet. Dieses verbindliche Reden in der Bibel ist unser Ausgangspunkt und unsere Denkvoraussetzung. Wir brauchen Gottes Barmherzigkeit.

Die gute Nachricht ist: Gottes Pforten der Barmherzigkeit sind nicht geschlossen. Die Pforten der Barmherzigkeit Gottes sind in und durch Jesus geöffnet.

Das ist die Grundmelodie des Wertes »Barmherzigkeit«. Von dieser Grundmelodie aus werden wir durch den Geist Gottes in der Gemeinschaft bewegt, das widerzuspiegeln, was uns geschehen ist.

Erst jetzt kommen die Werke der Barmherzigkeit ins Spiel. Ja, wir sind barmherzig, wenn wir barmherzige Taten aus den richtigen Motiven heraus tun und mit dem Wissen, dass Gott durch uns wirkt.

Und natürlich ergibt es immer noch Sinn, nach Wien zu fahren, weil es dort so schön ist.

Jesus behält den Überblick – Tranklötiger Drömmelpott

Wenn man in meiner Bielefelder Heimat einen Menschen tranklötig nennt oder als Drömmelpott bezeichnet, dann meint man damit jemanden, der viel zu langsam ist, der nicht in die Pötte kommt und der in aller Ruhe mit seiner Nuckelpinne vor sich hin pötkert, obwohl man es richtig eilig hat. Dann sagen wir in Bielefeld: »Mach hinne! Mach endlich hinne!«

Dasselbe gibt es in anderen Sprachen. Bei Königin Elisabeth heißt das: »Hurry up!« Unsere französischen Nachbarn rufen: »Vite, vite!« Bei den Schwaben dachte ich, die hätten da nichts, die denken so etwas nicht einmal, aber tatsächlich: Westfälisch »mach hinne!« wird schwäbisch »mach noore!« Das klingt fast schon wie Farsi, aber unsere iranischen Freunde würden rufen: »Zud bash.« Am Ende kommt es auf dasselbe heraus: »Mach hinne!«

Jesus eilt …

In Markus 5,21-43 wird eine Geschichte erzählt, bei der es auf Tempo ankäme. Es ist höchste Eisenbahn: Ein Vater, stadtbekannt, angesehen und wohlhabend, bangt um seine kleine Tochter, seine Prinzessin, zwölf Jahre alt, noch fast ein Kind, noch nicht ganz Frau. Jairus heißt der Mann.

Vater und Tochter, das ist immer etwas Besonderes. Paul Simon singt: Ein Vater einer Tochter hält an ihrem Bett Wache wie ein Golden Retriever.

I'm gonna watch you shine
Gonna watch you grow
Gonna paint a sign
So you'll always know
As long as one and one is two
There could never be a father
Who loved his daughter more than I love you[28]

»So lange eins und eins zwei ist, wird es nie einen Vater geben, der seine Tochter mehr liebt, als ich dich liebe« – Väter wissen sofort, was er meint.

Aber der Vater dieses Mädchens ist am Ende. Das ist für Eltern das Schlimmste: nichts mehr tun können. Sein ganzes Leben hindurch haben sie alles getan für ihr Kind. Sie haben es genährt und geschützt, erzogen und gebildet, gefördert und korrigiert, ermutigt und herausgefordert, Wunden verbunden und Schnupfen kuriert. Aber jetzt, jetzt geht nichts mehr. Halt, eins geht noch. Jesus ist ja in der Stadt. Die Mutter bleibt bei dem Kind, der Vater läuft los, er sucht und findet und er kommt sofort zur Sache. Er geht auf die Knie und bittet: »Jesus, du bist unsere letzte Hoffnung, unser Kind, die geliebte Tochter, meine Prinzessin, sie liegt in den letzten Zügen. Jesus, wir haben gehört, dass du heilen kannst, kannst du? Willst du? Wirst du?«

Eigentlich könnte jetzt alles ganz schnell gehen. Martin Luther hat 1528 über diese Geschichte gepredigt und die Reaktion von Jesus sehr gut beschrieben: »Er spricht kein Wort mehr und eilt auf das Gebet hin, als wollte er sagen: ›Ich habe eine große Freude, dir zu helfen.‹ … Christus zeigt ihm sogleich an: Wenn du glauben und bitten kannst, so kann ich geben und halten.«[29] Der arme Vater tut also, was der Glaube tut. Jetzt könnte doch Jesus tun, was ein Jesus in Normalform tut. Es könnte alles ganz schnell gehen.

… und hält inne

Aber Markus, dieser meisterhafte Erzähler, mutet uns nun einiges zu. Jesus wird unterwegs aufgehalten. Nicht nur die Menschenmenge verzögert alles, nein, eine zweite Geschichte schiebt sich zwischen die Bitte des Vaters und die Ankunft von Jesus im Haus der Familie, eine andere Krankengeschichte. Und das wird mehr als ein Cliffhanger, die Verzögerung hat dramatische Folgen.

Die neue Patientin ist schon zwölf Jahre krank, eine etwas dunkle Diagnose, ein bisschen peinlich, ein bisschen verschämt: Blutfluss. Wir wissen nicht genau, was damit gemeint ist, aber sie hat es schon sehr lange, so lange wie die todkranke Tochter lebt. Die Frau zeigt ebenfalls, dass sie glaubt. Aus einem unergründlichen Zutrauen zu Jesus heraus berührt sie seinen Mantel und es ist, als übertrüge sich etwas Heilsames von ihm auf sie. Sie spürt es, er auch.

Jesus lässt das nicht auf sich beruhen, er fragt: »Wer hat mich berührt?« Seine Freunde und Begleiter ziehen die Augenbrauen hoch: »Geht's noch, Jesus? Du läufst in einem Pulk von Leuten, jeder könnte dich berührt haben. Jetzt hab dich mal nicht so.« Aber die Frau zeigt sich. Sie erzählt, was war. Und Jesus ist ganz Ohr. Er erklärt, was sie getan hat, und er spricht ihr zu: »Das ist lebendiger Glaube, und dieser Glaube hat dir geholfen.«

> Jesus ist nicht in die Pötte gekommen und das ist das Ergebnis: Das Kind ist tot!

Währenddessen ist vom Vater der kleinen Tochter nicht die Rede, aber ich stelle mir vor, wie Jairus nervös am Rand auf- und abläuft, wie es in ihm tobt und wie er es kaum erträgt, noch länger zu warten. »Jesus, es zählt doch jede Minute, komm mal in die Pötte, mach hinne, hurry up, vite, vite, zud bash!«

Endlich macht sich Jesus wieder auf den Weg und die Menge nähert sich dem Haus des Jairus. Aber da kommen schon die Ersten heulend aus der Tür: »Jairus, dein Kind ist tot.« Trotz

Jesus, trotz Gebet. Jesus ist nicht in die Pötte gekommen und das ist das Ergebnis!

Was für ein Schlag! Man hört schon die Klageweiber und die Flötenspieler, das Weinen schwillt an, es wird laut, denn es wird orientalisch getrauert. Jairus aber sagt kein Wort, er fällt einfach in sich zusammen.

Trauer, laut und heftig oder in sich zurückgezogen, keine Worte mehr in der Seele, die sagen könnten, was hier geschehen ist, weil in diesem Moment eine Welt zerbricht.

Hoffnungslose Trauer

Vor 150 Jahren starb der Dichter Friedrich Rückert. Sechs Kinder hatte der Erlanger Professor für Orientalistik. Im Winter 1833 bekamen sie Scharlach, die zweijährige Luise und der fünfjährige Ernst starben daran. Man kennt heute nicht sehr viele Texte von Rückert, wohl aber seine Kindertotenlieder. Was der bayrische Dichter über die tote Tochter dichtete, das hätten die Worte des Jairus sein können:

Du bist ein Schatten am Tage,
Und in der Nacht ein Licht;
Du lebst in meiner Klage,
Und stirbst im Herzen nicht.
Wo ich mein Zelt aufschlage,
Da wohnst du bei mir dicht;
Du bist mein Schatten am Tage,
Und in der Nacht mein Licht.[30]

Hoffnung ist da keine. Weder in der versteinerten Trauer des Vaters noch in der lauten Klage der restlichen Familie. Und das ist der Punkt, an dem diese Geschichte nicht mehr sagt als nötig: Es ist der Tiefpunkt des Erzählten. Unausgesprochen bleibt der Vorwurf, aber er hängt in der Luft: »Jesus, wärst du doch bloß früher gekommen. Konntest du nicht ein bisschen schneller machen!«

Hier gerät das Vertrauen in die Krise: geglaubt, gebetet, Hingabe in anbetendem Kniefall. Aber nichts passiert! So oft hat er geholfen, selbst dieser Frau, und das hätte doch wirklich Zeit gehabt, das hätte doch wirklich warten können!

> So oft hat Jesus geholfen, selbst dieser Frau, und das hätte doch wirklich warten können!

Vielen Menschen heute ergeht es ähnlich, das Vertrauen schwindet: Kranke, die keine Heilung erleben, Angehörige, die so treu gebetet haben, Eltern, die jahrelang um ihre Kinder gerungen haben. Jesus hat sie alle enttäuscht. Da lautet die Klage: »Anderen hat er geholfen, uns nicht.« Das Gleiche erleben wir in anderen Bereichen: Unser ganzes Bemühen, unsere Arbeit, unser Herzblut, und jetzt: leere Hände. Wir haben geglaubt, gebetet und gearbeitet. Nichts.

Hoffnung in der Hoffnungslosigkeit

Die Menschen in der Umgebung schlagen vor, Jesus zu entlassen. Soll er doch seiner Wege ziehen. Hier ist nichts mehr für ihn zu tun. Da tut Jesus etwas, was er häufiger tut: Er schlägt ein zweites Kapitel auf. Das Ende macht er zum Anfang. Er tut dies durch drei Aussagen.

Sein erster Satz lautet: »Jairus, fürchte dich nicht, glaube nur.« Es geht um ein Glauben nach dem Glauben, um ein Festhalten am Vertrauen. Es ist eher ein Zuspruch: »Fürchte dich nicht.« Es ist ein kleines Versprechen: »Es gibt immer noch etwas zu glauben. Du bist noch nicht am Ende.« Das ist ein Hoffen in der Hoffnungslosigkeit, das sich an das Wort von Jesus klammert. Es ist eine Wahl, die Jairus treffen soll, er soll sich genau jetzt entscheiden, er soll »Ja« sagen zu einer Möglichkeit. Das ist etwas ganz anderes, als ein zuversichtliches Gefühl zu haben.

In einer solchen Lage nach einem zuversichtlichen Gefühl in der eigenen Seele zu kramen, ist sinnlos. Luther sagt zu dieser Stelle: Der Christ darf einen neuen Gedanken denken. Er darf »über das, was die Natur fühlt, hinaus einen anderen Gedanken im Herzen schöpfen.«[31] Er hört, was Jesus sagt, er schaut auf Jesus, und dann wählt er, über das hinaus, was sein Herz fühlt, und schöpft einen neuen Gedanken: »Was, wenn Jesus wirklich noch nicht am Ende ist?«

Die zweite Aussage lautet: »Das Kind ist nicht gestorben, sondern es schläft.« Die Trauergemeinde reagiert darauf mit höhnischem Spott. Das ist ja manchmal so: Die Trauer schlägt um in Wut, in Zynismus, in Ärger, in bitterböses Lachen. Wir sind da unseres Herzens nicht Herr.

Für ihn ist die Macht des Todes kaum mehr als die einer Schlaftablette.

Aber was meint Jesus mit seinen Worten? Dass die medizinische Diagnose nicht stimmt, die Tochter also nur im Koma liegt? Nein.

Sagt er, dass man den Tod heiter annehmen muss, er sei ja nur ein ewiges Ausruhen in tiefem Schlaf? Nein.

Diese Geschichte ergibt nur im Licht von Ostern Sinn. Für den, der Macht hat über den Tod, ist der Tod dieses Kindes nicht mehr als ein Nickerchen. Für ihn ist die Macht des Todes kaum mehr als die einer Schlaftablette.

Schließlich lautet der dritte Satz: »Talita, kumi.« – Mädchen, ich sage dir, steh auf. Auf Westfälisch: »Auf gezz!« Aber man muss es genauer übersetzen. Jesus spricht hier den Dialekt dieser Gegend. Es ist eher ein Kosename: »Mein Schätzchen, meine Liebe, Kleines, Prinzessin, erhebe dich.«

Bevor die Theologen zu viel denken: Das ist eher Aufwecksprache am frühen Morgen und nicht hochtheologische Ostersprache. Es sind die Worte, mit denen man frühmorgens ans Bett tritt und vorsichtig ein Kind aus dem Traumland in den Tag hineinlockt. »Talita, kumi. Schätzchen, es ist Zeit, wach auf.« Aber es ist die österliche Macht, für die der Tod nur ein Nickerchen ist, die das möglich macht. Luther hat dafür schöne Worte gefunden: »Ein Christ hat Christus in sich, der würgt ihm den Tod.«[32]

So kommen letztlich alle mit einem Schrecken davon. Die Familie zeigt sich eher erschüttert als glücklich. Es war wohl alles ein bisschen viel. Ich muss sagen, ich kann das verstehen.

Es ist noch nicht das Ende

Als Zusammenfassung bleibt zweierlei:

Seit Jesus, seit Ostern hat der Tod keine Macht. Seit Jesus den Tod bezwungen hat, ist das unsere Aussicht. Der Tod ist immer noch ein tiefer, brutaler Einschnitt, aber von der anderen Seite her betrachtet nur noch ein Schlaf, seine Macht über uns und unsere Lieben nicht größer als die einer Schlaftablette.

Du darfst jetzt ruhig deine Fantasie benutzen und dieses Bild in deiner Seele eintragen: Eines Tages wirst du die Stimme hören, die Stimme des Herrn, zum ersten Mal ungefiltert, direkt, nicht mehr durch Menschen und Bücher vermittelt. Sie wird stark klingen und warm, freundlich und kräftig. Dann wirst du solche Worte hören: »Mein Schätzchen, wach auf, es ist Zeit, ein neuer Morgen, ein ewiger Tag, alles ist neu, wach auf!« Dann ist die Zeit des Erwachens. Der Herr wird durch die Reihen gehen, Zeit ist kein Problem, bei jedem von uns wird er stehen bleiben: »Wach auf, es ist Zeit, mein geliebtes Kind, mein lieber Freund, meine hochgeschätzte Freundin.«

Das andere deutet uns ein wenig unser Leben. Manchmal passiert uns das Gleiche wie Jairus: Jesus scheint nicht in die Gänge zu kommen. Und es ist nicht lustig, wenn wir dann rufen möchten: »Mach hinne!« Wir kennen das persönlich! Die Geschichte aus Markus 5 nennt zwei Lebensbereiche, die das Innerste betreffen. Zum einen: unsere leibliche Unversehrtheit, Krankheit, wenn es um Tod und Leben geht. Zum anderen: unsere Kinder, ihr Wohl, ihren Glauben, ihr Glück, ihre Bewahrung.

Wir kennen das auch im kirchlichen Kontext. Unsere Gemeinde GreifBar war kurz davor, eine Ladenfläche im Ostseeviertel in Greifswald zu mieten, um dort Gottesdienste zu feiern. Wir hatten viel harte Arbeit, Hoffnung und Gebet hineingesteckt und waren zur Gewissheit gekommen: »Dieser Laden ist genau das, was wir brauchen. Damit legen wir so richtig los.« Doch dann zerschlug sich alles. Die Tür ging zu. *Jesus, mach mal hinne!*

Die Geschichte von Jairus erklärt uns unser Leben. Nur muss ich aufpassen, nicht zu viel zu sagen. So, wie in der Geschichte kann es passieren, muss es aber nicht. Aber so kann es sein. Dann sagt Jesus: »Fürchte dich nicht. Wähle Vertrauen! Es ist noch nicht das Ende. Ich habe noch etwas in petto.«

Sehr gern würden wir verstehen, warum Jesus diese Verzögerungen zulässt, warum er es bei Jairus überhaupt so weit hat kommen lassen, warum es nicht schneller geht. Gibt es darauf eine Antwort? Vielleicht. Manchmal geht es tatsächlich schneller und Bitten werden rasch erhört. Manchmal hören wir zwar: »Fürchte dich nicht«, aber unsere Geduld wird noch länger strapaziert, das gute Ende lässt weiter auf sich warten. Dinge werden noch schlimmer. Manches löst sich in diesem Leben gar nicht auf. Trotzdem zeigt uns manchmal das, was Jairus erlebte, genau den Weg, den Jesus mit uns geht. Darauf bereitet uns Markus mit seiner Erzählung vor. Warum das so ist, hat wohl damit zu tun, dass wir im Glauben erwachsen werden und keine Kinder bleiben. Die Verzögerung, das Hinziehen und die Geduldsprobe sind eine Schule des Glaubens.

Dreifach könnte die Frucht solcher Zeiten sein:

1. Wir lernen, was Kinder ständig lernen müssen: dass Wünsche, und seien sie noch so heiß, nicht sofort erfüllt werden. So lernen wir Ausdauer, Beharrlichkeit, nur so werden wir erwachsen und bleiben keine nörgelnden Blagen.
2. Wir lernen, dass wir nicht den Überblick haben. Wir lernen so etwas wie eine gesunde Demut. Sonst müssten wir vor Jesus treten und sagen: »Gezz, mach ma hinne! Du bist zwar

der auferstandene Herr, du warst dabei bei der Schöpfung, du lebst von Ewigkeit her, aber, hey, mal ehrlich, woher solltest du wissen, was besser für mich ist? Warum solltest du einen besseren Plan haben für mein Leben als ich selbst?« Allerdings kränkt es unser Lebensgefühl, wenn wir uns eingestehen, dass wir keineswegs den besseren Überblick haben. Es kränkt besonders dann, wenn wir nicht verstehen, warum wir jetzt durch diese schwierige Situation gehen müssen.

3. Wir lernen, dass manchmal das Bessere noch auf uns wartet wie im folgenden Beispiel.

Der türkische Autor Orhan Pamuk erzählt in einem Roman[33] von Mevlut, einem Straßenverkäufer aus Istanbul, der so eine Art Bier auf der Straße verkauft. Auf einer Hochzeit verliebt sich Mevlut in die Schwester der Braut. Wieder zu Hause möchte er ihr Briefe schicken, aber er kann nicht schreiben. Also bittet er einen Cousin, für ihn die Liebesbriefe an die schöne Rayiha zu schreiben. Der Cousin willigt ein und schreibt ein paar Jahre Briefe, allerdings nicht an Rayiha, sondern an deren zweite, weitaus weniger hübsche Schwester. Der Cousin, dieser Schlingel, hat selbst ein Auge auf Rayiha geworfen. Nach vielen Liebesbriefen soll Mevlut endlich sein geliebtes Mädchen treffen und sich mit ihr verloben. Als er sieht, dass es nicht Rayiha ist, schämt er sich zu sehr, um den Irrtum aufzudecken. Er heiratet die junge Frau und wird mit ihr so glücklich, wie er es sich nie zuvor hätte träumen lassen. Das Bessere kommt auf Umwegen zu ihm.

Es ist keine Weltformel, die immer stimmt und alles erklärt. Aber es ist eine Hoffnung: Fürchte dich nicht, glaube, vertrau, bleib dran. Vielleicht wartet das Größere und Bessere gerade auf diesem Umweg auf dich. Vielleicht werden wir eines Tages verstehen, wozu die Umwege und Verspätungen gut waren. Es sieht vielleicht so aus, als käme Jesus nicht in die Pötte, als wäre er tranklötig und ein Drömmelpott, aber in Wahrheit hat er den Überblick und will uns mit etwas weit Besserem beschenken.

Wenn wir in ihm verwurzelt sind, können wir selbst dann vertrauen, wenn alles gegen uns zu sein scheint. Es wird vielleicht nicht so kommen, wie wir hoffen, aber Jesus behält den Überblick.

Jesus ist alles, immer und gleichzeitig

Das Bild, das Markus in seinem Evangelium von Jesus malt, ist ein Vexierbild. Seit wir es betrachten, mutet es uns zu, zwei offenbar unvereinbare Bilder in einem zu sehen: Wir sehen Jesus als Herrn, und zugleich ist er der dienstbereiteste Mensch, den wir uns vorstellen können. Er ist der König, aber er endet am Kreuz. Er ist der Gekreuzigte, aber auch der Auferstandene. Er ist unerbittlich gerecht und wir sehen doch sein unerschütterliches Mitgefühl. Er ist in jeder Hinsicht ein Mensch, aber wir hören, dass Gott ihn seinen Sohn nennt. Er ist das alles nicht einfach nacheinander; er ist es jederzeit und dabei scheint er nicht an einer Persönlichkeitsstörung zu leiden. Er fragt nicht: »Wer bin ich, und wenn ja, wie viele?«[34]

Wer ist er?

Die Geschichte von Jesu Einzug in Jerusalem ist eine der letzten vor den dramatischen Ereignissen, die ihn ans Kreuz bringen und uns ans leere Grab führen (Markus 11,1-11).

Jesus zieht in die Hauptstadt ein, gefolgt und verehrt von einigen Anhängern, die mit ihm aus Galiläa gekommen sind, weithin unbeachtet von den Bewohnern der Stadt. Markus, der Erzähler der Geschichte, malt in dieses Bild drei Zeugen der Ereignisse hinein, die ein bisschen ungewöhnlich sind: einen Esel, ein paar Palmzweige und – Klamotten, die wie ein roter Teppich ausgelegt werden.

Der Esel – das Gefährt eines Königs

Jesus reitet auf einem Esel in die Stadt hinein. Das scheint leicht zu deuten zu sein. Der Esel bei Jesus ist, so denken wir, etwa das, was bei Papst Franziskus der Renault 4 ist. Die Übersetzer der Volxbibel haben überlegt, ob sie »Esel« mit »Damenfahrrad« oder mit »Moped« übersetzen sollen, ein bescheidenes Gefährt also, ein Zeichen der frei gewählten Armut. Die Rede ist von einem Esel, nicht von einem edlen Ross. Der Esel ist Ausdruck eines bedürfnislosen Jesus.

Das klingt nett, ist aber vollkommener Unsinn.

»Equus asinus asinus«, der Esel, ist eines der ältesten Reittiere der Geschichte. Er ist durchaus ein Luxusgut der Betuchten. Man ritt gern auf einem Esel. Selbst Könige taten dies. König Salomon zog, als David ihn zum König machte, auf dem königlichen Maultier, dem Sohn eines Esels und einer Pferdestute, in Jerusalem ein (1. Könige 1,33.38). Auch Jesus zieht in Jerusalem auf dem Königstier ein. Das Tier, das er reitet, ist ein Füllen, gemeint ist ein junger Eselhengst, den noch nie zuvor jemand geritten hat. Königlich!

In alten Zeiten wurde der Esel fast überall und immer gern geritten, nur nicht im Krieg, denn dafür sind Esel zu störrisch und zu leicht zu irritieren. Der königliche Esel ist ein Tier des Friedens. Der König, der auf ihm einreitet, bringt Frieden und nicht Mord und Totschlag. Das alles kommt zusammen in einer alten Prophezeiung von Sacharja: »Du, Tochter Zion, freue dich sehr, und du, Tochter Jerusalem, jauchze! Siehe, dein König kommt zu dir, ein Gerechter und ein Helfer, arm und reitet auf einem Esel, auf einem Füllen der Eselin« (Sacharja 9,9). Von diesem König heißt es, dass er dem Krieg ein Ende macht und Frieden schafft, in jeder Beziehung, zwischen uns und Gott, untereinander und zwischen den Völkern.

Wer ist Jesus? Er ist der König auf dem Esel. Bevor er ans Kreuz genagelt und ein Schild mit der Aufschrift »König der

Juden« über ihm aufgehängt wird, sehen wir noch einmal das Königliche und Strahlende an ihm.

Von Eigentum und Besitz

Auffällig bei dieser Geschichte ist, dass sie viel ausführlicher davon berichtet, wie der Esel beschlagnahmt wurde, als von dem Einzug Jesu in die Stadt. Jesus schickt die Jünger zu einem Haus, vielleicht in Betanien. Dort konfiszieren sie einen Esel mit dem schlichten Satz: »Der Herr bedarf seiner« (Vers 3). Das ist etwa so schockierend wie der Satz: »Kann ich mal Ihre Autoschlüssel haben?« Aber es funktioniert. Es reicht anscheinend, zu sagen: »Der Herr braucht den Esel.«

Es gibt einen Unterschied zwischen Eigentum und Besitz. Im schönsten Juristendeutsch ist Eigentum die »umfassendste Sachherrschaft«, die Dinge gehören mir und stehen mir zur Verfügung. Besitz dagegen ist das, was ich geliehen oder gemietet habe, was mir zur Verfügung steht, aber nicht mir gehört. Wenn der König kommt, wird Eigentum zum Besitz. Er kann jederzeit sagen: »Ich bedarf seiner.«

Der Herr braucht unsere Zeit, unsere Kraft, unser Geld. Der Herr braucht unsere wunderbare Begabung, unseren T4, unsere Gitarre, unsere Kreativität. Der Herr braucht das alles – und zwar zu großartigen Zwecken. Er braucht es, um in immer neue kleine und große Welten einzuziehen, als Vehikel, als Fahrzeug, als Mittel, um einzuziehen als König. Wenn das alles nicht nur ein schönes Märchen ist, dann lautet die Frage: »Seid ihr willens, dass euer Eigentum zu Besitz wird, der euch anvertraut und zum Gebrauch freigegeben ist, euch aber nicht gehört? Dass es nicht mehr eures ist, sondern viel schöner: Seins, mit dem er etwas anfangen kann?« Sind wir bereit, hinzuhören, wenn es heißt: »Der Herr bedarf dieses oder jenes«?

Die Leute in Jerusalem schnitten Palmzweige am Feldrand ab und legten sie auf den Weg. Die Zweige wirken zunächst wie eine pure Dekoration, irgendwie beliebig. Es hätten ja auch Tulpen oder Narzissen sein können oder irgendwelche anderen Pflanzen – waren es aber nicht, denn Palmen galten in der Antike als heilig. Im Mittelmeerraum stehen sie für den siegreichen König. Palmzweige haben dem Sonntag vor Ostern seinen Namen gegeben: Palmsonntag. In manchen Kirchen ist es Sitte, an diesem Sonntag in feierlicher Prozession mit Palmwedeln durch den Ort zu ziehen.

Die Palmzweige weisen darauf hin, dass etwas eingelöst wird, wonach sich die Menschen gesehnt haben, alte Versprechen, die Gott seinem Volk gegeben hat. Es gibt im Alten Testament Lieder und Gebete, die man die »Königspsalmen« nennt und die beschreiben, was passiert, wenn der König kommt: Dann werden selbst die Bäume jauchzen (Psalm 96,11-13). Beim Propheten Jesaja wird es noch wilder. Dort heißt es, Berge und Hügel werden frohlocken mit Jauchzen, und die Bäume werden vor Freude in die Hände klatschen (Jesaja 55,12). Manch einer denkt dabei vielleicht an die Ents, die baumartigen Wesen aus »Der Herr der Ringe«.

Der Herr braucht unsere wunderbare Begabung, unseren T4, unsere Gitarre, unsere Kreativität.

Das Kommen des Königs ist nicht nur eine Sache für Seelen. Wenn der König kommt, wird alles neu, alles wird ihm zujubeln, auch die Natur, die unter der Last einer entfremdeten Menschheit ächzt und stöhnt. Bäume werden Lobpreissänger, Palmen nehmen ihren Platz in der Worship-Band ein. Alles wird neu. Die Anhänger des Königs Jesus wissen das, und darum gehen sie schon jetzt pfleglich mit ihren Mitgeschöpfen um, schließlich soll alles dem König zujubeln.

Wie wir Jesus empfangen

Als Drittes gibt es da noch Klamotten. Sie wurden auf den Weg gelegt wie ein roter Teppich. Es waren die Anhänger von Jesus, die ihm so huldigten. Sie machten sich keine Sorgen, dass ihre Garderobe Schaden leiden könnte. Sie fürchteten weder den Schmutz und noch den Ärger, den sie vielleicht bekommen würden, wenn sie mit zerrissenen Sachen nach Hause kommen. Natürlich war man damals noch unkomplizierter gekleidet, nicht wie heute, wo wir, wenn wir Brötchen holen gehen, North Face und Fjällräven tragen, als müssten wir den Mount Everest besteigen. Die Leute damals nahmen einfach ihre Obergewänder, um den Weg zu polstern, und fanden es nicht peinlich, plötzlich im Nachthemd dazustehen.

Sie stehen dazu, es ist einfach so: Hier muss gelobt und angebetet werden. Es ist ein Akt tiefer Verneigung, größten Respektes. Die Gemeinde, die durch das Vexierbild hindurchschaut und in dem Eselreiter den König der Könige erkennt, die kann gar nicht anders als anzubeten, ihm zu Füßen zu liegen, die Hände zu erheben, auf die Knie zu fallen, zu singen und zu musizieren. All ihr Tun will dem König den roten Teppich auslegen.

Das bringt mich zu der Frage, was eigentlich unsere Rolle als Gemeinde ist, wenn der König kommt. Was tun die Anhänger von Jesus, die den Herrn begleiten? Sie tun genau das: Sie begleiten ihn. Sie breiten ihre Kleider aus. Sie loben und singen. Sie machen festlichen Lärm und singen »Hosanna«. Und sie gehen ihm zur Hand, hier und da. Die Begleiter von Jesus sind hier nicht mit sich beschäftigt. Sie sind geradezu selbstvergessen ganz auf Jesus ausgerichtet. Für diesen Moment vergessen sie ihren Ehrgeiz. Für einen Moment sind sie ganz eins, weil ihre Aufmerksamkeit ganz auf den König ausgerichtet ist. Er zieht sie in seinen Bann, und die schöne Nebenwirkung ist eine unendlich befreite, frohe, entspannte, ganz und gar gesunde Selbstvergessenheit, wie sie sie zuletzt als Kinder beim Spiel erlebt haben. Vergessen ist aller Streit, unbedeutend sind all die Unterschiede.

Sie folgen zusammen dem König, und dass sie so gar nicht an sich denken müssen, werden sie niemals mehr bedauern, sosehr sind sie fasziniert und mit Beschlag belegt vom König.

Den König loben und ihm zur Hand gehen, das ist ein Muster, das sich quer durch das Evangelium zieht. Jesus geht durch das Land und erneuert das Leben, wo immer er hinkommt. Die Jünger helfen ihm dabei, zumindest wenn es gut geht. Das ist ihre Rolle. Wenn es nötig ist, laufen sie los und besorgen einen Esel. Sie arrangieren Gemeinderäume, in denen Jesus das Mahl mit den Seinen feiert. Als Essen zu verteilen ist an über fünftausend Menschen, geben sie ihm, was sie haben. Jesus dankt, es geht noch einmal durch ihre Hände und dann macht es Tausende satt. Als Jesus predigen will, gibt Simon ihm sein Boot. Als einer gelähmt ist, tragen ihn vier Freunde unter höchstem Einsatz zu Jesus. Immer wieder zeigt sich: Die Anhänger Jesu gehen ihm zur Hand.

Diese Erkenntnis ist wichtig, weil wir dazu neigen, unsere Rolle beim Projekt des Königs überzubewerten. Wir halten uns für wichtig, und Jesus darf uns zur Hand gehen. Es ist sozusagen unsere Mission, und der Herr ist der, der bitte segnen soll, was wir uns so alles ausgedacht haben. Er ist oft demütig genug, das sogar zu tun.

Wir neigen dazu, unsere Rolle beim Projekt des Königs überzubewerten.

Manchmal aber müssen wir hart auf den Boden aufschlagen, um zu begreifen: Wir gehen ihm nur zur Hand. Es ist *seine* Mission, er ist der König, er kommt und er setzt beharrlich durch, was sein Wille ist. Sein Reich kommt, gewiss, unaufhaltsam. Und wir gehen ihm zur Hand. Wir spielen mit Kindern – und dabei bewegt er ihre Herzen. Wir machen Musik – und er hebt unsere Seele gen Himmel. Wir helfen praktisch – und er heilt ein Leben. Wir predigen oder sprechen im Alltag von Jesus – und er rührt ein Herz in tiefster Tiefe an. Wir organisieren ein Gemeindeleben und planen Veranstaltungen – und er reitet ein und zeigt sein königliches Walten.

Vielleicht hebt dies unser Inneres, weil wir erkennen, welche Ehre es ist, dem König zur Hand zu gehen. Vielleicht macht es uns entspannter, wenn wir sehen, dass wir nicht mehr als Handlanger sind. Vielleicht bringt es uns auf die Knie und wir bitten, dass Gottes Reich, sein Wille und seine Herrlichkeit kommen. Wir sind ein Trupp von Menschen, der Jesus begleiten darf, wenn er in unsere Stadt einzieht. Und ab und an gehen wir ihm zur Hand. Er zieht ein, wir stehen am Rand, wedeln mit Palmen, legen unsre North-Face-Jacken auf die Straße und winken dem Esel zu. Mehr ist es nicht. Fatal wird es, wenn wir übermütig werden und denken: »Wir sind's.« Dann verzweifeln wir bei der nächsten Niederlage. Wir sind der Tross des Königs. Es ist gut, wenn wir unseren Platz einnehmen.

Jesus als König, diese Seite des Bildes tritt beim Einzug nach Jerusalem deutlich hervor. Doch kurz darauf wird Jesus, der König, hingerichtet. Das Schild über dem Kreuz ist purer Spott: ein König, gehenkt wie ein Verbrecher?

Das Vexierbild geht hin und her: Wir sehen den König, wir sehen den Gekreuzigten. Dann wird uns der Evangelist Markus das tiefste Geheimnis enthüllen: Der Gekreuzigte ist der König, der König ist König, wenn er ans Kreuz geht. Der König zieht ein in die Stadt, um sein größtes königliches Werk zu tun. Er zieht ein auf dem Friedensesel, um sich zu opfern. Er zieht ein, um den Preis zu bezahlen, den nur ein König bezahlen kann. Er zieht ein, um alle Mächte zu entthronen. Er zieht ein, und es ist nicht das Scheitern des Königs, es ist sein königliches Regiment: Sein Reich kommt, wenn er stirbt, für und zu unseren Gunsten, an unserer Stelle. Keiner geht ihm da zur Hand. Das tut er ganz allein. Und wir im Tross des Königs, wir sehen dieses Rätselbild: ein König, ein Kreuz. Und beides zusammen ist unser Glück und unsre Seligkeit, unsere Freude und Rettung, das endgültige Urteil über unser Leben, der feste Halt, unser ganzes Leben lang, weil wir in ihm verwurzelt sind.

Klug durchs Leben

Wie würdest du reagieren, wenn du heute hören würdest: »Lege Rechenschaft ab über das, was dir anvertraut wurde! Gib Rechenschaft über deine Handlungen, Entscheidungen und darüber, was du unterlassen hast! Lege Rechenschaft über das ab, was dir gegeben wurde, womit du beschenkt wurdest und was du verwaltet hast! Wem ist was zugutegekommen?«

Wenn heute Kassenschluss wäre, die Bilanz gezogen würde, du nicht mehr sagen könntest: »Das hole ich nach. Das mache ich später. Das sage ich ihr ein anderes Mal. Das kläre ich später«, wenn heute die Bücher deines Lebens geöffnet würden und du unter alles einen Strich ziehen, zusammenzählen, subtrahieren würdest – was bliebe übrig?

Rechenschaft hat mit einem »Ergebnis« zu tun, sagt aber auch etwas über die Investitionen aus. Rechenschaft ist ein Bericht über die zurückliegenden Tätigkeiten. Rechenschaft ist ein Rede-und-Antwort-Stehen über den Boden, in dem du verwurzelt bist.

Rechenschaft führt bei einigen möglicherweise zu Stresspickeln, bei anderen zu Blitzherpes, Anzeichen akuter Überlastung. Manche haben womöglich noch nie über das Thema nachgedacht: »Warum sollte ich denn Rechenschaft abgeben, vor wem überhaupt? Wer hat denn das Recht, von mir Rechenschaft zu verlangen?« Oder: »Wer erlaubt es sich, von mir Rechenschaft zu verlangen?«

Rechenschaft fühlt sich vielleicht nicht gut an. Rechenschaft ablegen ist nicht wie Schokoladeneis an einem warmen Sommertag.

Der betrügerische Verwalter

Jesus erzählt die Geschichte von einem Verwalter, der Rechenschaft ablegen muss (Lukas 16,1-8). Der Verwalter betreut den Besitz eines reichen Mannes und wird fristlos entlassen. Offenbar verschwendet oder veruntreut er Geld – wir wissen es nicht genau. Es sind die »Paradise Papers« der Zeit Jesu.[35] Skandalgeschichten sorgen immer für die größte Aufmerksamkeit.

Dem Verwalter gefällt weder das Betteln noch die harte Arbeit eines Handwerkers. Bevor nun seine Kündigung rechtskräftig ist, sichert er sich sein Überleben. Er erlässt den Schuldnern Teile ihrer Schuld. Er nutzt seine nur mehr kurze Macht. Es sind die letzten Amtshandlungen, die er im Namen seines Herrn erledigt. Er will sich die Dankbarkeit der Bauern sichern. Er erlässt Schulden – und das nicht zimperlich, sondern wir lesen von massiven Schuldenschnitten. Irgendwie großzügig? Oder frech? Seine Motivation beunruhigt: »Wenn ich später nichts mehr ›bin‹, dann kann ich auf ihre Hilfe bauen.« Arbeitsmarkt und Berufsmobilität sind in Palästina im ersten Jahrhundert in jeder Hinsicht begrenzt. Also wäscht eine Hand die andere.

Das ist grober Amtsmissbrauch, der eigentlich vor den Staatsanwalt gehört und nicht in die Bibel.

Diese Geschichte scheint so gar nicht in die Heilige Schrift zu passen. Ich habe lange gesucht, ich finde daran nichts Frommes. Das ist grober Amtsmissbrauch, der eigentlich vor den Staatsanwalt gehört und nicht in die Bibel. Das wirklich Beunruhigende ist aber, dass Jesus den untreuen Verwalter lobt. Ich kann es selbst nicht glauben, da steht doch tatsächlich: »Und der Herr lobte den ungerechten Verwalter, weil er klug gehandelt hatte« (Vers 8).

Bei diesem Gleichnis werden die Einzelheiten bewusst übertrieben und die Geschehnisse gezielt hochgeschaukelt. Damit wird die Geschichte auf ihre Art so abstrus, dass man schmunzeln muss.

Gleichzeitig darf man den Vergleichspunkt nicht verpassen. Denn ein Gleichnis will ja etwas vergleichen, es will ja eine Übertragung in das Leben der Hörer möglich machen. Der Vergleichspunkt wird vom Geschichtenerzähler Jesus selbst genannt: Klugheit. Hätte Jesus die Klugheit und Geistesgegenwart an einem moralisch korrekten, untadeligen Menschen demonstriert, dann wäre eine Streberfigur entstanden – und die Geschichte wäre langweilig. Doch hier wird es so seltsam, dass der Hörer nicht anders kann als darüber nachzudenken, warum der Mann klug ist, was an seinem Handeln klug ist und wie er selbst klug werden kann.

Vorweg gebe ich den Hinweis, dass dies keine Aufforderung ist, kriminell zu werden oder die »Paradise Papers« schönzureden. Lob hat sich der Verwalter allein durch seine Klugheit verdient. Dass er ein ungerechter Verwalter ist und bleibt, das wird nicht gelobt. Die Klugheit des Verwalters besteht darin, dass er seine Lage richtig einschätzt und das, was ihm zur Verfügung steht, im Licht der Nachricht nutzt.

Die Lage richtig einschätzen

Das eigene Leben im Licht des christlichen Glaubens richtig einzuschätzen heißt, dass wir dem, was vor Augen ist, nicht letztlich trauen, nicht auf den Leim gehen. Vor Augen sind die Bedingungen, wie wir sie vorfinden, wie wir sie uns schaffen, die beruflichen Sicherheiten oder finanziellen Probleme, die sichere oder unsichere politische Lage. Bedingungen können gut oder schlecht sein. Vor Augen ist all das Materielle, das uns vielleicht den Eindruck vermittelt, dass es unzerstörbar ist, dass wir ewig darauf bauen können. Vor Augen ist das, was ich in meinem Lebensrucksack trage, Familienfreuden und -probleme, Persönlichkeit und Erbgut, in welchem Land ich geboren bin, in welche Beziehungen ich hineingestellt bin, womit ich beschenkt bin.

Wenn wir unsere Lebenslage im Licht des christlichen Glaubens sehen, dann spielen wir bei dem Spielchen nicht mit, das uns vorgaukelt, dass unser Leben nur das ist, was wir sehen, von der Wiege bis zur Bahre. Wir spielen dabei nicht mit, dass unsere Lebenslage nur durch unsere Atemzüge definiert wird, dass die biologische Uhr unsere Lebenslage bestimmt. Meine und deine Lage bemisst sich nicht nur an dem, was in diesem Leben sichtbar wird. Wenn es doch so wäre, dann wäre es vielleicht für den einen oder anderen ganz passabel, für andere ernüchternd, aber für viele katastrophal und ungerecht. Wenn eine Person im Elend nur ihr Elend hätte und niemals – auch nicht nach diesem irdischen Leben – die Gewissheit, dass sie getröstet wird, dass sie nicht mehr Opfer ist, dann würde das Leben für sie keinen Sinn ergeben.

Unsere Lebenslage, das heißt, wie es um unser Leben steht, was als Bilanz nach der großen Rechnungsprüfung bleibt, erstreckt sich über den letzten Atemzug hinaus. Das Leben von der Wiege bis zur Bahre ist nur das Vorletzte. Es ist nicht das Letzte. Gott sei Dank!

Gott sei Dank gibt es ein tröstendes Wort danach. Gott sei Dank erfahren wir Gerechtigkeit, die unser Erlittenes geraderückt. Es erwartet uns Schönheit, die unser »Hässliches« verwandelt. Uns empfängt Freundlichkeit, die die Wunden des Lebens umformt.

Gott sei Dank erwartet uns unser Schöpfer, unser Vater im Himmel, der sich nach uns sehnt, der uns will. Die eigene Lebenslage klug einzuschätzen heißt, über den Tellerrand des letzten Atemzugs hinauszusehen. Zu wissen, ja zu erwarten, sich daran zu freuen, dass das letzte Wort noch nicht gesprochen ist.

Das Letzte und das Vorletzte

Im Licht des christlichen Glaubens lassen wir uns nicht einreden, dass ja noch genug Zeit für alle wichtigen Entscheidungen des Lebens ist. Die Aussage: »Du kannst alles in jeder Phase deines Lebens haben, entscheiden, bestimmen« stimmt nicht. Dem Verwalter wird mit der Kündigung bewusst, dass sein Entscheidungsspielraum enger wird. Der Druck, die verbleibende Zeit sinnvoll zu gestalten, wird größer – der Druck, für die Zeit danach zu sorgen.

Jemand hat das mal so erklärt: Es gibt die Lebensphase der »Firsts«, der »Seconds« und der »Lasts«. Die »Firsts« sind alle ersten Dinge, die wir als ältere Jugendliche oder junge Erwachsene machen: der erste eigene Urlaub, die erste eigene Wohnung, die ersten beruflichen Erfahrungen und manches mehr. Zur zweiten Phase, den »Seconds«, gehören die Wiederholungen: Beim zweiten Auto weiß man, worauf man ganz besonders achten möchte, beim dritten oder vierten Umzug hat man überlegt, was man bei einer Wohnsituation in Kauf nehmen würde und was nicht. Man hat schon mit einigen Versicherungen zu tun gehabt, man hatte schon öfter größere Konflikt im Leben und hat sie überlebt. Und so geht es weiter. So ab Mitte, Ende sechzig beginnen die »Lasts«. Die letzten großen Umbauarbeiten im Haus, bevor es dann (vielleicht) die Kinder übernehmen. Die letzten großen Reisen, das letzte Auto, so wie man es immer haben wollte, wird gekauft. In jeder Phase hat man gewisse Ressourcen und Möglichkeiten, die einem in der anderen nicht zur Verfügung stehen. In jeder Lebensphase können wir dank dem, was uns geschenkt ist, gewisse Entscheidungen treffen und andere noch nicht oder nicht mehr. Aber es steht uns nicht alles gleichzeitig zur Verfügung. Wir werden nicht immer die gleiche Kraft haben, nicht immer die gleiche Geistesgegenwart, nicht immer die gleiche Gewissheit, Klarheit oder Ressourcen und Möglichkeiten. Der Verwalter hat mit den ihm letzten Möglichkeiten für seine Zukunft gesorgt.

Wie kümmern wir uns nun um unsere Zukunft? Haben wir für »die Zeit danach« gesorgt? Für die Zeit nach dem Tellerrand? Wie können wir für unser Leben nach dem letzten Atemzug sorgen? Das ist eine ähnlich bedrängende Frage wie die Frage nach der Rechenschaft. Zum einen dürfen wir uns nicht einreden lassen, dass das Sichtbare in diesem Leben das Letzte ist, denn es ist nur das Vorletzte. Zum anderen können wir nicht davon ausgehen, dass wir immer den gleichen Entscheidungsspielraum zur Verfügung haben werden. Deshalb sollten wir die Möglichkeiten nutzen, unser Leben zu sortieren. Das tun wir in dem Wissen, dass wir Rechenschaft ablegen werden. Damit sollen wir für unser Leben nach dem Tod sorgen.

> Wer als Freund Jesu Rechenschaft ablegt, wird befreit, erlöst, freigesprochen.

Wir können gar nicht bewirken, dass unser Rechenschaftsbericht, die Bilanz unseres Lebens, vor Gott unserem Schöpfer vorteilhaft ausfällt, aber Jesus sorgt für uns. Als Jesu Freunde werden wir durch ihn entlastet. An dem Tag, an dem Rechenschaft von uns verlangt wird, entlastet Jesus uns von dem, was wir hier auf der Erde erlebt und geleistet haben, was uns widerfahren ist, was wir verschuldet haben – wissentlich oder unwissentlich.

Übrigens werden alle Menschen Rechenschaft ablegen. Der Aufruf zur Rechenschaft wird ähnlich plötzlich geschehen wie in dem Gleichnis vom klugen, ungerechten Verwalter, so sagt die Bibel. Doch der Aufruf wird nicht in einer bedrohlichen Wolke auf uns zukommen, wie in der Geschichte, denn wer als Freund Jesu, als Freundin Jesu Rechenschaft ablegt, wird befreit, erlöst, freigesprochen – das steht schon jetzt fest.

Die Last unseres Lebens, all das Gute und das nicht so Gute tragen zu müssen, das, was ich erreicht habe, wo ich versagt habe, wo ich andere durch meine Worte verwundet habe, wo mir Wunden zugefügt wurden, seelisch oder körperlich – diese Lasten zu tragen, zu ertragen und verantworten zu müssen, wird uns von den Schultern genommen. Das bedeutet es, als Christin und als Christ Rechenschaft abzulegen. Rechenschaft geben heißt zwar, dass alles aufgedeckt wird, offenbar wird, aber gerade nicht zu unserem Nachteil, sondern zu unserer Freude, weil Jesus sagt: »Tritt zur Seite! Wir schreiben da jetzt meinen Namen unter die Bilanz.« Er tritt zu unseren Gunsten ein.

Welche Entlastung! Wer Freund Jesu ist, das heißt, Jesus vertraut, den nimmt Jesus an diesem Tag der Rechenschaft zur Seite, um für ihn einzutreten. Also können wir uns doch darauf freuen, endlich Rechenschaft abzugeben. Diese Rechenschaft ist wie Schokoladeneis an einem warmen Sommertag.

Die Klugheit des Verwalters besteht darin, dass er seine Lage richtig einschätzt. Er weiß, dass er eines Tages Rechenschaft ablegen muss und dass er bis dahin noch gewisse Möglichkeiten hat, seine Zukunft zu gestalten. Unsere Klugheit kann nun darin bestehen, uns diesem Jesus in die Arme zu werfen und uns von Jesus vertreten und entlasten zu lassen.

Sie kann aber auch darin bestehen, nicht zu verzweifeln: über Widerstand im Leben, über familiäre Konflikte, Beziehungsschwierigkeiten, schmerzhafte Gespräche, eine unsichere berufliche Zukunft oder Sorgen, die uns auffressen wollen – denn das alles ist das Vorletzte. Mit trotziger Hoffnung klammern wir uns an das, was uns im Letzten erwartet, und an den, der uns begegnen, vertreten und gerecht sprechen wird.

König und Kreuz

Eine kleine Gruppe von Männern steht der Übermacht der Perser unter König Xerxes am 11. August 480 v. Chr. in der Schlacht bei den Thermopylen gegenüber. Es sind nur dreihundert Spartaner in jenem Engpass zwischen dem Kallidromos-Gebirge und dem Golf von Malia. Wider alle Vernunft und wider alle taktische Kriegsführung wehren sie eine Angriffswelle nach der anderen ab.

Deshalb befiehlt der Spartanerkönig Leonidas dem Beredtsten unter den Kriegern: »Geh nach Hause und erzähle von den mutigen dreihundert, die der Übermacht der Perser in der Enge der Thermopylen widerstand!«

Geh und erzähl! Alle sollen erfahren, was die mutigen dreihundert getan haben. So beschreibt es der US-amerikanische Autor Zack Snyder in seiner Comicverfilmung »300« aus dem Jahr 2006.

In Jesu Nähe – namenlos und doch berühmt

Im Markusevangelium (Markus 14,1-11) hebt Jesus eine Begebenheit hervor, die immer weitererzählt werden soll, weil sich etwas ereignet hat, von dem alle hören sollen, etwas, das Beachtung verdient.[36]

Diese Begebenheit von einer unerwarteten Schönheit ist in den sehr dunklen Rahmen der ersten und letzten Verse dieses Abschnitts eingelassen. Die Schriftgelehrten und die Hohenpriester planen, Jesus zu ermorden. Sie wollen zur Festzeit jedes Aufsehen vermeiden, da das zu Unruhen unter den großen

Volksmengen führen könnte.[37] Es kommen Tausende, um beim Passahfest in Jerusalem der Befreiung aus der Gefangenschaft zu gedenken.

Damals hat Gott sein Volk aus der Sklaverei in Ägypten geführt. Und er hat versprochen, dass er es wieder tun wird. Er wird die Juden auch aus der Hand der Römer befreien. Der Allmächtige wird einen Retter schicken, einen König. Er wird sie und die ganze Menschheit aus der Hand der Schuld und der Sünde befreien. In einer solch aufgeladenen Situation wollen die Schriftgelehrten und Hohenpriester vorsichtig sein und dem Prediger Jesus nicht noch mehr Aufmerksamkeit schenken. Ganz überraschend bietet Judas seine unvorhergesehene Hilfe an. Er bringt ihre Pläne schneller zur Verwirklichung, als sie erwartet hätten.

Doch bevor dies geschieht, wird der Blick auf ein Haus gerichtet. Jesus ist mit seinen Jüngern zu Gast bei Simon dem Aussätzigen. Es überrascht niemanden mehr, dass er sich mit jemandem von zweifelhaftem sozialen Status abgibt. Doch wir lesen von Störungen. Eine Frau stürmt herein und lenkt mit einer sonderbaren Geste die Aufmerksamkeit auf sich.

Der Allmächtige wird einen Retter schicken, einen König.

In dieser Zeit war es unüblich, dass Männer, wenn sie miteinander am Tisch saßen und aßen, von Frauen unterbrochen wurden – außer sie brachten Essen.

Hier jedoch stürmt eine namenlose Frau herein und salbt Jesu Haupt mit einem kostbaren Öl. Das ist die erste Störung. Zudem erregt die Verschwendung die Gemüter und lässt Kritik folgen: »Das kostbare Öl hätte man verkaufen und das Geld den Armen geben können!« Das ist die nächste Störung. Jesus greift ein und bezieht Stellung. Er nimmt die Frau in Schutz und macht ihre Liebestat noch größer, als sie vielleicht gemeint war.

»Liebe Frau, deine Geschichte soll erzählt werden!«

Die Salbung

In Israel war es üblich, dem Gast vor dem Mahl Öl zur Salbung zu geben oder ihm durch einen Sklaven die Füße salben zu lassen. Bei diesem Mahl geschieht dies jedoch nicht durch den Gastgeber und seine Mitarbeiter, sondern durch eine Frau, deren Name nicht genannt wird. Sie zerbricht eine Flasche kostbaren Öls und gibt damit den ganzen Inhalt her. Nichts wird zurückgehalten.

Dreihundert Silbergroschen ist das Öl wert. In der damaligen Zeit gab es für Frauen keine Möglichkeit, so viel Geld zu verdienen. Wahrscheinlich wurde ihr das kostbare Öl von ihren Vorfahren vermacht, vielleicht war es ein Familienschatz, der eine besondere Bedeutung für sie hatte.

Der Evangelist Markus erzählt die Geschichte aus einem bestimmten Grund an genau dieser Stelle. Während die Schriftgelehrten und die Hohenpriester blind vor Wut den Mord an Jesus planen, wird die Aufmerksamkeit der Leser auf diese eine Begegnung gerichtet. Die Frau kannte vermutlich nicht den vollen Umfang ihrer Aktion, aber Jesus fühlte die schmerzhafte Bedeutung ihrer Handlung. Sie salbte ihn mit Öl als Vorbereitung für seinen Tod.

Während die Oberen die Zerstörung von Jesus planen, bestätigt diese fremde Frau seine Würde. Während die Männer die Vernichtung seines Leibes planen, tut die namenlose Frau spontan etwas Schönes, Wertvolles und Ehrenvolles für ihn.

Diese Handlung ist aber nicht nur die vorweggenommene Totensalbung, sondern ahmt auch eine Königssalbung nach (vgl. 2. Könige 9,6; 1. Samuel 10,1) – und das im Angesicht des bevorstehenden Todes. Ein König wird eingesetzt, um zu sterben.

Ein König, von niemandem erkannt, und doch wie ein König in Jerusalem empfangen, »Hosanna«. Ein König, der zum Passahfest kommt und aus der Knechtschaft befreien soll, aus der Hand der Römer und aus der Schuld und der inneren Versklavung. Die Menge ruft: »Hosanna«. Dieser Ruf ist nicht nur ein Jubelruf, sondern ein Flehruf und heißt: »Hilf doch!«

Die Entrüstung

Dreihundert Silbergroschen waren in jener Zeit etwa der Jahresverdienst eines Landarbeiters, sofern er Arbeit hatte. Eine Verschwendung, so teures Öl über Jesus auszugießen!

Der Vorwurf der Verschwendung ist zwar gegen die Frau gerichtet, indirekt aber gegen Jesus. Die Kritik ist eigentlich verständlich. Es ist doch sympathisch, dass das, was über die normalen Bedürfnisse hinausgeht, den Armen gegeben werden soll. Insbesondere in der Passahfestwoche war der fromme Jude zum Almosen an die Armen verpflichtet. Es ist vollkommen normal, dass man hier entrüstet ist. »Jetzt, wo es um Almosen geht, können wir doch nicht so viel Geld zum Fenster rauswerfen oder über Jesu Haupt auskippen. Was soll die Vergeudung?«

Was soll diese nutzlose Geste? Was soll diese zwecklose Schönheit? Und noch viel mehr: Was soll ihm diese Verschwendung nützen in Folter und Todesqual? Sie wird die Schmerzen nicht lindern, den Todeskampf nicht verhindern.

> Was soll ihm diese Verschwendung nützen in Folter und Todesqual?

Jesus aber deutet die Salbung als »gutes Werk«. Die namenlose Frau hat keine Verschwendung betrieben, sondern etwas Gutes getan, und zwar an Jesus.

Im Judentum wird unterschieden zwischen Almosen und guten Werken. Unter Almosen verstand man in der damaligen Zeit Geldgaben, sie waren jederzeit möglich. Das »gute Werk«, von dem Jesus spricht, verlangt jedoch den spontanen, persönlichen Einsatz und ist in konkreten Situationen gefordert. Die Sorge um die Bestattung eines Toten gehört dazu. Was hier passiert, hat größere Bedeutung, als sich »korrekt« zu verhalten. Das gute Werk ist zwar kein Almosen für die Armen, aber es ist ein Liebeswerk an Jesus und damit viel kostbarer. Jesus nimmt die Frau in besonderer Weise in Schutz.

Der Weg ans Kreuz

Obwohl die Handlung der namenlosen Frau einmalig und unübertragbar ist, wird sie zum Vorbild. Jesus betont, dass das, was die Frau getan hat, mit dem Evangelium verkündet werden soll. Die namenlose Frau wird dadurch zum Muster, sich Jesus zuzuwenden – sie zeigt die Bereitschaft zur Nachfolge. Weil sie den von den Menschen Verworfenen ehrt, wird sie geehrt. Sie salbt den König, der auf dem Weg zum Kreuz ist. Dadurch nimmt sie auf ihre Weise teil am Todesschicksal Jesu.

Über die namenlose Frau soll erzählt werden, weil sie sich dem Jesus ergibt, der den Weg des Kreuzes und des Leides auf sich nimmt, nicht einem Jesus der offenkundigen Herrlichkeit. Die namenlose Frau folgt und liebt einen Gott, der ans Kreuz geht. Sie folgt und liebt einen Gott, der an den dunkelsten Ort geht, in den Tod. Ihrer Hingabe und Liebe liegt die Überzeugung zugrunde, dass Gott wirkt und die Geschichte leitet. Nicht die Hohenpriester und Oberen lenken, nicht Judas lenkt die Geschichte Jesu, nicht der Zufall, Glück oder Pech leiten den Weg ans Kreuz, wo Jesus stirbt, für die Sünden der Menschen. Es ist der Vater, der seinen einzigen Sohn, den er lieb hat, auf einen Hügel führt. Jesus und sein Vater gehen den Weg der Erlösung durch das Kreuz miteinander. Jesus Christus hätte weder von Judas noch von Pilatus noch von Herodes gebunden werden können, wenn der Vater ihn nicht gebunden hätte. Vor diesem Gott verneigt sich die namenlose Frau. Es ist ein »göttliches Muss«, dass Jesus den Weg ans Kreuz geht und dort leidet.

> Ein siegreiches Leben als Christ führt man gerade dann, wenn man das Leiden trägt.

Christliche Nachfolge ist die Bindung an die Person Christi. Deshalb ist »das Muss des Leidens nun auch klar und eindeutig auf seine Jünger zu beziehen.«[38] Wie Christus nur Christus ist als der Leidende und Verworfene, so ist der Jünger nur Jünger als der Leidende und Verworfene. Diese Bereitschaft zur Kreuzesnachfolge ist dem Weg entgegensetzt, den unser Herz von sich aus gehen will. Unser Herz will dem Aufstrebenden, Starken, Leuchtenden, Glorreichen folgen und nicht dem, der am Kreuz in aller Verlassenheit stirbt. Auf keinen Fall wollen wir leiden!

Diesem Jesus des Kreuzes zu folgen war nicht nur für die Jünger am Tisch im Haus des Simon schwer vorstellbar, es war und bleibt ein Ärgernis. Es bleibt eine Torheit, ein Ringen. Es meldet sich ein »natürlicher« Widerstand in unseren Herzen, die sich nicht einem Gott am Kreuz ergeben wollen.

Bonhoeffer betont, dass man dem Leiden *um Christi willen* nicht ausweichen kann: »Nachfolge ist Bindung an den leidenden Christus. Darum ist das Leiden der Christen nichts Befremdliches.«[39] Es kann gar nicht anders sein, wir können diesem Leiden nicht davonlaufen. Wir können ihm nicht ausweichen, indem wir meinen, es auf irgendwelche Weise besiegen zu können. »Allein durch das Tragen wird er (Jesus) das Leiden überwinden und besiegen. Sein Kreuz ist seine Überwindung.«[40] Was von Christus gilt, gilt ebenso für uns: »So ist auch der Nachfolger zum Tragen berufen. Im Tragen besteht das Christsein.«[41]

Das finde ich spannend und zugleich ernüchternd: Ein siegreiches Leben als Christ führt man gerade dann, wenn man das Leiden trägt – nicht wenn man versucht, ihm auszuweichen, oder es in der Kraft Gottes besiegen möchte, sondern wenn man durch es hindurchgeht und es dadurch überwindet.

Das hört sich alles ziemlich erdrückend und deprimierend an. Bonhoeffer betont aber: »Unter diesem Kreuz zu gehen ist nicht Elend und Verzweiflung, sondern Erquickung und Ruhe für die Seelen, ist höchste Freude.«[42] Es ist Freude, weil wir dadurch von anderen Lasten frei werden, die unsere Seele letztlich nur umso schwerer erdrücken. »Hier gehen wir nicht mehr unter selbst gemachten Gesetzen und Lasten, sondern unter dem Joch dessen der uns kennt und der selbst mit unter dem Joch geht.«[43] Wer leidet, der hat Gemeinschaft mit Christus und darf sich darüber freuen.

Jesu Weg ans Kreuz verändert die Welt. Wenn wir unser Leben an Jesus binden und dem gekreuzigten und verworfenen König folgen und ihn lieben, dann werden auch wir um Christi willen leiden – doch es wird nicht Elend und Verzweiflung sein, sondern Ruhe für die Seelen und höchste Freude. Darauf verweist die namenlose Frau.

»Diese Geschichte soll erzählt werden!« Sie soll erzählt werden, weil sie so außerordentlich ist. Sie soll erzählt werden, weil sich hier etwas ereignet, von dem alle hören sollen!

Der Grund für unsere Freude ist eine Person, die gelitten hat und glorreich auferstanden ist.

Auf dem Weg zum Kreuz – Im Garten

Jesu Leben und Dienst, seine drei Jahre der Wanderschaft, seine Worte und seine Taten haben ihn in einen Garten geführt. Es riecht nach Oliven, ein wohlbekannter Geruch. Seine Jünger kennen diesen Hain. Schon öfter haben sie sich hier versammelt, nachdem sie in Jerusalem über Gottes neuen Plan für sein Volk geredet haben. Wenn es stark geregnet hat, fließt hier der Bach Kidron. Das schmutzige schwarze Wasser bahnt sich seinen Weg durch den Park. Es gibt ausgetretene Wege, die zwischen den Bäumen hindurchführen.

Das ist der Garten, den die Evangelisten Matthäus und Lukas Gethsemane nennen. Er liegt in einem Tal zwischen dem Ölberg und der Stadt Jerusalem.

Das Drama um Jesus erreicht langsam seinen Höhepunkt (Johannes 18,1-11). Auf der einen Seite steht Jesus mit den Jüngern, die er lieb gewonnenen hat. Ihnen gegenüber befindet sich eine Schar von Soldaten mit Fackeln und Waffen, die Jesus suchen. Judas soll ihnen dabei helfen. Von dem Schreiber des Evangeliums wird er als Verräter gebrandmarkt, es bleibt also nicht im Dunkeln, wer Jesus ausliefert. Judas will Jesus an die Garde der jüdischen Hohepriester »verkaufen«. Er steht in der ersten Reihe und hat die Aufgabe, Jesus zu identifizieren.

»Wen sucht ihr?« – »Jesus von Nazareth!« Was für eine furchtbare Frage im Angesicht des bevorstehenden Leids, das Jesus ertragen wird. In wenigen Minuten wird sich der unbarmherzige Zorn seiner Gegner auf ihn entladen. Doch Jesus stellt sich dem fehlgeleiteten Zorn des Volkes und den falschen Anschuldigungen mit erhobenem Haupt. Er stellt sich der Ungerechtigkeit und den Grausamkeiten, die sich in den nächsten Stunden über ihn ergießen werden – bis zu seinem Tod am Kreuz. Er stellt sich ohne große Gesten, ohne Theatralik oder Dramatik.

Weltliche und göttliche Ordnung

Jesus sagt: »Ich bin's!«, und übergibt sich selbst in die Hände seiner Gegner. Er übergibt sich in die Hände derer, die noch kurz zuvor die Palmzweige auf die Wege gelegt haben. Er übergibt sich in die Hände derer, die ein Exempel statuieren wollen, an ihm und dieser neuen jüdischen Sekte. Er übergibt sich aber auch in die Hände von Männern, die einen »normalen« Job haben, mit dem sie ihre Familien ernähren. Er übergibt sich in die Hände von Männern, die vielleicht kurz zuvor ihre Kinder zum Abschied sanft gestreichelt haben.

> Er übergibt sich in die Hände von Männern, die vielleicht kurz zuvor ihre Kinder sanft gestreichelt haben.

Es wäre so viel einfacher, die Soldaten zu hassen und sie für abgrundtief böse zu erklären, wenn wir nicht ahnen würden: Das sind ganz normale Menschen, so wie wir. Sie leben und hoffen, essen und schlafen, lieben und streiten – so wie wir. Die Menschen, die Jesus abholen, sind keine Teufel.

Judas hat einen schweren Stand in unserer christlichen Tradition. Im Kindergottesdienst will niemand ihn beim letzten Abendmahl spielen. Keine andere Figur in der Bibel wurde in der Kunst hässlicher dargestellt als er. Judas muss doch der Teufel sein. Oder? Ich frage mich: Atmete er nicht? Arbeitete er nicht? Hoffte er nicht? Aß und schlief er nicht? Liebte er nicht und stritt er nicht, so wie wir?

Trotzdem können wir die Szene im Garten nicht so einfach »glattreden«. Uns zeigt sich auf einmal ein sehr grundlegender Gegensatz zwischen Jesus und seinen Jüngern auf der einen Seite und Judas und den Soldaten auf der anderen. Judas ist wie die Soldaten Teil der politischen Struktur und der weltlichen Ordnung geworden. Die weltliche Ordnung stellt sich gegen die neue von Jesus verkündigte und vorgelebte Ordnung. Judas hat das Vertrauen in die neue Ordnung Jesu verloren und ist in die weltliche geflüchtet. Diese zwei Ordnungen sind nicht kompatibel.

Jesus hat in seinem Leben, mit seinen Worten und seinem Dienst zu einer anderen Ordnung eingeladen, die er das Reich Gottes nennt. Ein Reich, in das Menschen eingeladen sind, die vorher nirgends eingeladen waren. Ein Reich, in dem mit Kranken und Ausgestoßenen barmherzig, fröhlich, würdevoll umgegangen wird. Jesus hat gezeigt, wie Kinder in diesem Reich behandelt werden, wie Frauen eine neue, ungekannte Würde zukommt. Er hat gefeiert, wie dann in diesem neuen Reich gefeiert wird. Jesu Ordnung ist eine Ordnung, in der Gott als Vater vorgestellt wird, der sich nach seinen Kindern sehnt.

Die weltliche Ordnung weiß von Oberen und Unteren, von Herrschern und Beherrschten. Es gibt ein Recht, das nicht gebrochen werden darf, selbst von Gott nicht. Es ist eine Ordnung, die ganz ohne Gott auskommen würde. Zwar erhält Gott die weltliche Ordnung und doch will die weltliche Ordnung in ihrem Tiefsten nicht, dass Gott Gott ist. Sie will selbst Gott sein.

Jesus übergibt sich in die Hände seiner Gegner und zeigt, worum es in seiner Ordnung geht. Er übergibt sich in die Hände seiner Gegner, folgt dem Willen des Vaters und geht den Weg des Heils für das Volk Israel und die ganze Menschheit. Die Ordnung Gottes zeigt sich in Jesus, der in den tiefsten Punkt menschlicher Schwachheit eintaucht und sich als wehrloser Gott zeigt. Er zeigt sich als Gott, der sich herablässt und einlässt und den Menschen überlässt. Die neue Ordnung führt Jesus ans Kreuz und in den Tod. Sie zeigt, dass Gott die Finsternis und die furchtbare Stille des Todes nicht scheut, sondern in Jesus darin eintaucht. Gott geht in die Finsternis und will dort wohnen, wie Klepper gedichtet hat.[44]

Sanfte Lichtstrahlen vom Ende dieses Wegs berühren auch

diese Geschichte. Wir wissen, dass Jesus nicht in der Dunkelheit und im Tod bleiben, sondern auferstehen wird. Mit den Worten »Ich bin's!« widerspricht er der weltlichen Ordnung und fängt an, sein neues Reich zu errichten. In diesem Reich ist sein Thron das Kreuz, an dem er hängen wird.

Das »Ich bin« des Vaters

Jesus sagt: »Ich bin's!« Das sind Worte, die dem Volk Israel und seinen Nachfolgern nur allzu bekannt sind. Gott hat sich schon dem Propheten Mose mit den Worten »Ich bin, der ich bin« vorgestellt (2. Mose 3,14; ELB). Aus dem brennenden Dornbusch hat Gott selbst herausgerufen: »Ich bin's!« Das »Ich bin« des Dornbuschs findet in Jesus neu seine Bedeutung. Jesus sagt nicht, wie so viele andere Heilsbringer und Gurus dieser Welt: »Ich zeige euch den Weg zu einem guten Leben. Tut das und dann werdet ihr den Weg finden.« Jesus ist der Einzige in der Geschichte der Religionen, der sagt: »Ich bin's. Ich bin die Tür, ich bin die Wahrheit, ich bin das Leben, ich bin das Brot und die Quelle. Ich bin's!« Unmissverständlich wird klar: Dieser Jesus ist Gott. In ihm ist das Geheimnis des einen Gottes persönlich anwesend.

> Jesus tritt nicht neben den Vater, sondern verweist auf den Vater.

Jesus tritt nicht neben den Vater, sondern verweist auf den Vater. Er zeigt die Untrennbarkeit von Vater und Sohn. Weil Jesus der Sohn ist, darf er die Selbstvorstellung des Vaters in den Mund nehmen. Jesus selbst hat gesagt: »Wer mich sieht, der sieht den Vater!« (Johannes 14,9).

Die Göttlichkeit Jesu wird nicht nur in seinen Worten deutlich, sondern auch in der Reaktion der Menschenmenge um ihn herum. In der Bibel wird häufiger beschrieben, dass Menschen zu Boden fallen, wenn sie Gott begegnen.

Wenn Menschen in die Gegenwart Gottes kommen, verlieren sie den Boden unter den Füßen. Es ist traumatisch, wenn man in die Nähe Gottes kommt. Niemand kann vor Gott aufrecht stehen, niemand kann vor Gott bestehen. Wir denken oft über Gott als nettes, freundliches, warmes und flauschiges Wesen nach. Damit werden wir dem Charakter Gottes aber nicht gerecht. In der Bibel lesen wir, dass es zu einer inneren und einer äußeren Erschütterung führt, Gott zu begegnen.

Der Erzähler Johannes zeigt, wer in der Situation im Garten wirklich die Kontrolle hat. Die Soldaten wären nicht in der Lage gewesen, Jesus zu verhaften, wenn er das nicht zugelassen hätte. Es läuft nach Gottes Plan.

Jesus als Stellvertreter

Jesus sagt: »Ich bin's!« Dadurch konzentriert er die Wut auf sich und gibt sich in die Hände seiner Feinde, damit alle anderen verschont bleiben. Dieser Moment in Gethsemane steht für seinen Weg ans Kreuz. Es ist nicht nur ein isoliertes geschichtliches Ereignis. Jesus gibt sich nicht nur in die Hände von Judas und den Soldaten, sondern in die Hände der Feinde Gottes.

Einer übergibt sein Leben, damit die anderen leben können. Gott lässt sich selbst los, leidet und stirbt, damit die, die ihm vertrauen, verschont bleiben. Das ist die Bedeutung der Worte über den Kelch, wenn Jesus spricht: »Soll ich den Kelch nicht trinken, den mir der Vater gegeben hat?« (Vers 11).

Der Kelch steht in der Bibel für das Gericht Gottes, für all die menschliche Bosheit und Sünde. Er verweist auf die Konsequenzen, die jeder Mensch zu jeder Zeit, der Vergangenheit, der Gegenwart und der Zukunft, im Angesicht Gottes selbst ertragen müsste. Damit steht der Kelch auch für die Konsequenzen meines Lebens und es gehört zur Würde des Menschen, dass er die Konsequenzen seiner Taten und seines Lebens ertragen muss. Der Kelch ist gefüllt mit all der Bosheit, der Niedertracht und

Verschlagenheit jedes menschlichen Lebens. Er enthält sozusagen die absichtlichen und unabsichtlichen Fehltritte. Jeder müsste seinen Kelch selbst austrinken, wenn da nicht Jesus Christus wäre. Jesus nimmt den Kelch in die Hand. Es kommt nicht auf unsere menschliche Kraft an, die Konsequenzen unseres Tuns zu tragen, sondern auf Jesus. Deshalb hält Jesus Simon Petrus in seinem Zorn auf und weist ihn zurück, als er sein Schwert zieht.

Nicht menschliche Bemühung, sondern Jesu Einsatz ist entscheidend. Es beginnt eine neue Geschichte zwischen Gott und den Menschen, weil Jesus trägt, was keiner von uns tragen könnte.

> Es beginnt eine neue Geschichte zwischen Gott und den Menschen.

Es gibt keinen Weg vorbei an Jesus Christus. Der Trichter der Geschichte Gottes mit den Menschen ist auf diese eine Person verengt. Christus ist in seinem Herzen gewiss, fest und stark und bedarf dafür nicht fremder Leute Hilfe oder Stärke. Jesus Christus weiß: »Ich bin nicht allein, denn der Vater ist bei mir« (Johannes 16,32). Hier zeigt sich die Untrennbarkeit und die Einigkeit von Vater und Sohn und der Wille des Vaters, seine neue Ordnung. Auf dem Weg ans Kreuz und schließlich am Kreuz wird Jesu Sohnschaft, die neue Ordnung des Reiches Gottes und die Heilsbedeutung des Kreuzes erkennbar.

Wer ist dieser Mann?

- Es ist Jesus von Nazareth, der sich selbst in die Hand seiner Gegner übergibt. Damit zeigt er eine neue Ordnung an, die Ordnung des Reiches Gottes.
- Es ist Jesus von Nazareth, der untrennbar mit dem Vater verbunden ist und seine Göttlichkeit zeigt.
- Es ist Jesus von Nazareth, der mit seinem Weg ans Kreuz den Kelch des Gerichts annimmt und unser Leben verändern wird.

Als Christen hängen wir unser Herz an Jesus, der wider alle menschliche Vernunft und wider alle weltliche Ordnung einen unnachahmbaren Weg der Versöhnung geht. Niemand kann Jesus in dem folgen, was er für uns getan hat. Denn er hat es ein für alle Mal für alle Menschen getan, die ihm vertrauen wollen.

Auf dem Weg zum Kreuz – Vor Gericht

Sportfreunde auf der ganzen Welt verlassen sich auf etwas Bestimmtes, das den Sieg der eigenen Mannschaft näher rücken lässt.[45] Es ist ein Aspekt, der in allen Sportarten die Wahrscheinlichkeit für den Sieg erhöht: der Heimvorteil. Der Heimvorteil ist jener Vorteil, den Mannschaften haben, wenn sie im eigenen Stadion spielen, vor dem eigenen Publikum, vor ihrer Süd-West-Tribüne, auf ihrem Rasen.

Mannschaften gewinnen »zu Hause« häufiger als »auswärts«, egal ob im Cricket, Fußball oder Basketball. Während die gegnerische Mannschaft das Auswärtsspiel als besondere Belastungsprobe sieht, erhellen sich bei der Heimmannschaft die Gemüter. Forscher setzen sich mit der Frage auseinander, warum das so ist. Folgende Dinge, die man als Ursache vermuten könnte, sind nicht der Grund dafür:

Zunächst wird ausgeschlossen, dass die eigenen Fans die Leistung der Mannschaft beeinflussen. Den einen oder anderen Spieler mag zwar die Kulisse von Tausenden Menschen, die seinen Namen rufen, emotional berühren, aber statistisch gesehen verändert das nicht die Leistung.

Auch die Anreise zu einem anderen Spielort ist nicht der entscheidende Faktor. Reisestrapazen haben, was die Leistung und das Ergebnis betrifft, keinen statistisch nachweisbaren Einfluss auf die Spieler und das Ergebnis.

Man könnte meinen, es sei ein Vorteil, die eigene Halle oder die Rasenverhältnisse zu kennen. Aber auch das hat keinen Einfluss auf das Ergebnis.

Der größte Einflussfaktor für den Heimvorteil ist die Befangenheit des Schiedsrichters. Spitz formuliert: Schiedsrichter wollen nicht ausgebuht werden. Es zeigt sich, dass Schiedsrichter gegen Ende eines Spiels – wenn es knapp wird – weniger Fouls gegen die Heimmannschaft pfeifen. Oder sie pfeifen mehr Fouls für das auswärtige Team. Schiedsrichter reagieren häufig unbewusst auf den Druck des Publikums, und im Heimatstadium sind immer mehr Fans der Heimmannschaft vertreten.

Diese Entscheidungen, die der Schiedsrichter trifft, um die Menschenmenge zufriedenzustellen, können einen Einfluss auf das Ergebnis haben.

> Der größte Einflussfaktor für den Heimvorteil ist die Befangenheit des Schiedsrichters.

Pilatus

Der Druck der Menge und des Publikums spielt bei Jesu Prozess ebenfalls eine entscheidende Rolle. Der Schreiber Johannes führt uns in eine Verhandlungsszene hinein. Jesus von Nazareth wird von den jüdischen Hohenpriestern vor den römischen Statthalter gestellt. Sie verlangen ein Urteil von ihm, denn sie selbst können nach ihrer Rechtsauffassung nicht das von ihnen gewünschte Urteil vollstrecken: Todesurteile sind außerhalb ihrer Liga.

Israel war ein politisch instabiler Ort im Römischen Reich. Kaum ein Mann wollte dorthin entsandt werden, kein Soldat und kein Statthalter. Seit dem Jahr 6 n.Chr. wurde Israel von den Römern regiert. Dabei herrschten sie zwar über das besetzte Gebiet, sie ließen aber auch die Strukturen vor Ort walten. So hatten die Provinzen eine beschränkte Selbstverwaltung, in diesem Fall die jüdischen Oberen, die Jesus festgenommen hatten. Die Römer setzten Statthalter ein.

Einer, der es zu unvergleichlicher Prominenz gebracht hat, ist Pontius Pilatus. Jeden Sonntag sprechen viele Millionen Christinnen und Christen auf der ganzen Welt seinen Namen aus, wenn sie ihren Glauben bekennen: »Gelitten unter Pontius Pilatus.« So hervorgehoben im Glaubensbekenntnis, erscheint seine Rolle im Leben und Sterben Jesu zentral.

Pontius Pilatus war zwischen 26 und 35 nach Christus der Statthalter Roms in der Provinz Judäa. Sein Vorname ist nicht überliefert, doch sein Familienname zeigt, dass er aus der römischen Familie der Pontier stammte.

Pilatus hatte einen schweren Stand als Gouverneur und sein politisches Erbe war bis zu diesem Zeitpunkt eher durchwachsen. Einige meinten, dass er eine politische Null sei. In den geschichtlichen Quellen wird Pontius Pilatus als ein die Juden verachtender, rücksichtsloser Mann geschildert.

Bezeichnend ist eine seiner ersten politischen Handlungen bei seinem ersten Besuch in Jerusalem. Er wusste, dass die Juden ein Problem damit hatten, Kaiser- und Götterbilder im öffentlichen Leben zu zeigen. Er wusste es, weil ja schon die vorherigen Gouverneure darauf Rücksicht genommen hatten. Aber Pilatus wollte seine Macht demonstrieren. Darin war er unnachgiebig und deshalb stellte er eine öffentliche Kaiserstatue auf. Außer sich vor Wut folgten die Juden Pilatus und seinen Soldaten überallhin und beschwerten sich bei ihm. Schließlich drohte er der aufgebrachten Menge damit, sie gefangen nehmen zu lassen. Demonstrativ zeigten sie ihm ihren Nacken und signalisierten damit: Na, komm schon! Damit deckten sie seinen Bluff auf und Pilatus zog sich zurück.

Bei einer anderen Gelegenheit löste Pilatus das Problem der Wasserversorgung in Jerusalem, indem er ein Aquädukt baute. Das hört sich zunächst gut an, doch das Geld dafür nahm er aus dem jüdischen Tempelschatz. Als es zum Aufstand kam, sorgte Pilatus dafür, dass seine Soldaten unerkannt und »in Zivil« unter der aufgebrachten Menschenmenge waren. Auf ein Signal gingen sie auf die Juden los.

Zu einem anderen Zeitpunkt ließ Pilatus auf die Schilder seiner Soldaten den Namen des Kaisers Tiberius Caesar schreiben. Das Volk verhandelte mit Pilatus und bat ihn, die Inschrift zu entfernen. Natürlich lehnte er ab. Da wandten sich die jüdischen

Oberen an den Kaiser und dieser befahl Pilatus, die Inschrift zu entfernen.

Pilatus hatte als Gouverneur also keinen leichten Job. Er hatte sich schon einige politische Fehlgriffe geleistet. Fehlgriffe, die dem Kaiser zu Ohren gekommen waren. Noch eine Beschwerde, und Pilatus würde seinen Job verlieren. Und dann geschah Folgendes:

> *Da führten sie Jesus von Kaiphas vor das Prätorium; es war aber früh am Morgen. Und sie gingen nicht hinein in das Prätorium, damit sie nicht unrein würden, sondern das Passahmahl essen könnten. Da kam Pilatus zu ihnen heraus und sprach: Was für eine Klage bringt ihr vor gegen diesen Menschen?*
>
> Johannes 18,28-29

In Jerusalem steht das Passahfest vor der Tür. Die Stadt ist voller Pilger aus aller Welt. Sie sind gekommen, um an den religiösen Feiern teilzunehmen. Es herrscht eine aufgeregte und gespannte Atmosphäre. Diese Anspannung zum Höhepunkt des Festes könnte den Frieden in der Stadt gefährden.

Wenn wir der Handlung folgen, erkennen wir schnell, dass Pilatus in einer Zwickmühle steckt (Johannes 18,28-40). Eingekeilt zwischen dem Druck des Kaisers, für Recht und Ordnung zu sorgen, und dem Druck der jüdischen Oberen und der Menschenmenge soll er eine Entscheidung treffen. Das sind keine guten Voraussetzungen für faire Entscheidungen.

Ein König

Johannes erzählt sehr detailliert und feinfühlig von einem Hin und Her im Gespräch zwischen Pilatus und den jüdischen Oberen.

Zunächst ist Pilatus nicht ganz klar, was er mit Jesus anfangen soll. Warum ist er überhaupt hier?

Wir erfahren von einer gereizten Antwort der Juden. Deutlich wird darin die Unfähigkeit, eine stichhaltige Anklage vorzubringen. Es steht fest, dass sie Jesus als politischen Aufrührer bezeichnen, als »Übeltäter«, das heißt allgemein als Verbrecher. Sein »Verbrechen« besteht darin, dass er sich Sohn Gottes nennt.

Da die Anklage recht vage bleibt, verweist Pilatus auf die jüdische Gerichtsbarkeit. Sollen die Oberen doch selbst Verantwortung für ihren Vorwurf übernehmen!

Es ist dem Evangelisten wichtig, zu betonen, dass die anklagenden Juden das Amtsgebäude nicht betreten. Sie wollen sich vor dem Fest nicht verunreinigen, denn nach den jüdischen Reinigungsgeboten wird man durch das Betreten eines heidnischen Hauses verunreinigt. Eine solche Unreinheit dauert sieben Tage. Ein verhöhnendes Detail dieser Erzählung: Besorgt um ihre Reinheit verfehlen sie zu erkennen, wen sie zur Schlachtbank führen.

Detailreich berichtet Johannes weiter über die Begegnung zwischen Pilatus und Jesus. Jede Bewegung wird beurteilt, Zusammenhänge werden erklärt. Wieder dreht sich diese Begegnung um die Frage: Wer ist dieser Mann? Wer ist Jesus von Nazareth?

Besorgt um ihre Reinheit erkennen sie nicht, wen sie zur Schlachtbank führen.

Pilatus fragt: »Bist du ein König, wie sie von dir sagen?« Und weil er sich einen König nicht ohne Volk und Land vorstellen kann, fragt er: »Bist du der König der Juden?« Hätte Jesus diese Frage mit »Ja« beantwortet, hätte er sich mit den Königen dieser Welt auf eine Stufe gestellt. Für Pilatus wäre die Beweisaufnahme abgeschlossen gewesen. Hier hätte nämlich der Machtanspruch dieses Mannes gegen den Machtanspruch des Kaisers gestanden. Da hätte Pilatus kurzen Prozess machen müssen. So sind immer wieder Köpfe gerollt oder Kriege ausgebrochen. Die weltlichen Reiche wurden damals auf diese Weise regiert.

Doch Jesus geht es nicht darum, König eines Volkes zu sein. Jesu Reich ist kein Nationalreich, das sich gegen den Kaiser erhebt. Pilatus fragt weiter: »So bist du dennoch ein König?« Und Jesus antwortet: »Du sagst es: Ich bin ein König« (Johannes 18,37).

Jesu Königtum und Königreich gründet nicht auf der Größe eines Heeres, auf politische Einflussnahme und Steuergesetze. Das Reich, in dem Jesus König ist, zeigt sich in seinem Leben und seinem Dienst ganz anders: durch Heilung der körperlich und seelisch Kranken, durch den Ruf zur Umkehr von falschen und krankmachenden Gedanken und Taten und zur Umkehr von heimlichen Begierden und verdeckten Worten. Menschen werden gerufen und beauftragt. Sie werden eingeladen, bei Gott dem Vater Frieden zu finden und all das, was andere über sie denken, loszulassen. Jesus erklärt Pilatus, was seine Rolle als König in diesem Königreich ist: »Ich bin dazu geboren und in die Welt gekommen, dass ich die Wahrheit bezeuge. Wer aus der Wahrheit ist, der hört meine Stimme« (Vers 37).

Jesus will hier keine philosophische Diskussion führen. Es geht ihm nicht um ein abstraktes Gedankenspiel. Jesus spricht von Wahrheit auf einer Ebene, die die ganze Existenz des Menschen betrifft. Es geht nicht um ein Königreich, bei dem man die Flagge auf seinem Schild verändert und nun eben nicht mehr beim roten, sondern beim blauen Team spielt. Jesus spricht davon, dass seine Nachfolger aus der Wahrheit »sind«. Also nichts Beigefügtes, nicht neu angemalt, kein neuer Sticker für das neue Team.

Jesus sagt, dass jene, die in seinem Reich sind und dem König begegnen, andere Menschen werden. Es geht um eine innere Neugeburt, das alte Herz wird ausgetauscht und neu kalibriert. Jesus spricht davon, dass es seine Rolle als König ist, diese neue Wahrheit, aus der man neu geboren werden soll, zu zeigen, darüber zu sprechen, dazu einzuladen. Im Aramäischen, der Sprache, die Jesus gesprochen hat, wird für das griechische Wort »aletheia« (»Wahrheit«) das Wort »emuna« verwendet. »Emuna« heißt wörtlich übersetzt »Treue«.

Jesus spricht von der Wahrheit, dass Gott der Vater seiner Schöpfung ist, dass er seinen Menschen treu ist und sie niemals alleinlässt. Gott der Vater ist treu, indem er seinen Menschen liebend nachgeht und um jeden einzelnen wirbt, damit er sein altes Leben mit dem alten Mist zurücklässt und neu geboren wird.

Gott hat seinen Sohn Jesus geschickt, um seine Treue zu zeigen, um zu erklären, wie der Vater im Himmel ist, und um die Menschen in eine Beziehung zu ihm hineinzuretten. Er gibt nicht auf, sondern sehnt sich danach, dem Schuldigen zu vergeben, die Trauernden zu trösten und zu umarmen, den Täter zu richten und Recht herzustellen. Dies alles zeigt seine Treue und Jesus ist Zeuge davon, selbst im Angesicht des Todes.

Pilatus war so dicht am Geheimnis dran, wer Jesus ist, und hat es dennoch nicht begriffen. Das wird sogar in der Aufschrift über dem Kreuz sichtbar »Jesus von Nazareth, der König der Juden«. Er hat nicht erkannt, was für einen König er da vor sich hatte.

Wahrheit

Wenn wir Jesus nachfolgen, dann ist dieser Weg nicht durch einen neuen Anstrich zu leisten. Der Weg der Nachfolge ist ein kostbarer und kostspieliger Weg, denn er erfordert, dass wir neu geboren werden. Wir werden aus der Wahrheit und somit aus der Treue Gottes und aus seinem Zuspruch geboren. Wenn wir neu geboren sind, dann folgt, dass wir täglich aus dieser neuen Geburt herauskriechen.

Niemand kann neu geboren werden, wenn er nicht vorher stirbt. Zu sterben, damit man dem König Jesus nachfolgen kann, heißt, den Abstand zwischen dem eigenen Herzen und dem Herzen Gottes zu sehen – und daran zu verzweifeln. Man muss der Wahrheit über sich selbst, über die eigenen Motivationen, ins Auge blicken.

> Niemand kann neu geboren werden, wenn er nicht vorher stirbt.

Die folgenden Beispiele von John Ortberg illustrieren dies: Nehmen wir an, du holst dein Auto nach einem Routineservice von der Werkstatt ab und der Mechaniker sagt: »Dieses Auto ist in großartiger Verfassung. Offensichtlich fahren nur Genies dieses Auto. Es ist in einem tollen Zustand.«[46] Später am Tag merkst du, dass die Bremsen mehr schlecht als recht funktionieren. Du gehst zurück zur Werkstatt und fragst: »Warum haben Sie mir nicht gesagt, dass die Bremsen schlecht funktionieren?« Der Mechaniker antwortet: »Ich wollte nicht, dass Sie sich schlecht fühlen. Außerdem, um ganz ehrlich zu sein: Ich hatte Angst, dass sie sich über mich ärgern würden. Ich wünsche mir, dass diese Werkstatt für Sie ein sicherer Hafen ist, in dem Sie sich angenommen und geliebt fühlen.« Das bringt dich zur Weißglut und du antwortest: »Ich bin nicht für einen Ego-Trip in diese Werkstatt gekommen. Wenn es um mein Auto geht, dann will ich die Wahrheit hören! Schließlich steht mein Leben auf dem Spiel!«

Oder nehmen wir eine Routineuntersuchung beim Arzt. Der Doktor sagt: »Sie sind ein wunderbares Musterstück der Natur. Sie haben den Körper eines Olympioniken. Man kann Ihnen nur gratulieren.« Am späten Nachmittag gehst du die Treppen hoch und dein Herz setzt aus. Du findest heraus, dass deine Arterien verstopft sind und du dem Tod nur um Haaresbreite entkommen bist. Du gehst zurück zum Doktor und fragst: »Warum haben Sie mir nichts gesagt?« Der Arzt antwortet: »Ich wusste, dass Sie in einer schrecklichen Verfassung sind, aber wenn ich das Leuten so sage, dann sind sie oft eingeschnappt. Das ist schlecht fürs Geschäft. Dann wollen sie nicht mehr kommen. Ich will ein sicherer Hafen für meine Patienten sein, ein Hafen, in dem sie sich angenommen und geliebt fühlen.« Du würdest vermutlich wütend antworten: »Doktor, wenn es um meinen Körper geht, dann will ich die Wahrheit wissen!«

Wenn uns etwas wichtig ist, wollen wir die Wahrheit wissen. Dann wollen wir keine falschen Versprechen. Dann soll nichts vermieden werden, um dem Unangenehmen zu entgehen. Es geht doch ums Ganze.

Jesus sagt: »Ich bin der Weg und die Wahrheit und das Leben; niemand kommt zum Vater denn durch mich« (Johannes 14,6). Wahrheit und Leben finden wir nur bei Jesus, verwurzelt in ihm.

Dritter Teil

Verwachsen – Wie etwas Neues sichtbar wird

Bereit für ein neues Leben?

Wenn es um den Tod geht, verstehen Verwaltungen keinen Spaß. In den Unterrichtsblättern für die Bundeswehrverwaltung heißt es: »Der Tod stellt aus versorgungsrechtlicher Sicht die stärkste Form der Dienstunfähigkeit dar.« Noch besser sagt es das Bundessteuerblatt: »Es ist nicht möglich, den Tod eines Steuerpflichtigen als dauernde Berufsunfähigkeit im Sinne von § 16 Abs. 1 Satz 3 EstG zu werten und demgemäß den erhöhten Freibetrag abzuziehen.« Den Vogel schießt ein Kommentar zum Bundesreisekostengesetz ab: »Stirbt ein Bediensteter während einer Dienstreise, so ist damit die Dienstreise beendet.«

Das Grab, in das sie Jesus legten, stellte in jeder Hinsicht die stärkste Form der Dienst- und Berufsunfähigkeit für Jesus dar. Seine Dienstreise war an ihr Ende gekommen, als er nach nur drei Jahren öffentlichen Wirkens wie ein Verbrecher hingerichtet wurde. Allerdings zeigt uns die Ostergeschichte, dass der Tod nicht das letzte Wort hatte. Es heißt nämlich, dass Jesus von den Toten auferstanden ist und lebt.

Die Osterhoffnung

Der Evangelist Matthäus berichtet von den Frauen, die sich im Morgengrauen auf den Weg machen, um am Grab zu trauern (Matthäus 28,1-10). Doch statt auf Jesu Leichnam treffen sie am Grab auf Boten Gottes. Es geschehen seltsame Zeichen, der Stein wird weggerollt und die Engel erzählen, dass Jesus auferstanden ist. Daraufhin werden die Frauen beauftragt, die gute Botschaft weiterzusagen.

Können wir wirklich verstehen, was wir da hören und lesen? Die Hoffnung auf Ostern ist nicht leicht zu fassen. Es mag wohl kleine Auferstehungen geben. Nach jeder Nacht erleben wir, wie es wieder hell wird und vielleicht sogar wieder warm. Wir erwachen aus dem Schlaf und seiner Erstarrung, wenn auch manchmal nur mithilfe von Koffeininfusionen. Draußen brechen nach einem langen Winter die todesstarren Zweige auf und frisches, lebendiges Grün sagt das Frühjahr an.

Kürzlich saß ich in meinem Arbeitszimmer, es regnete in Strömen – und plötzlich stand ein herrlicher Regenbogen über dem Feld vor meinem Fenster. Das gibt es alles, und es tut uns so gut! Aber am Ende müssen wir sterben und dann ist Schluss! Nach dieser Nacht kommt kein Morgen, aus diesem Schlaf gibt es kein Erwachen und nach diesem Winter folgt kein Frühjahr.

Am Ende bleibt ein Häufchen Asche – wie sollte das wieder zum Leben erwachen?

Die Mehrheit der Menschen in Deutschland glaubt nicht, dass es ein Wiedererwachen nach dem Sterben geben kann. Wir sind mehrheitlich Osterskeptiker! Wir glauben, dass unsere Dienstzeit mit Beendigung der Dienstreise durch Tod endgültig vorüber ist. Ein Film, in dem Mel Gibson die Hauptrolle spielt, zeigt das sehr deutlich. In »Auftrag Rache« wird die Tochter des Protagonisten ermordet. Ein böses Attentat, das einzige Kind. Wie es in den USA möglich ist, nimmt der trauernde Vater später die Urne mit der Asche und geht damit zum Meer. Wellen umspielen seine Füße, während er die Urne öffnet und Asche ins Meer schüttet. Plötzlich stockt er und kippt die Asche in seine hohle Hand. Dabei durchfährt mich als Zuschauer der Gedanke: »Das bleibt am Ende, ein Häufchen Asche – wie sollte das wieder zum Leben erwachen?«

Ein Häufchen Asche, ein lebloser Körper, mehr bleibt nicht. Das ist auch die Überzeugung der Frauen auf dem Weg zum Grab des Mannes, dem sie vertraut haben. Ein Grab wollen sie sehen, einen Toten wollen sie ehren, Tränen vergießen, ein bisschen für ihn, der so viel leiden musste, ein bisschen für sich selbst, weil mit ihm so viel in ihrem Leben gestorben ist. Wie viele andere gehen sie zum Grab, gebeugt, erstarrt, ohne Zuversicht. Gräber sind nicht Orte der Hoffnung, sie sind machtvolle Demonstrationen des Endes. Die Wahl lautet nur: Asche oder Würmer?

Diese Frauen haben sich nichts eingebildet, dazu waren sie viel zu nüchtern. Sie kamen nicht mit der Idee zum Grab, er könne von den Toten zurückkehren. Auch sie hätten das Glaubensbekenntnis der Zweifler unterschrieben: Es ist noch keiner zurückgekommen.

Darum reagieren die Frauen auf das, was sie erleben, mit großer Furcht, geradezu panisch! Am Grab ist nicht die erwartete Stille im Morgengrauen, es ist Aufruhr und gleißendes Licht, das Grab geöffnet, ein Wesen aus einer fremden Welt, schaurig-schön, ein kaum auszuhaltender Anblick. »Jesus sucht ihr, den Mann am Kreuz, hier ist er nicht. Sucht ihn nicht bei den Toten, denn der Tod war nicht stark genug, ihn festzuhalten. Der Tod war ihm nicht gewachsen, konnte ihn nicht am Boden halten, er ist auferstanden.«

So erzählt es der überirdische Bote. Wie es geschah, bleibt das Geheimnis dieser Nacht. Niemand hat zugeschaut. Die Welt hat geschlafen, als Jesus mit dem Tod abgerechnet hat. Keiner hat gesehen, dass Jesus auferstanden ist. Darum ist es vollkommen unsinnig, nach Beweisen zu fragen. Dieses Geschehen sprengt alles Dagewesene. Es liegt nicht in den Möglichkeiten der Welt. Es ist wie ein gewaltiger Meteorit, der auf die Erde schlägt. Allenfalls am Rande des Kraters lässt sich dieses oder jenes Seltsame beobachten.

Es gibt Indizien, aber keinen einzigen wissenschaftlich belastbaren Beweis. Da lässt sich beobachten, wie hektisch die Behörden reagieren, die eiligst eine Pressekonferenz abhalten und von einem Leichenraub erzählen. Da kann man sehen, dass die Anhänger von Jesus mit größtem Zweifel reagieren. Sie haben sich das gewiss nicht ausgedacht! Da lässt sich beobachten, wie verwandelt die Frauen sind und später auch die Männer, alle, denen der auferstandene Jesus begegnet. Da lässt sich beobachten, wie aus der resignierten Anhängerschaft des Jesus von Nazareth plötzlich eine Bewegung wird, die in wenigen Jahren die gesamte damals bekannte Welt mit ihrer Botschaft durchdringt: Hier ist einer, der stärker ist als der Tod.

Weil Jesus auferstanden ist, ist wahr, wofür er lebte

Als sie Jesus ans Kreuz geschlagen haben, da haben sie nicht nur seinen Leib getötet und seinen Geist gebrochen, sondern sie wollten zerstören, wofür er lebte. Jeder Hammerschlag, der die Nägel in seinen Leib trieb, war ein Nein: »Nein, deine Botschaft von einem Gott, der uns so leidenschaftlich liebt, ist eine Lüge. Es gibt keine Hoffnung, dass Schuldige neu anfangen dürfen! Wer unten ist, bleibt unten, und wer draußen ist, bleibt draußen. Der Tod hat das letzte Wort. Alles, wofür du gelebt und gewirkt hast, Gekreuzigter, alles, vom Anfang bis zum Ende, durchkreuzt, durchbohrt, vernichtet, verflucht, aus und vorbei.« Ein toter Jesus steht für gestorbene Hoffnungen, ein toter Jesus ist das Ende all dessen, was er in diese Welt getragen hat: Vergebung, Heilung, Neuanfang, Würde für die Kleinsten und Schwächsten, Leben, selbst über den Tod hinaus.

Ostern aber bedeutet das Gegenteil, nämlich göttlichen Widerspruch gegen den Tod: Das Leben Jesu ist ins Recht gesetzt. Es ist doch wahr und bleibt wahr: Wir sind von Gott geliebte Menschen. Jesus schenkt uns Vergebung für unser Versagen. Bei Jesus haben wir Würde, egal was bisher war. Bei Jesus haben wir Zukunft, aus unserem Leben kann etwas Gutes werden. Bei Jesus haben wir Hoffnung, dass der Tod nicht das letzte Wort hat. Bei Jesus ist unsere Vergangenheit nicht unser Schicksal. Wir können jederzeit neu anfangen. Seit Ostern ist alles, wofür Jesus gelebt hat, bestätigt, besiegelt, bekräftigt, mit dem Stempel letzter Gültigkeit versehen.

Ostern bedeutet darum auch, dass unsere Zukunft außer Gefahr ist. Die Wahrscheinlichkeit, dass wir eines Tages sterben, liegt bei ziemlich genau 100 Prozent. Doch das macht Jesus nicht nervös, weil er schon gestorben, nun aber auferstanden ist. Darum bedeutet Ostern, dass das Beste noch kommt. Auch von uns wird es heißen: »Ihr sucht Wilhelm, Martin, Anja, Patrick, Gertrud, Elias, Leonie, Christiane, Max – sie sind nicht hier, sie sind auferweckt zu einem neuen ewigen Leben.« Seit Ostern ist das alles wahr, alles bestätigt, weil der eine, der für das alles eingestanden ist, nicht tot ist, sondern lebt.

Zweifel lohnen sich

Nun könnte mancher denken: »Selig, wer's glaubt. Ich kann es nicht glauben. Mir sind noch keine Engel erschienen, auf meinen Friedhöfen ist keiner lebendig aus dem Grab gestiegen.« Es ist auch eher die Ausnahme, dass diese Gestalten aus einer anderen Welt ihr Inkognito aufheben. Mir ist bis auf meine Frau noch kein Engel begegnet, und sie ist ein Engel von anderer Art.

Die Frage, die sich uns stellt, ist deshalb: Gibt es einen Weg, auf dem wir zwar keinen Beweis im naturwissenschaftlichen Sinn, aber doch eine innere Gewissheit bekommen können, dass all das kein Märchen, sondern Wirklichkeit ist? Gibt es einen Weg zu solch einer tiefen, inneren Gewissheit, die dann den naturwissenschaftlichen Beweis gar nicht mehr braucht? Wo eröffnet sich uns ein solcher Weg, der nicht fromme Selbsttäuschung, sondern ein Überzeugtwerden ist, wie es Gott gemäß wäre, den unsere wissenschaftlichen Instrumente ja nicht zu erfassen vermögen?

Es gibt ihn, meinen die Zeugen im Neuen Testament. In der Ostergeschichte weist der Engel selbst diesen Weg.

In seiner Botschaft steckt ein Versprechen. »Ihr sucht Jesus«, sagt der Engel. »Sucht ihn nicht bei den Toten. Da ist er nicht. Sucht ihn da, wo er sein Kommen angesagt hat. Sucht ihn, wo seine Geschichte erzählt und gefeiert wird. Sucht ihn, wo Menschen sind, die sich ändern, seit sie an Jesus glauben. Sucht ihn, wo in seinem Namen den Armen gedient wird. Dort sucht ihn.«

Jesus lässt sich finden, nicht nur damals in Galiläa, sondern auch heute, in seiner Gemeinde!

Zweifel können sich lohnen. Nun fällt vielen Menschen das Zweifeln nicht schwer. An Ostern zweifeln? Das ist genau das, was die Mehrheit der Deutschen tut. Ich meine es nur ein bisschen anders. Wie wäre es, wenn wir einmal die Richtung umdrehen und an unseren Zweifeln zweifeln? Wenn wir einmal mit der Möglichkeit rechnen, dass der Unglaube sich irrt und dass nicht der Glaube das Risiko ist, sondern der Nicht-Glaube?

An den Zweifeln zweifeln, das könnte heißen: Wie wäre es denn, wenn der Tod nicht das letzte Wort hat? Wie wäre es denn, wenn nicht alles so bleiben muss, wie es ist?

Ostern reißt ein Loch in alte Gewissheiten: Zum Beispiel in die Gewissheit, dass wir nichts mehr wert sind, wenn wir nicht mitkommen und nicht mehr leisten, was andere erwarten. Die Gewissheit, dass zerbrochene Beziehungen nicht geheilt werden können. Die Gewissheit, dass es mit dem Alter mit uns nur noch bergab gehen kann: Ab vierzig ist der Lack ab. Die Gewissheit, dass wir gefangen sind in unseren Charakterzügen und Wesensunarten. Die Gewissheit, dass Schuld höchstens entschuldigt wird, aber Versöhnung und Neuanfang nur in Märchen möglich sind. Die Gewissheit, dass uns eines Tages Krankheit und Alter beugen, wir in Schmerz oder dumpfem Vergessen versinken und dann alles, alles aus und vorbei ist. Das sind die Glaubensgewissheiten, die zu bezweifeln sich lohnt!

> Zweifel können sich lohnen, wenn wir an den Zweifeln zweifeln.

Ostern sagt: Der Zweifel kann Berge versetzen. Was, wenn Jesus doch stärker ist? Was, wenn das nicht nur ein Märchen ist? Was, wenn ich es heute erleben könnte? Was, wenn ich das Beste verpasse, nur weil ich falsch geglaubt und zu wenig am Zweifel gezweifelt habe?

An Ostern wird etwas Neues sichtbar, denn Ostern lädt uns ein, am Zweifel zu zweifeln und neu zu hören: Jesus ist nicht im Grab geblieben, er ist auferstanden. Und wie er für uns gestorben ist, so ist er für uns auferstanden. Gegen unsere Hoffnungslosigkeit, Trauer, Schuld, Feindschaft und auch gegen unseren Tod! Zweifel lohnen sich!

Neues tun – Dinge nutzen und Menschen lieben

Alle Dinge landen eines Tages auf der Müllhalde.[47] Irgendwann fliegen sie in die Tonne oder auf den Sperrmüll und werden von der Müllabfuhr aus unserem Leben transportiert. Für Akademiker: Auf einer Müllhalde an der Ladebower Chaussee wurden vor Kurzem stapelweise Bücher der Universität Greifswald gefunden.[48] Ja, selbst das landet am Ende im Müll. Heiligs Blechle!

Das Dramatische daran ist, dass alle diese Dinge irgendwann neu, glänzend und attraktiv waren. Irgendwann haben sie uns gelockt und wir wollten sie haben und haben dafür Geld bezahlt oder sie uns zum Geburtstag gewünscht. Sie waren das, was Astrid Lindgren über Schätze sagt: ein Seligkeitsding. Aber dann kamen die Motten oder der Rost, der Lack blätterte ab, die Mode hat sich gewandelt. Irgendwann wurden die Sachen alt, unattraktiv und hässlich und niemand wollte sie noch haben. Das ist der Lauf der Dinge.

Wir sind nur die kleine Zwischenstation zwischen Kaufhaus, Boutique, Amazon, BMW, Globetrotter, Apple-Store auf der einen und der Müllhalde auf der anderen Seite. Was einst Schatz war, ist irgendwann Müll. Schätze sind Müll im Wartestand. Oder mathematisch ausgedrückt: Müll = Schatz + Zeit.

Schluss mit Schätzesammeln

Jesus packt dieses Thema mit einer tüchtigen Portion Ironie und einigem Ernst an. Sein Rat lautet: »Lasst es! Lasst dieses Schätzesammeln. Hört einfach damit auf. Sammelt euch keine Reichtümer hier auf Erden!«

> *Ihr sollt euch nicht Schätze sammeln auf Erden, wo Motten und Rost sie fressen und wo Diebe einbrechen und stehlen. Sammelt euch aber Schätze im Himmel, wo weder Motten noch Rost sie fressen und wo Diebe nicht einbrechen und stehlen. Denn wo dein Schatz ist, da ist auch dein Herz.*
> *Das Auge ist das Licht des Leibes. Wenn dein Auge lauter ist, so wird dein ganzer Leib licht sein. Wenn aber dein Auge böse ist, so wird dein ganzer Leib finster sein. Wenn nun das Licht, das in dir ist, Finsternis ist, wie groß wird dann die Finsternis sein!*
> *Niemand kann zwei Herren dienen: Entweder er wird den einen hassen und den andern lieben, oder er wird an dem einen hängen und den andern verachten. Ihr könnt nicht Gott dienen und dem Mammon.*
>
> Matthäus 6,19-24

Jesus macht eine sehr klare Ansage. Nehmen wir einen Moment an, dass wir geneigt sind, gut zuzuhören, wenn Jesus etwas mit uns besprechen möchte. Nehmen wir weiterhin hin, dass uns das Argument nicht ganz kalt lässt: Müll = Schatz + Zeit. Nehmen wir außerdem an, dass wir unser Leben so einrichten möchten, wie es Jesus vorschlägt. Nehmen wir das alles mal an.

Dann sind wir ganz schön aufgeschmissen.

Ich stelle mir eine frisch gegründete Familie vor. Das erste Kind ist da. Jetzt ist die Zeit der Provisorien vorbei, man richtet sich ein. Da ist viel anzuschaffen. Es wird über ein eigenes Haus nachgedacht. Ein größeres Auto. Und vielleicht eine Versicherung für später, wenn die Kinder studieren wollen. Und die

Wohnung soll ja auch ein bisschen schön sein. Nie mehr Studentenbude. Dann kommt Jesus und sagt: »Hör mal zu, lass das mit dem Schätzesammeln auf Erden.«

Wie geht es wohl jemandem, der dem Glauben noch skeptisch gegenübersteht, bei diesen Worten? Jemand, der sich fragt: »Kann ich Jesus über den Weg trauen, wenn es ihn denn überhaupt gibt, also gibt im Sinne von: lebendig, an mir interessiert, in unserer Welt aktiv. Und wird das mein Leben in eine gute Richtung bringen, wenn ich mich auf ihn einlasse?« Dann kommt Jesus, erweist sich als schmerzbefreiter Spaßverderber und sagt krasse, völlig weltfremde Dinge: »Hör mal, lass das mit dem Schätzesammeln auf Erden.«

Eine andere Person denkt vielleicht über den Glauben nach, meint es ernst, will nicht nur etwas christliche Kultur für die besonderen Momente im Leben, sondern Leben mit Gott im Alltag, Nachfolge, lebendig und mündig Christ sein. Und sie fragt sich: »Wie soll das gehen? Wie soll ich das machen, keine Schätze sammeln? Wie soll das gehen, wenn ich doch wohnen, essen, trinken, mich kleiden, mich versichern, kommunizieren soll, wenn ich nicht zum komischen Einsiedler werden will? Muss ich komisch werden, wenn ich Jesus folge? Darf ich mich an nichts mehr freuen, wenn ich im Glauben weiterkommen will?«

Lösungsversuche

Man hat seit den Zeiten der ersten Christen versucht, die klare Ansage, die Jesus hier macht – »Stopp mit Schätzesammeln!« – irgendwie zu verstehen, ernst zu nehmen und damit zu leben.

Ein Versuch ist, den Rat von Jesus wörtlich zu nehmen. Kein Reichtum, keine Schätze – das erinnert an die erste Gemeinde in Jerusalem. Sie hatten alles gemeinsam. Wer ein Grundstück besaß, verkaufte es. Niemand sollte zu viel besitzen, aber niemand sollte Mangel leiden. Eine Zeit lang gab es keine Armut, das Teilen funktionierte. Aber nicht sehr lange: Irgendwann war die Lage so prekär, dass Paulus eine Kollekte im ganzen Mittelmeerraum sammeln musste, um die Christen in Jerusalem aus bitterster Armut zu retten.

Keine Schätze zu haben, das erinnert außerdem an manche Klöster, an Bettelorden, an Christen, die aus der geschäftigen Welt ausziehen und radikale Armut leben, ganz angewiesen auf das, was Gott ihnen täglich als Brot auf den Tisch legt. Unter dem Strich kann und konnte dies der Lebensstil einiger sein, aber nicht aller. Aber das ist keine befriedigende Antwort.

Schätze sind Seligkeitsdinge.

Ein anderer Versuch wäre, den Rat von Jesus gar nicht wörtlich zu nehmen, sondern auf die innere Haltung zu beziehen. Man sagt: »Es geht nicht darum, dass wir keine Schätze sammeln dürfen, wir sollen nur unser Herz nicht an sie hängen. Dann ist es gar nicht so schlimm, etwas zu besitzen. Wenn Jesus fordert, keine Schätze zu sammeln, dann meint er das nicht praktisch.«

Diese Antwort macht es uns natürlich viel leichter, aber sie ist ein bisschen zu bequem und ist daher nicht befriedigend.

Der dritte Versuch ähnelt ein bisschen dem ersten. Wir nehmen die Worte zwar wörtlich, aber nicht für uns. Es gibt eben unter den Christen die Normalen, die ihr Leben wie alle »in der Welt« leben. Das ist okay, solange sie es nicht zu schlimm treiben. Und es gibt die fromme Elite, die etwas radikaler lebt und die Ratschläge Jesu erfüllt. Sie sind arm, ehelos und gehorsam. Das sind sie für uns andere sozusagen stellvertretend. Hauptsache irgendjemand in der Christenheit hält sich an das, was Jesus hier sagt. Schließlich sind damals nicht alle mit Jesus durch die Gegend gezogen.

Das Problem bei dieser Sichtweise ist, dass wir uns damit dem entziehen, worüber Jesus mit *uns* redet.

Ein letzter Versuch wäre, vor allem unser inneres Streben zu thematisieren. Jesus meint demnach, dass wir aufhören sollen, zu begehren. Schätze sind Seligkeitsdinge. Wenn wir unser Herz dazu erziehen, nichts mehr zu wünschen, dann wird alles gut.

Manche religiöse Tradition sieht unser Problem darin, dass wir unser Herz überhaupt an etwas hängen. Unser Problem ist demnach unser Wünschen, Trachten, Streben, das führt zu unserem Leiden. Könnten wir das abstellen, dann wäre alles gut. Sammelt keine Schätze auf Erden, das bedeutet: Hört auf zu wünschen.

Klingt sehr fromm, hat aber nichts mit dem zu tun, was Jesus hier sagt.

Jesus sagt nicht: »Hängt euer Herz an nichts. Habt keine Schätze!« Gott hat uns so geschaffen, dass wir unser Herz an etwas hängen. Wir sind Kreaturen, die etwas begehren, die unbedingt ihr Herz an etwas verlieren wollen. Wir sind Wesen, die von Natur aus Schatzsucher sind. Jesus sagt nicht, dass das böse ist, im Gegenteil.

Die Lösung

Jesus richtet vier ernste Bitten an uns. Seine erste Bitte ist, dass wir unser Herz nicht an den falschen Schatz hängen. Da wird er ziemlich ironisch und erinnert uns daran: Müll = Schatz + Zeit. Dies ist eine ganz nüchterne Auskunft und keine moralische Bewertung. Das ist einfach der Lauf der Dinge. Wenn die Motten den Schatz nicht kaputt machen, tut es der Holzwurm. Wenn es der Holzwurm nicht ist, ist es der Rost. Wenn es der Rost nicht ist, ist es die Bande, die nachts durchs Dorf zieht und blitzschnell die Schätze aus den Häusern klaut. Wenn es die Diebe nicht sind, sind es irgendwann die eigenen Kinder, wenn man nur erst einmal tot ist.

Jesus rät, sein Herz nicht an Vergängliches zu hängen. Es lohnt nicht. Paulus sagt einmal, er wolle mit Besitz so umgehen, dass er ihn habe, als hätte er ihn nicht. Also im Sinne von: nur auf Zeit geborgt, genutzt, genossen. Nicht mehr.

Es ist wie mit einem Mann, der eine Reise unternahm. Als er im Hotel ankam, war er enttäuscht. Die Matratze taugte nichts, an der Wand hing ein billiges Plakat, der Fernseher war zu klein und das Bild zu schlecht, und die Minibar konnte nicht einmal Eis machen. Deshalb ging er los und kaufte einen riesigen Fernseher, 1,20 Meter Bildschirmdiagonale, eine Soundanlage gleich dazu, einen Kühlschrank, in der Galerie ein tolles Bild und beim Möbelausstatter eine richtig gute Matratze. Das alles ließ er in das Hotelzimmer liefern. Doch eine kleine vernünftige Stimme fragte: »Weißt du nicht, dass du in Kürze auschecken wirst?«

Jesus weist uns darauf hin, dass wir irgendwann auschecken werden. Deshalb rät er uns, vernünftig zu sein und nicht in die falschen Schätze zu investieren.

Als Zweites bittet Jesus uns, uns klarzumachen, dass unser Herz hinter unserem Schatz herläuft. Jetzt spricht Jesus gar nicht mehr ironisch, sondern ganz behutsam und zart mit uns. »Guck dir an, wie das läuft«, sagt er: »Was auch immer dein Schatz ist, in den du investierst, wofür auch immer du dein Lebenskapital einsetzen wirst, es ist ganz sicher: Dein Herz wird sich Hals über Kopf verlieben. Dein Herz folgt deinem Schatz. Pass also auf, in was du dich investierst. Dein Herz wird folgen.«

Die Pointe ist aber ebenfalls das Umgekehrte: Ich kann meinem Herzen die Richtung weisen, indem ich meine Ressourcen investiere. Ich kann mein Geld, meine Zeit, meine Kraft investieren, an bestimmte Schätze binden, und ich kann mir sicher sein, dass mein Herz hinterherlaufen wird. Es dauert nicht lang und schon brennt das Herz, schlägt höher, ist erfüllt, klopft wie verrückt, wenn es diesen Schatz erblickt. Es sollte nur der richtige Schatz sein.

Als Drittes bittet Jesus uns, die Macht des Geldes nicht zu unterschätzen. Das ist interessant. Jesus betreibt hier Aufklärung, er appelliert an unser Freiheitsempfinden. Er sagt: »Denk doch bitte nicht, Geld sei einfach nur ein Ding, denn so ist es nicht. Geld ist wie ein Gott.« Jesus nennt diesen Gott Mammon.

Geld möchte in der Liga der starken Herrscher spielen, Geld hat den Anspruch, ein Gott zu sein. Und wem Mammon gnädig ist, dem ist er gnädig. Wem nicht, dem nicht. Man kann nicht mit Mammon spielen, als wäre er Spielzeug. Man kann Mammon nicht wie einen Knecht behandeln. Mammon ist ein Herr, ein Gott, einer, der einen unterwirft, und ehe man sichs versieht, tanzt man nur noch nach seiner Pfeife, ist mit nichts mehr zufrieden, muss immer mehr haben, gönnt seinem Nächsten nicht mehr das Schwarze unterm Fingernagel, ist geizig, gierig, neidisch und geplagt von Habsucht, sorgt sich wie Onkel Dagobert um sein bisschen Hab und Gut. Das Herz läuft dann nicht nur dem Schatz hinterher, es ist gekettet an diesen ungnädigen Gott.

Deshalb fragt Jesus: »Willst du das wirklich? Siehst du nicht, dass das alles vergänglich ist? Willst du dich von Mammon herumkommandieren lassen? Das kann doch nicht dein Ernst sein!«

Darum bittet er als Viertes: »Investiere doch lieber in das Unternehmen Gottes in der Welt.« Das klingt komisch, aber es ist meine Übersetzung von: »Sammle dir Schätze im Himmel.« Ich übersetze das so, damit wir nicht auf noch mehr dumme Gedanken kommen und meinen, wir sollten uns durch ein aufopferungsvolles Dasein den Himmel verdienen. Damit wären wir wirklich auf dem Holzweg. Den Himmel können wir uns nicht verdienen, den bekommt man geschenkt oder gar nicht. Jesus hat seine ganze Energie, sein ganzes Dasein in uns investiert, und sein Herz schlägt für uns. Deshalb hat er alles getan, damit wir Gottes freie Kinder werden für Zeit und Ewigkeit. Als wir getauft wurden, hat uns Gott versprochen, dass für uns gesorgt ist. Er hat zu jedem von uns gesagt: »Du bist mein Schatz. Ich investiere alles in dich.«

Aber gerade aus diesem Grund sagt er: »Was machst du jetzt mit dem Rest deines Lebens? Wofür willst du dich einsetzen, in was willst du investieren, wem soll dein Herz folgen und hinter wem soll es herrennen? Mammon? Den Schätzen, die nur Müll im Wartestand sind? Das kann doch nicht dein Ernst sein. Komm, investiere in Gottes Unternehmungen.«

Menschen sind Gottes Unternehmungen. Schätze im Himmelreich sammelt, wer in Gottes geliebte Menschenkinder investiert, wer seine Ressourcen dort einsetzt, wo sie für Gottes

Wünsche und Pläne gebraucht werden, wessen Herz hinter den Ressourcen herläuft und Feuer für Menschen fängt, die Gott mit seiner Liebe beschenken will. Das bedeutet, meine Ressourcen dafür zu verwenden, dass Kinder gesundes Wasser, eine ordentliche Ernährung und eine gute Schulbildung bekommen. Mich für Menschen zu engagieren, die aus Krieg und Unterdrückung zu uns fliehen. Für andere da zu sein, die niemanden mehr haben. Mich in diejenigen zu investieren, die von Gottes Liebe noch nie gehört haben. Meine Ressourcen sind Kapital, das mir anvertraut ist, das ich für Dinge verwenden kann, die Gott am Herzen liegen.

> Schätze im Himmelreich sammelt, wer in Gottes geliebte Menschenkinder investiert.

Die Pointe ist, dass unser Herz angesteckt werden wird. Es wird brechen, weil Gottes Herz bricht, wenn jemand nicht bekommt, was er zum Leben braucht. Es wird jubeln, weil Gottes Herz jubelt, wenn Not gelindert wird. Es wird heftig schlagen, wenn ein Mensch anfängt, Jesus zu vertrauen, weil Gottes Herz heftig schlägt, wenn ein Mensch beginnt zu glauben. Es wird vor Freude platzen, wenn Gottes Volk wächst und gedeiht und ein Segen für die Stadt ist, weil das genau das ist, wozu uns Gott unsere Mittel und Möglichkeiten anvertraut hat. Unser Herz schlägt dann im Gleichtakt mit Gottes Herz.

Das Besondere daran ist: Das ist unkaputtbar. Da entstehen Werte, die noch in der Ewigkeit Bestand haben. Da sind Schätze ohne Verfallsdatum. Da kommen weder Motte noch Holzwurm, weder Rost noch Dieb. Nichts werden wir in die Ewigkeit mitnehmen außer Menschen, in die wir investiert haben, wie es Jesus uns ans Herz legt.

Lösungsverstärkung

Wie können wir also so leben, wie Jesus es möchte, in unserer Welt, als Menschen, die keine vergänglichen Schätze sammeln. Wie lebe ich das als junge Familie, als Student, als älterer Mensch, als Alleinstehende? Wie soll ich mich dem anvertrauen, wenn ich doch noch so skeptisch bin?

Ich glaube, dass Jesus hier mit uns an einer entscheidenden Frage arbeitet: Wenn ich nach den Schätzen strebe, dann werde ich die Schätze dieser Welt lieben und Menschen benutzen. Wenn ich in Gottes Unternehmungen investiere, werde ich jedoch die Dinge dieser Welt benutzen und Menschen lieben. Will ich die Dinge lieben und Menschen benutzen oder die Dinge benutzen und Menschen lieben? Das ist die eine Frage.

Die andere Frage ist, hinter wem unser Herz herlaufen soll. Laufen wird es auf jeden Fall. Soll es dem Müll im Wartestand folgen oder dem, was unkaputtbar ist? Und damit wir jetzt nicht komisch werden: Ich habe ganz viel Spaß mit meinen Spielzeugen, vorzugsweise denen mit dem Apfel drauf, das ist ja auch ganz biblisch. Ich bin ein ganz klein bisschen vernarrt in meine kleine Sammlung schöner Füller, und ich stehe manchmal vor meinen Büchern und finde das toll. Ich bin dankbar, dass wir in einem schönen Haus wohnen und weder frieren noch hungern. Ich bin dankbar, dass für unser Alter gut gesorgt ist. Ich darf dic Dinge nutzen und mich an ihnen freuen. Aber ich werde ihnen nicht dienen. Sie sollen dem dienen, wozu sie da sind.

Ich glaube, dass es sich zeigen wird, welchem Schatz unser Herz hinterherläuft und welchem nicht. Wenn unser Herz auf Gott ausgerichtet ist, werden wir der Versuchung widerstehen, immer mehr, immer das Neueste, immer das Teuerste haben zu müssen. Wir werden es einfacher halten, auch im ganz realen Sinn nicht noch mehr Müll produzieren. Vielleicht besitzen wir manches gar nicht mehr allein – wozu braucht jeder eine Bohrmaschine oder einen Rasenmäher? Wir werden, wenn unser Herz auf Gott ausgerichtet ist, großzügig sein, gern mit anderen teilen, gern schenken, großzügig Trinkgeld geben, anderen unter die Arme greifen, die Arbeit der Gemeinde finanziell mittragen und Not lindern. Weil wir einfacher leben, haben wir freiere Ressourcen. Das gilt unabhängig von der Höhe unseres Einkommens.

Will ich die Dinge lieben und Menschen benutzen oder die Dinge benutzen und Menschen lieben?

Ich glaube, es geht Jesus tatsächlich nicht darum, dass wir uns besitzmäßig entblößen. Aber es geht ihm darum, dass unser Herz immer sportlicher wird, wenn es hinter dem herläuft, was Gott so sehr am Herzen liegt, immer weiter und freigebiger und freier von Sorge, Neid und Gier, immer froher, weil unser kleines Leben einer so großen Sache dienen darf. Wir erfahren, wie Neues wachsen kann. Wir werden diese Worte in der Bergpredigt weder sklavisch erfüllen noch elegant umdeuten, sondern ihren Sinn verstehen und dann mit Herz und Hand immer mehr dem entgegenwachsen, was Jesus möchte.

Wir werden, wenn unser Herz auf Gott ausgerichtet ist und wir mit ihm verwachsen sind, unser Herz ein wenig erziehen. Wir werden Schönes sehen, ohne es haben zu müssen. Wir werden Dinge aus der Hand geben, ohne daran zu zerbrechen. Wir werden aber auch Gott, den Vater, Jesus, den Sohn, und den Geist Gottes mehr und mehr lieben. Unser Herz wird eine neue Ordnung der Werte lernen und erkennen, was ewig ist und was zeitlich ist.

Nur Jesus ist alles möglich

Wer klar ist, verbreitet keinen Nebel, sondern ist identifizierbar und verlässlich: Er tut nicht heute dies und morgen das.

Wenn man als Christ über Klarheit nachdenkt, dann ist man erst einmal überrascht: Die Klarheit als christlicher Wert ist weit weniger bestimmt als etwa das Grundgesetz. Wenn man genau hinschaut, ist da eher von Haltungen und von Vorgehensweisen die Rede. Es wird nicht so deutlich, welche Klarheit wir haben, sondern vielmehr, wie wir zu Klarheiten miteinander kommen. Wir wollen auf die Bibel hören, wir ringen um Einsicht, wir prüfen, was Gott will. Was wir erkannt haben, machen wir auch nach außen klar und kenntlich, wenn wir zum Glauben an Jesus einladen. Es ist also eher von Klärungen die Rede als von feststehender Klarheit. Das Feststehende ist offenbar die Bibel, und vor der aufgeschlagenen Bibel, verwurzelt in Jesus, im Gebet und im Hören klären wir, was zu klären ist, etwa zur Zukunft unserer Gemeinde, zu ethischen Fragen, zu persönlichen Entscheidungen.

Wie das aussehen kann, zeigt uns eine Geschichte aus dem Markusevangelium (Markus 10,17-27). Wir lernen da etwas genauer, wie Klärung zu Klarheit führt. Anders gesagt: Wer sich dem Gespräch mit Jesus stellt, darf erwarten, dass der Nebel sich lichtet und Gottes Weg mit uns deutlich vor uns liegt. Allerdings sei gleich hinzugefügt: Überleg dir gut, ob du das willst, denn nicht immer sind diese Klärungen angenehm.

Ein junger, erfolgreicher Mann, eine Führungskraft in seiner Firma, ein ernsthafter frommer Mensch begegnet Jesus. Er bleibt namenlos, aber seine Geschichte hat ihn geradezu sprichwörtlich benannt: Er ist der »reiche Jüngling«. Dieser junge Mann kommt mit einer großen Frage zu Jesus. Er möchte wissen, wie er das ewige Leben bekommen kann. »Was muss ich tun«, fragt er, »um am Ende meiner Tage bei Gott anzukommen, um nicht im Tod zu versinken, sondern Aufnahme in die neue Welt zu finden?« Das ist die große Frage und der Jüngling stellt sich dem Gespräch mit Jesus. Er sucht Klärung und er wird Klarheit bekommen.

Allerdings ist diese Klärung alles andere als leicht zu verdauen. Ich ringe mit dieser Geschichte und ihrer Härte und Kompromisslosigkeit. Es ist ein schwieriges Gespräch, das Jesus hier führt. Es ist ein entscheidendes Gespräch, denn es geht ja um die letzten, die größten, die entscheidenden Fragen unseres Lebens. Es ist ein ungemütliches Gespräch, weil Jesus dem jungen Mann so einiges zumutet. Und es ist ein gescheitertes Gespräch, denn am Ende geht der junge Mann fort, traurig zwar, aber entschieden. Klarheit hat er nun, aber auch Klarheit, dass er nicht tun will, was Jesus ihm gesagt hat.

Reichtum und Armut ist immer ein gutes Thema.

Das klärende Gespräch dreht sich um Reichtum. Reichtum und Armut ist immer ein gutes Thema.

Im Vorfeld des Champions-League-Finales 2019 gab es einen Zeitungsbericht über Anfield, das Viertel in Liverpool, in dem der FC Liverpool sein Stadion hat.[49] Der Autor beleuchtet, wie gravierend die Unterschiede zwischen Arm und Reich in Anfield sind. Super-Stürmer Mo Salah, so konnte man lesen, verdient beim FC Liverpool 200 000 Pfund – pro Woche! Dieser junge Mann in kurzen Hosen bekommt damit in der Woche zehnmal so viel, wie eine Familie an der Anfield Road im Jahr zum Leben hat. Vier von zehn Kindern leben unter der Armutsgrenze, mehr als ein Drittel der Erwachsenen hat keine Berufsausbildung. Die Lebenserwartung liegt sechs Jahre niedriger als im Rest des Landes. Da müsste man doch ein ernstes, ein klärendes Gespräch mit den kickenden Millionären führen und sagen: »Geh hin, verkaufe alles, was du hast, und gib's den Armen!«

Tatsächlich spricht Jesus mit dem reichen Jüngling über dessen Reichtum und fordert ihn genau dazu auf: »Verkaufe alles und gib's den Armen« (Vers 21). Jesus ist mit dem Reichtum des Reichen nicht einverstanden. Und er hat hier zweifelsohne die Armen im Blick. Er hat fraglos ein sensibles soziales Gewissen. Dennoch ist seine Pointe in diesem Fall (und Vorsicht: erst einmal nur in diesem Fall) nicht Reichtum als soziales Problem, sozusagen als grobe Ungerechtigkeit. Seine Pointe, das was er klären muss, ist Reichtum als geistliches Problem, Reichtum als große Gefährdung für die Seele.

Reichtum ist gefährlich für die Seele

Im Gespräch zwischen Jesus und dem jungen Mann fällt nach einigem Hin und Her dieser entscheidende Satz: »Geh hin, verkaufe alles und gib's den Armen.« Das kann sich der Reiche nicht vorstellen und er geht weg, Ende und aus. – Nein, eben nicht, denn wesentlich ist hier, wie die Jünger, die Menschen, die Seite an Seite mit Jesus leben, reagieren. Wäre es eine Geschichte über soziale Gerechtigkeit, dann hätten sie so sagen können: »Der Reiche kommt nicht in den Himmel? Prima, das geschieht ihm recht. Ich kann diese Typen sowieso nicht ausstehen. Diese arroganten Heuschrecken. Diese gut gekleideten Porschefahrer. Der kommt nicht in den Himmel? Prima, mich kümmert es nicht!«

Genau so reagieren sie aber nicht. Die ganze Geschichte ist voller Emotionen. Es heißt: »Die Jünger aber entsetzten sich« (Vers 24). Sie sind bestürzt, mehr noch: Sie bekommen es mit der Angst zu tun. Sie erkennen: Wenn es bei dem nicht reicht, dann reicht es bei uns ebenfalls nicht. Wenn der nicht in den Himmel kommt, wer dann?

Anscheinend ist dieser junge Unternehmer kein Ausbeuter. Er hat offenbar sein Vermögen nicht auf ungerechte Weise erworben. Auch ist er vermutlich fair zu seiner Konkurrenz, gerecht zu seinen Angestellten und dienstbereit für seine Kunden.

Er sagt ja, dass er sich an die Gebote hält, und Jesus widerspricht ihm darin nicht, bezeichnet ihn nicht als Heuchler, wie er es oft bei den Pharisäern tut. Der junge Mann hat nicht gestohlen und nicht gelogen und niemanden beraubt.

Er ist ein ehrbarer Kaufmann, kein Ausbeuter und keine Heuschrecke, sondern ein Mann mit Charakter. Wenn der es nicht wert ist, bei Gott Aufnahme zu finden, wer denn bitteschön dann? Man muss hier also bedenken: Jesus hat kein grundsätzliches Problem damit, dass jemand etwas besitzt. Seine Kritik ist nicht ideologisch. Dennoch sieht er, wie gefährlich Reichtum für unsere Seele ist. Deshalb wird er so drastisch: Eher geht das Kamel durchs Nadelöhr, als dass ein Reicher zu Gott findet.

Es gibt immer wieder Versuche, dieses Gleichnis irgendwie kleinzureden. Aber Jesus meint Kamel und er meint Nadelöhr. Es ist klar: Das ist unmöglich, das geht gar nicht. Jesus sagt nicht: »Vielleicht geht es mit etwas Mühe, viel Luft anhalten und Schmerzbereitschaft«, sondern: »Nein, es geht nicht.« Reiche kommen nicht in den Himmel. Da bekommen es die Freunde von Jesus mit der Angst zu tun: Wer denn dann?

> Reichtum macht blind für Gott.

Klärende Gespräche mit Jesus – ein Wert für unsere Gemeinden? Ganz schön tapfer, denn diese erste Sicht auf das klärende Gespräch mit dem reichen Jüngling zeigt: Jesus führt uns unsere Lage schmerzhaft vor Augen. Reichtum macht blind für Gott. Reichtum wendet die Seele von Gott weg. Wenn selbst charakterstarke junge Männer mit beeindruckender Frömmigkeit Gott nicht beeindrucken, dann ist eines klar: Es ist unmöglich, das ewige Leben zu ererben. Es ist unmöglich, bei Gott anzukommen. Es ist menschenunmöglich. Ohne Gnade, ohne bedingungslose und grundlose Zuwendung Gottes, ohne restlos unverdiente Gnade, geht nichts.

Die Frage »Was muss ich tun?« kann nur in der Verzweiflung enden. Nicht der reiche Jüngling allein, nein alle, auch die, die schon Jesus folgen, müssen erkennen: Nichts kann ich vorweisen. Nur Gnade, nur Jesus. Welche Klarheit gewinnen wir als Wert für unsere Gemeinden? Klärende Gespräche mit Jesus führen uns schmerzhaft vor Augen: Unsere Rettung ist menschenunmöglich.

Warum Reichtum so gefährlich für unsere Seele ist

Der junge Mann sucht ja selbst das Gespräch mit Jesus. Wenn man ihm so zuhört, könnte man denken: »Der hat alles beieinander, bei ihm passt alles.« Dieser Mann ist in jeder Hinsicht erfolgreich. Er ist jung, reich, fromm und charakterstark. Nun scheint er aber zu spüren, dass ihm etwas fehlt in seinem satten und guten Leben. »Was muss ich noch tun?«, fragt er Jesus.

Jesus glaubt ihm, er glaubt, dass dieser vorbildliche Bürger mit dem Bösen zurechtkommt, ihm widersteht. Er spricht ihn nicht auf das Böse an, sondern auf das Gute. Er spricht ihn auf die Güter an, die seinem Herzen so kostbar sind. Dabei müssen wir weiterhin im Hinterkopf behalten: Jesus hat hier keine sozialistischen Gründe, den Reichtum zu kritisieren. Wenn wir uns auf ein klärendes Gespräch mit Jesus einlassen, dann wird er – früher oder später, einmal und immer wieder – solche Punkte berühren. Er wird mit uns über die Dinge sprechen, die wir auf keinen Fall lassen wollen. Er wird mit uns über das sprechen, was unser Leben reich macht. Er wird sagen: »Auch bei dir gibt es etwas, etwas, an das du dich hältst, wohin du dich wendest, das dich tröstet, das dir Hoffnung gibt, das dein Herz in der Balance hält.« Und dann wird er sagen: »Woran du dein Herz hängst, das ist in Wahrheit dein Gott, egal welches Glaubensbekenntnis du am Sonntag sprichst.«

Wenn wir uns auf ein klärendes Gespräch mit Jesus einlassen, spricht er mit uns über unsere Götter, über das, woran unser Herz hängt, was uns in unseren Augen reich macht. Vielleicht ist es deine Bildung, der gerade erworbene Doktorgrad. Deine Fitness, dein Model-Körper. Eine besondere künstlerische Begabung. Oder es ist die Kontrolle über dein Leben, die du und nur du hast und auf keinen Fall aufgeben willst. In unserer politischen Landschaft ist ein weiterer Kandidat das Deutschsein und die Abgrenzung von den Fremden, die Identität im Völkischen. Wer hätte gedacht, dass dieser Götze noch einmal auferstehen würde? Aber Obacht: Er ist wieder da. Oder dein Götze ist – noch schmerzhafter – dein liebster Mensch, dein Seelengefährte oder dein Kind.

Nun sind weder Bildung noch Begabungen, weder Selbstbestimmung noch Fitness, weder Patriotismus noch ein gutes Einkommen noch tiefe menschliche Liebe an sich irgendwie böse, aber als Reichtum kann das alles unsere Seele in höchste Lebensgefahr bringen. Denn wenn etwas davon mein Gott ist, dann kann der lebendige Gott alles Mögliche sein, mein Boss, mein Ratgeber, mein Helfer in der alltäglichen Not, sogar mein Angebeteter, vor dessen Thron ich mich so wohlfühle, aber niemals mein einziger Retter, mein Ein und Alles, das Zentrum meines Lebens.

Reichtum kann unsere Seele in höchste Lebensgefahr bringen.

Hoffentlich hast du bereits ein klärendes Gespräch mit Jesus geführt. Oder wäre es gerade jetzt an der Zeit? Jesus sagt in solchen klärenden Gesprächen zu dir: »Kannst du das abziehen von deinem Leben? Subtrahier aus deiner Seele deinen Reichtum!« Und damit es nicht zu philosophisch wird: »Gib ihn weg! Bilde dir nichts mehr darauf ein, setze ihn nicht mehr auf den Thron. Mach Platz für Gott selbst in deinem Herzen!«

Hier wird es ebenfalls hochemotional in der Geschichte. Aufruhr in der Seele: Der Jüngling »wurde betrübt« (Vers 22). Das klingt vielleicht nicht so schlimm, aber das gleiche Wort findet sich in der Geschichte von Jesus, wie er im Garten Gethsemane in tiefster Not mit Gott ringt, Blut schwitzt, in innerem Aufruhr, tiefe Trauer, Verzweiflung: »Meine Seele ist betrübt bis an den Tod«, sagt Jesus (Markus 14,34). Der famose junge Mann ist im

Herzen getroffen. Sein Reichtum ist für ihn das, was der Vater im Himmel für Jesus ist. Und was der Vater im Himmel für Jesus ist, das sollte er, so wollte es Jesus, auch für den famosen jungen Mann sein. Aber da entzieht er sich. Sein Reichtum ist sein Retter. Sein Retter ist sein Reichtum.

Wer von uns wüsste nicht, was in seinem Herzen jetzt revoltiert! Wer wüsste nicht, wie viel Konkurrenz es da für Gott gibt! Wer wüsste nicht, an wie vielen kleinen Göttern und Reichtümern unsere Seele klebt! Christen können nur die sein, die wissen, dass ihr Christsein ein Wunder ist, menschenunmöglich, Rettung aus tiefer Verlorenheit. Klärende Gespräche mit Jesus? Klarheit als Wert unserer Gemeinden? Ganz schön tapfer. Jesus wird uns an diese Punkte führen. Jesus wird uns aufklären über die Reichtümer, die uns zu sehr beanspruchen. Klarheit ist immer Klarheit im ersten Gebot: Wir dürfen keine anderen Götter neben Gott dulden.

Wie uns Jesus aus den Fängen der Reichtümer befreit

Vielleicht denkst du jetzt: »Ob das eine so gute Idee war mit der Klarheit als Wert für unsere Gemeinden? Irgendwie dachte ich da eher an theologisches Profil und ethische Maßstäbe.« Aber das käme erst sehr viel später. Die Klarheit, um die es zuerst geht, ist Klärung: Wie hältst du es mit dem ersten Gebot? Und: Hast du verstanden, dass deine Rettung aus purer Gnade geschieht und völlig menschenunmöglich ist?

Noch einmal wird es emotional. Von Jesus heißt es, er habe den jungen Mann lieb gewonnen (Vers 21). Das klärende Gespräch, das Jesus hier führt, ist kein Faustkampf. Jesus will den erfolgreichen Hipster nicht besiegen oder überwältigen. Er kämpft um das Herz, er ringt, weil er retten will.

Nun liebt Jesus ja jeden Menschen, aber hier wird es besonders erwähnt. Warum gewinnt Jesus den jungen Mann lieb? Ist es, weil der junge Mann sagen kann: »Ich war immer brav und habe Mama und Papa keine Sorgen bereitet?« Ich denke nicht. Vielleicht hat er ihn lieb, weil er so viel Ähnliches sieht. Vielleicht erkennt er etwas von sich selbst in ihm. Er war ja wahrscheinlich ein Altersgenosse und Jesus ist auch so etwas wie der reiche Jüngling aus gutem Hause. Er ist der, der in Gottes Welt die ganze Herrlichkeit Gottes als Reichtum besessen hat. Er ist der, dem es an nichts gefehlt hat.

Paulus erläutert dies im zweiten Kapitel des Briefs an die Philipper: Der reiche Sohn des himmlischen Vaters hängt nicht an seinem Reichtum. Er gibt alles auf – für uns. Er verlässt die himmlische Herrlichkeit und tauscht sie ein gegen eine Krippe und ein Kreuz – für uns. Er wird bitterarm, ein Bettler – für uns. Er macht sich arm – um uns auf eine ganz neue, unverdiente Weise reich zu machen. Er tut das Gottmögliche, um das Menschenunmögliche an unserer statt zu tun. Er ist der ultimative reiche Jüngling.

Der reiche Sohn des himmlischen Vaters gibt alles auf – für uns.

Als der, der das alles getan hat, spricht er mit uns. So führt er dieses klärende Gespräch. So steht er vor uns und fragt: »Bewegt dich das? Rührt dich das an? Geht dir das zu Herzen? Dann komm, dann lass alle anderen Reichtümer des Herzens fahren. Dann folge mir nach. Dann lass mich dein Ein und Alles sein, dein Retter, der, an den du dein Herz hängst. Dann komm zum Tisch des Herrn, halt ihm dein Leben hin, öffne deine Hand, als wäre sie dein Herz, bekenne ihm, wie wankelmütig du bist und wie gern du ihm allein folgen willst, und dann höre es: Christi Leib, für dich gegeben, Christi Blut für dich vergossen. Das Unmögliche wird wahr. Der Zugang zu Gott steht offen. Dein Platz bei Gott steht dir frei.«

Darum geht es in der Klarheit unserer Gemeinden. Mit jedem von uns, mit jeder von uns muss Jesus ab und an solche klärenden Gespräche führen. Unser Herz ist trotzig, verzagt, es ist aufsässig, verführbar, wankelmütig, da hat keiner von uns dem anderen etwas voraus.

Klärung heißt: Jesus redet mit uns, dass wir unsere Seele nicht an Reichtum verkaufen. Er ruft uns zu sich. Immer wieder. Klarheit heißt: Im Kern geht es bei uns darum und nur darum: Jesus ist der wahre reiche Jüngling, der das Menschenunmögliche tut und uns zu sich ruft.

Bei den Menschen ist es unmöglich, aber beim Gekreuzigten und Auferstandenen ist alles möglich.

Alles neu – Es geht ums Ganze

Wenn man Menschen im Sterben begleitet hat, ändern sich die Gebete, die man betet. Wenn man Menschen hat sterben sehen, am Bett gesessen hat, die Trauer und Verzweiflung der Angehörigen gehört und gespürt hat, verändert einen das. Man lebt mit versehrtem Glauben weiter. Der Tod lässt einen nicht unverwundet. Der Tod fordert das Leben heraus.

Als Pfarrer wurde ich oft zu sterbenden Menschen gerufen. Ich wurde von Ehepartnern angerufen, von Nachbarn informiert oder von Angehörigen alarmiert: »Kommen Sie schnell, wir wissen nicht, wie lange er noch kann.« »Kommen Sie bald, es kann jeden Moment so weit sein.« Diese Situationen sind immer von einer ungeheuren Dringlichkeit, bergen Panik, Beunruhigung, Rastlosigkeit. Ich bin oft in Häuser gekommen, in denen Menschen versammelt waren, entweder im Nachbarraum oder um das Bett ihres Lieben. Es war immer ruhig in diesen Häusern. Alle gingen mit leisen Schritten durch die Flure und trauten sich kaum, zu sprechen. Es schien, als ob man schweigen müsste, wenn der Tod kommt.

Andere Male habe ich in Krankenzimmern gestanden. Auch dort traf ich auf Menschen, die trauerten, die verzweifelt und rastlos waren. Hier wurde die Stille unterbrochen von den Tönen, die Maschinen von sich gaben, und von Türen, die das Pflegepersonal öffnete. Ich habe Menschen mit Schmerzen sterben sehen und ohne Leid, im Delirium und bei vollen Sinnen, aufgeregt und ruhig, weinend und lächelnd, besorgt und besonnen, ängstlich und zuversichtlich, Menschen die Jesus gefolgt sind, und Menschen, die nichts von Jesus wussten oder wissen wollten.

Lazarus

Eine außergewöhnliche Geschichte über einen, der nicht tot blieb, ist die von Lazarus. Wie ist er gestorben? Hatte er Schmerzen? Hat er vielleicht sogar geschrien vor Schmerzen? Ist er eingeschlafen oder zugrunde gegangen? War er ängstlich oder friedlich? Hat ihm jemand die Hand gehalten? Wurde er gestreichelt, haben sie ihm Wasser zu trinken gegeben? Das alles wissen wir nicht, und dennoch findet sich ein langer Bericht über diese Begebenheit in der Bibel (Johannes 11,1-45).

Lazarus war krank, sehr krank gewesen. Nicht weniger als fünfmal wird sein Gesundheitszustand erwähnt – ein Hinweis auf die Dringlichkeit.

Wir erfahren, dass er zwei Schwestern hatte, die offenbar in der Stunde der Not bei ihm waren und ihn versorgten. Er war nicht allein. Maria und Marta, seine Schwestern, wohnten mit ihm in Betanien.

Wir wissen auch, dass er einen sehr guten Freund hatte, Jesus. In der Bibel steht, dass Jesus ihn und seine Schwestern lieb hatte (Vers 5). Er kannte die drei, war oft bei ihnen zu Gast, lachte mit ihnen, hoffte mit ihnen. Sie waren einander ans Herz gewachsen.

Er war nicht bei seinem Freund, als das Leben aus ihm wich.

Doch Jesus war nicht bei ihnen, als Lazarus starb. Er war nicht bei seinem Freund, als das Leben aus ihm wich, seine Atmung langsamer wurde und sein Blick trüb. Er war nicht da.

Als Jesus sich nach Betanien aufmacht, ist Lazarus bereits tot. Jesus hat ihn nicht knapp verpasst, nein, Lazarus ist schon begraben worden, Jesus kommt erst vier Tage später.

Nach jüdischer Vorstellung verweilt die Seele eines Verstorbenen noch drei Tage in der Nähe des Leichnams. Wenn Lazarus schon vier Tage im Grab liegt, ist damit jede Möglichkeit eines Scheintodes oder einer Wiederbelebung ausgeschlossen.

Lazarus liegt bereits im Grab, doch es folgen zwei Begegnungen, die unsere besondere Aufmerksamkeit verdienen, denn Jesus reagiert trotz der ähnlichen Situation völlig unterschiedlich.

Marta

Zuerst läuft Marta Jesus entgegen. Bewegende Worte kommen über ihre Lippen: »Herr, wärst du hier gewesen, mein Bruder wäre nicht gestorben« (Vers 21). Man hört sie förmlich seufzen: »Herr, wärst du hier gewesen, wärst du nur hier gewesen …«

Wir wissen nicht, ob Marta diese Worte mit Zuversicht gesprochen hat oder mit Zweifel. Wir wissen nicht, ob sie voller Glauben vor Jesus stand oder voller Wut, dass ihr Freund Jesus, jetzt wo er da sein hätte sollen, nicht da gewesen ist. Ich weiß nicht, ob Marta Jesus diese Worte sarkastisch und wütend zugeschrien hat, geschluchzt hat oder was sie sonst noch alles bewegt hat.

Jesu Reaktion darauf wirkt hart. Es sind Worte, die wenig Mitgefühl ausdrücken, sondern Marta »erklären« wollen, was hier los ist. Jesus argumentiert und streitet förmlich mit ihr. Sie ringen mit einem Missverständnis. Marta spricht von einer Auferstehung, die am Ende der Tage kommt, Jesus von etwas anderem.

Man kann förmlich hören, wie Jesus seine Stimme erhebt. Marta ist in Traurigkeit und Verzweiflung verstrickt und kann sich davon nicht befreien. Jesus arbeitet dagegen. Nicht mit Sympathie oder Verständnis, sondern mit Wahrheit. Er weist Marta in ihrer Meinung, ihrer Sorge und sogar Verzweiflung zurück und sagt: »Ich bin die Auferstehung und das Leben. Wer an mich glaubt, der wird leben, ob er gleich stürbe; und wer da lebt und glaubt an mich, der wird nimmermehr sterben. Glaubst du das?« (Verse 25-26).

Marta findet in diesem Moment der Wahrheit Hoffnung. Sie bekommt wieder festen Boden unter die Füße und ihre Seele findet Ruhe. Sie antwortet: »Ja, Herr, ich glaube, dass du der Christus bist, der Sohn Gottes, der in die Welt kommt.« (Vers 27)

Jesus spendet Trost, Hoffnung und Zuversicht, und zwar nicht, indem er sagt, was er alles tun könnte, wenn er wollte. Jesus schenkt Trost, Hoffnung und Zuversicht, indem er da ist und sich selbst gibt.

> Jesus schenkt Trost, Hoffnung und Zuversicht, indem er da ist und sich selbst gibt.

Jesus *gibt* nicht nur Auferstehung und Leben, er *ist* dies selbst in Person. Geber und Gabe sind eins. Jesus Christus ist die gute Botschaft, das Evangelium für die Menschheit, für alle. Als Christ zu leben bedeutet nicht nur, dass ich alles so tue, wie Jesus es getan hat, das heißt, ihm nacheifere. Das führt früher oder später entweder zu Überheblichkeit oder in die Verzweiflung, wie wir bei den Werken der Barmherzigkeit gesehen haben (Teil B). Als Christ zu leben heißt, dass ich Jesu Leben, Tod und Auferstehung annehme, dass ich mich Jesus anvertraue und mich von ihm verändern lasse.

Es gibt kein Heil an Jesus vorbei, das ist die Wahrheit, die Marta in diesem Moment lernen muss. Nur im Glauben an ihn, der selbst durch den Tod zur Auferstehung gelangt ist, kommt der Mensch zu Leben.

Maria

Kurz darauf begegnet Jesus Maria. Diese richtet sich mit den exakt gleichen Worten an ihn wie ihre Schwester: »Herr, wärst du hier gewesen, mein Bruder wäre nicht gestorben« (Vers 32). Auch hier kann man wieder das Seufzen hören: »Herr, wärst du hier gewesen, wärst du nur hier gewesen …«

Wie reagiert Jesus darauf? Seine Antwort ist komplett anders als bei Marta. Er ist sprachlos. Jesus wird in die Traurigkeit hineingezogen, er fühlt Marias Schmerz und ist davon überwältigt.

Er weint. Das Einzige, was er sagen kann, ist: »Wo ist er?« Selten wird Jesus, Gottes Sohn, so beschrieben.

Jesus begegnet Maria nicht mit Wahrheit, sondern mit Tränen. Er ist zutiefst getroffen und betroffen.

Maria findet in diesem Moment der Tränen Jesu Hoffnung. Durch sein Mitgefühl bekommt sie wieder festen Boden unter die Füße. Durch seine geteilte Trauer findet ihre Seele unverhofft Ruhe.

Wahrheit und Mitgefühl

Jesus dient Marta mit einer Antwort, die Wahrheit beinhaltet. Das ist der Dienst der Wahrheit, den Jesus in seinem Leben immer wieder in Wort und Tat zeigt. Als er Maria begegnet, dient er ihr hingegen mit dem Dienst der Tränen. Er sagt nichts mehr, sondern er weint. Wahrheit und Mitgefühl – das zeigt sich oft bei Jesus, manchmal getrennt, manchmal zusammen.

Auch wir brauchen beides in unserem Leben, wir brauchen Jesu Reaktion auf Marta und seine Reaktion auf Maria. Jeder braucht beide Dienste für sich. Manchmal müssen wir von einem liebevollen Freund aus unserer Situation herausgerissen werden, der sagt: »So jetzt reicht's, wach auf!« Andere Male brauchen wir eine Umarmung und die Tränen unserer Schwestern und Brüder.

Ich meine aber, dass wir nicht nur beide Dienste für uns brauchen, sondern dass wir auch beide Dienste in unseren Beziehungen leben sollen. Als Christinnen und Christen sind wir zu Wahrheit und Mitgefühl gerufen. Als Leib Christi müssen wir für Wahrheit einstehen, und das nicht nur für die Welt da draußen, wo alles verkehrt ist, sondern wir brauchen Wahrheit im Umgang miteinander, in unseren Gemeinden, Häusern, Nachbarschaften. Wo Dinge aus lauter Mitgefühl unter den Teppich gekehrt werden, stolpert der Nächste über den Teppich, der Beulen wirft.

Wahrheit heißt jedoch nicht, dass meine Befindlichkeit oder meine Meinung zum Maßstab für richtig oder falsch wird. Wahrheit heißt auch nicht, dass ich mich über den anderen erhebe und als Sieger hervorgehe.

> Als Christinnen und Christen sind wir zu Wahrheit und Mitgefühl gerufen.

Wir wissen von Jesus, wie Wahrheit wirkt: Die Wahrheit macht uns frei (Johannes 8,32). Wenn wir Wahrheit erkennen, bekommen wir festen Boden unter unsere Füße, rücken Not, Trauer aber auch Dringlichkeiten wieder in die richtige Perspektive. Wenn wir Wahrheit erkennen, nimmt der Heilige Geist die Zügel unseres Herzens fest in die Hand und führt unsere Gefühle und Gedanken. Wenn wir Wahrheit erkennen, werden Orientierungslose in neuen Boden gepflanzt und können wachsen.

Viele Menschen tendieren dazu, andere Personen zu begleiten und mit ihnen zu weinen, ihnen Liebe und Mitgefühl zu zeigen, aber niemals die Wahrheit zu sagen. Sie haben Angst, die anderen damit zu verletzen und abzuschrecken. Oft wollen sie Konflikte vermeiden.

Andere sagen die Wahrheit ohne Rücksicht auf Verluste und erreichen damit weder die Herzen noch die Menschen.

Aber wir brauchen beides in einem gesunden Gleichgewicht!

Jesus besiegt den Tod

Doch die Geschichte ist mit Jesu Begegnung mit den zwei Schwestern noch nicht zu Ende. Wahrheit und Mitgefühl ebnen den Weg für eines der größten Wunder, das Jesus zu seinen Lebzeiten getan hat.

Bei uns heute ist es ebenso. Wahrheit und Mitgefühl bereiten uns für Jesu Wirken unter uns vor. Wir brauchen sein Wirken! Wir laden andere Menschen zu ihm ein, weil wir davon überzeugt sind, dass Jesus Wunder tut und nicht nur Marta und

Maria und Lazarus begegnet ist und ihnen Leben geschenkt hat, sondern dass er das für alle tut, die sich danach ausstrecken.

Jesus tut Wunder und schenkt wahres Leben. Die Auferweckung des Lazarus ist das siebte und größte Wunder Jesu, von dem Johannes berichtet. Seine Wunder sind Zeichen, damit Menschen an den lebendigen Gott glauben. Jesus behauptet nicht nur, dass er es könnte, wenn er wollte. Er sagt nicht: »Ich kann Lazarus auferwecken. Ich habe die Macht dazu.« Er sagt: »Ich habe die Macht, den Tod zu zerstören. Ich bin die Auferstehung und das Leben.« Lazarus wird dem Tod entrissen.

Mit diesem Wunder weist Jesus auf seine eigene Auferstehung hin, die den Tod endgültig für alle Menschen besiegen wird.

Das Wunder an Lazarus ist nicht nur ein Wunder für ihn, sondern auch für seine Schwestern Maria und Marta. Lazarus ist die lateinische Form von Eleazar, das bedeutet »Gott hat geholfen«. Schon der Name ist Programm und deutet auf die Rettung aus dem Tod hin.

Warum kommt Jesus nicht schneller?

Jesus zeigt seine Herrlichkeit an Lazarus. Ein Kapitel später lesen wir bei Johannes, dass Menschen Jesus aufsuchen. Und nicht nur ihn, sondern auch Lazarus. Die Menschen wollen den sehen, der von den Toten auferstanden ist, den, der von dem Wunder, das Jesus an ihm getan hat, erzählen kann.

Auch das gilt für unsere Zeit. Nichts und niemand ist so anziehend wie jemand, an dem Jesus ein Wunder getan hat. Niemand ist so anziehend wie eine Christin, die darüber Auskunft geben kann, warum sie Hoffnung für morgen hat, oder ein Christ, der sich von Schwierigkeiten im Leben nicht unterkriegen lässt.

Wir erleben in dieser Geschichte jedoch eine Verzögerung, die uns wahnsinnig machen könnte. Warum kommt Jesus nicht schneller? Warum hat er erst mal gewartet? Warum ist er zu spät? Kann Jesus überhaupt zu spät kommen?

Viele von uns kennen das aus dem eigenen Leben. Wir warten und warten, und nichts tut sich. Jesus kommt nicht, wir erleben nichts, wir hören nichts. Dann fürchten wir ebenfalls, die Worte Martas und Marias in den Mund nehmen zu müssen: »Herr, wenn du da gewesen wärst.«

Kann es sein, dass Verzögerung aus unserer Sicht ein Übel ist, doch aus göttlicher Perspektive notwendig? Kann es sein, dass Not und Verzweiflung nicht deshalb noch nicht ihr Ende gefunden haben, weil Jesus uns leiden lassen will, sondern weil er seine Herrlichkeit zeigen will? Kann es sein, dass wir mehr ertragen müssen, als wir wollen oder aus unserer Sicht imstande sind?

Unser Dienst der Wahrheit und der Tränen

Jesu Dienst der Wahrheit und der Tränen geht heute an uns weiter. Jesus dient uns durch Wahrheit, durch Gottes Wort, durch Gesang, durch Gemeinschaft, durch Freunde und Bekannte, durch Predigt und Stille. Jesu Dienst der Wahrheit macht uns frei und stellt uns auf festen Boden. Gleichzeitig erleben wir Jesu Dienst der Tränen, sein Mitgefühl für unser Leid und unsere Not durch den Heiligen Geist, durch die Umarmung der Schwestern und Brüder, durch unerwartete Tränen und geteilte Sorgen.

Jesu Dienst der Tränen schenkt uns Trost, Hoffnung und Zuversicht. Dann tragen wir diesen Dienst der Wahrheit und der Tränen weiter. In unsere Gemeinden, als Christinnen und Christen in unseren unterschiedlichen Lebensbereichen, im Gebetsteam, in der Berufung von Leitungspersonen und Mitarbeitern, in der Leitung von Arbeitsbereichen und im Kuchenbacken. Wohin wir gestellt sind, sind wir in einen Dienst der Wahrheit und der Tränen gerufen.

Durch Wahrheit und Tränen hindurch kann etwas Neues entstehen.

Neue Prioritäten – Wollen wir sein, was Jesus will und ist?

Der Apostel Paulus erzählt, worauf er wirklich stolz ist. Er tut das sehr emotional und streitbar, er tut es mit einer gehörigen Portion Leidenschaft und mit Worten, die manchmal hart an die Grenze des guten Geschmacks gehen (Philipper 3,1-16). Aber er sagt es:

> *Aber alles, was mir damals als Vorteil erschien, betrachte ich jetzt als Nachteil – und zwar im Hinblick auf Christus. Ja wirklich: Ich betrachte es ausnahmslos als Nachteil. Dahinter steht die überwältigende Erkenntnis, dass Jesus Christus mein Herr ist! Verglichen mit ihm ist alles andere wertlos geworden, ja, in meinen Augen ist es nichts als Dreck! Das Einzige, was zählt, ist: Christus zu gewinnen und zu ihm zu gehören. Denn ich gelte nicht als gerecht, weil ich das Gesetz befolge, sondern weil ich an Christus glaube.*
>
> Philipper 3,7-9; BB

Worauf sind wir stolz?

Damit stellt sich die Frage, worauf *wir* wirklich stolz sind. Man kann zum Beispiel darauf stolz sein, das richtige Trikot zu tragen. Man singt dann etwa: »Unser Stolz, Borussia, schwarzgelb schlägt unser Herz, wir schwören dir ewige Treue in Freude wie auch in Schmerz!«

Das ist weniger humorvoll gemeint, als es klingt, denn es stimmt. So sagte Jürgen Klopp einst über Dortmund und Liverpool: »Das alltägliche Leben der Menschen dreht sich ja um ihren Verein.« Der echte Fan *ist* stolz. Stolz bedeutet: Ich darf dazugehören. Im Stadion – das ist »family«, ich feiere mit, ich trauere mit: »You never walk alone.« Da ist jeder Triumph ein wenig *mein* Triumph. Ich mag nicht so bedeutsam sein, aber mein Verein ist es – und dann bin ich es auch. Das erlebe ich dann spürbar mit: Jedes Fest füllt meine durstige Seele mit festlicher Freude, und jeder Sieg bringt ein bisschen Sonne in meinen grauen Alltag. Ich halte zwar nicht viel davon, das gleich »Religion« zu nennen, aber man kann schon sagen, dass die Gesänge etwas nach Lobpreis und Anbetung klingen. Dem kann man sich kaum entziehen.

Es ist außerdem ein schönes Gleichnis für Stolz. »Und er erzählte ihnen ein Gleichnis: Mit dem Reich Gottes ist es wie mit einem Dortmunder Jungen, der am Samstag um 12 sein schwarzgelbes Trikot überzieht.« Warum nicht?

Auf etwas stolz sein, das ist ungeheuer wichtig und stark. Wie furchtbar wäre es, wenn ich auf nichts stolz sein könnte! Aber wenn ich stolz sein kann, kann ich mein Herz an etwas hängen. Dann kann ich wissen: Hier gehöre ich hin. Die Siege, die hier gefeiert werden, sind meine Siege und das Leiden, das hier getragen wird, ist mein Leiden. Die Hoffnung, die ich habe, ist, mehr und mehr dazuzugehören.

Paulus sagt weiter: »Okay, jetzt wisst ihr, was Stolz ist. Dann passt mal auf: Wir sind stolz, dass wir zu Jesus dem Christus gehören.« Die BasisBibel übersetzt an dieser Stelle etwas direkter als Luther: »die wir … uns Christi Jesu *rühmen*« (Vers 3). Im Grunde bedeutet aber auch das: »Wir sind stolz, dass wir zu Jesus, dem Christus, gehören.« Da gehören wir hin, das ist »family«. Da wird unsere durstige Seele gestillt und es kommt Sonne in unser graues Leben. Da finden wir Halt, denn der Sieg, den Jesus errungen hat, ist unser Sieg. Der Schmerz, den er getragen hat, hat er für uns getragen, und wir leben in der Hoffnung, ihn immer besser kennenzulernen. Wir teilen sein Leben, im Schmerz wie in der Freude. Er ist unser ganzer Stolz, ja wir sind stolz, dass wir zu Christus Jesus gehören!

> Er ist unser ganzer Stolz, ja wir sind stolz, dass wir zu Christus Jesus gehören!

Schauen wir noch einmal auf den Vergleich zum Fußball: Über den Fußball kann man sich ja auch ärgern – wenn man mit ihm nichts anzufangen weiß! So fragt man etwa: »Wie kann man nur stolz auf einen blöden Fußballklub sein?!« Mit dem Glauben ist es ähnlich. Stolz sein, weil man zu Jesus Christus gehört, ist das nicht ein bisschen übertrieben? Aber das Erste sagt nur, wer Fußball nicht versteht. Und das Zweite sagt nur, wer Jesus nicht kennt.

Paulus ist stolz, zu Jesus Christus zu gehören. Und er formuliert es in der Mehrzahl: *Wir* sind stolz, zu Jesus Christus zu gehören. Er empfiehlt den Christen in Philippi und uns, dass wir seinen Stolz teilen und den Satz nachsprechen: »*Ich* bin stolz, zu Jesus Christus zu gehören.« Das ist vielleicht noch ein bisschen zu abstrakt, darum muss man das näher beleuchten.

In dem Abschnitt aus dem Philipperbrief kann man fünf Aspekte entdecken, die den Stolz des Apostels Paulus etwas verständlicher machen.

Erkennen, wer Jesus ist

Paulus spricht von der großartigen Erkenntnis, dass Jesus sein Herr ist. Das überwältigt ihn! Da ist nichts von der gepflegten Langeweile und distanzierten Betrachtung, die man gerade uns Theologen und Kirchenleuten nachsagt – und von der wir nicht selten infiziert sind. Mit der gepflegten Langeweile im Herzen wird man nie verstehen, wieso jemand sagen kann: »Ich bin stolz, zu Jesus zu gehören.«

Aber wie könnte man nicht überwältigt sein, wenn man das glaubt, was die Bibel über ihn berichtet?

- Jesus war von Anfang an dabei, als das Universum erschaffen wurde.
- Er kam in diese verlorene Welt als ein hilfloses Kind. Lieber wollte er arm und bei uns sein als allmächtig und fern von uns.
- Er zeigte, dass er stärker ist als alle Mächte des Verderbens und dass er wild entschlossen ist, uns von allem zu befreien, was uns kaputt macht.
- Jesus heilte, sprach Worte von nie gekannter Schönheit und Kraft.
- Er hatte stets die Kleinen im Blick, die tief Verschuldeten gab er nie auf und die Überflüssigen machte er zu seiner Mannschaft.
- Als es ernst wurde, ließ er sich auf seine Liebe festnageln.
- Er tat das alles nicht für *gute* Menschen, die es verdient hätten. Er tat es für Menschen, die ihn nach Strich und Faden belogen, betrogen, ausnutzten und stets nur sich im Blick hatten. Er tat es für uns.
- Er starb einen elenden Tod, wie ein Verbrecher, damit Gnade über unserem Leben walten kann. Egal, wo man herkommt, und egal, wie viel man vermasselt hat, von jetzt an und bis zum letzten Atemzug: nur Gnade. Nichts als Gnade zählt. Angenommen, gerechtfertigt, zugelassen in Gottes Gegenwart. Ohne ein einziges Werk. Nur Gnade!
- Dann besiegte Jesus den Tod. Doch nach drei Tagen war er wieder lebendig und er ließ uns wissen, dass das Schicksal der ganzen Erde und jedes Menschen seit jenem Tag gewendet ist. Die Welt ist eine andere seit Karfreitag und Ostersonntag. Der Feind, der diese Welt in den Abgrund treiben wollte, ist besiegt. Unser gutes Schicksal ist besiegelt.

Aber da ist noch viel mehr: Uns kleine, dumme, arme und manchmal ziemlich bösartige Menschlein macht er zu Botschaftern der neuen Zeit. Er adelt uns, indem er sagt, dass wir seine Leute sein sollen, für ihn unterwegs. Mit uns sammelt er sein Volk.

Hätte er nicht bessere Leute finden können? Klar, aber wollte er nicht. Du gehörst zu seinem Team. Nicht zu einem kirchlichen Verein, nicht zu einer sterbenden Kirche, nicht zu einer religiösen Randgruppe. Nein, zu seinem Team, unterwegs im Auftrag des Herrn. Mehr kannst du im Leben nicht werden, selbst wenn du Minister würdest, reich und berühmt oder die Champions League erobertest. Mehr kannst du nicht werden. Und weniger wirst du nicht werden, selbst wenn sonst nichts aus dir würde. Du bist das geliebte Kind des höchsten Gottes. Du bist Jüngerin, Botschafter, Mitarbeiterin, Helfer, Wegbereiterin, Freund von Jesus.

Herr, wir sind so froh, so stolz, dass wir zu dir gehören dürfen!

In die Waagschale geworfen

Haben wir das erst mal verstanden, sortiert sich von da aus alles. Denn jetzt wird klar, warum Paulus so über sein Leben spricht, wie er es hier tut. Es gäbe ja so vieles, worauf er stolz sein könnte.

Drei Vermächtnisse sind ihm in die Wiege gelegt und drei Vorzüge hat er sich selbst erworben:

1. Er wurde am achten Tag beschnitten, er trägt das Bundeszeichen des Gottesvolkes an sich.
2. Er ist Teil des Gottesvolkes Israel, und zwar aus dem Stamm Benjamin, aus dem Stamm, aus dem der erste König kam: Saul, dessen Namen er, der Saulus Paulus trägt.
3. Er ist ein Hebräer, das bedeutet hier: Teil einer großen, ehrwürdigen Kultur.
4. Er wurde Pharisäer, das ist Elite, das ist höchster Einsatz.
5. Er wurde ein Verfolger der Christen, es klingt seltsam, dass er sich dessen rühmt, aber es war damals ja nur konsequent, diese Sekte zu verfolgen.
6. Und das ist der Gipfel: Er hat die Gebote Gottes mit eiserner Disziplin gehalten.

Das ist bemerkenswert: Er begegnet Jesus nicht als jemand, der es nicht gepackt hat und der in seiner Schwäche Hilfe sucht. Er ist nicht schwach, sondern meint, was er sagt! Das ist mal ein Lebenslauf! Darauf könnte er doch wohl stolz sein. Oder etwa nicht?

Wie könnte so ein Lebenslauf bei uns aussehen? Aus bestem Hause, tolles Examen, integer und untadelig, ein Vorbild in jeder Hinsicht? Darauf sollte man nicht stolz sein? Es gar als Abfall, Dreck, Unrat bezeichnen. Paulus benutzt sogar noch härtere Worte, aber die möchte man vielleicht nicht in den Mund nehmen oder drucken lassen.

Jetzt muss man also aufpassen: Paulus redet hier *nicht an und für sich* über seine Herkunft und sein Leben. Er redet, weil er sagen möchte, *worauf* wir stolz sein sollen. Er redet im Vergleich. Er sagt: »Wenn ich das alles in die Waagschale werfe, all das gute Erbe und die großartige Laufbahn, und wenn ich dann Christus in die andere Waagschale lege, dann ist klar, was herauskommt: Das alles kann sich nicht messen mit Christus.«

> Warum sollten wir Pfützen dem Meer vorziehen?

Es wäre also falsch, zu glauben, dass er sagen will: »Familie? Unrat! Herkunft? Müll! Abi und Studium? Schrott! Ein integres Leben? Nichts als Dreck!« Nein, das ist alles an sich schon okay und hat seinen Wert. Wie übrigens auch die Liebe zum Fußball. Aber: Wenn es darum geht, worauf wir stolz sind, dann kann sich das alles nicht messen. Das alles vergeht, Christus bleibt. Das alles ist dem Bösen und dem Tod nicht gewachsen, Christus schon.

Meine beiden Enkel Benjamin und Mattea spielten letzte Woche auf unserem Weg zum Haus in einer riesigen Pfütze. Unsere Straße ist in einem so schlechten Zustand, dass sich bei Regen immer kleine Seen bilden. Sie hatten ihren Spaß, trampelten in der Pfütze herum, sauten sich so richtig ein!

Wenn jetzt Mama und Oma gekommen wären und gesagt hätten: »Hey, lasst uns ans Meer fahren und dort am Strand Burgen bauen!«, was hätten sie darauf wohl geantwortet? Vielleicht: »Wir wollen aber lieber an der kleinen Pfütze spielen als am großen Meer!« Vielleicht hätten sie das gesagt, weil sie so vieles noch nicht kennen und verstehen. Aber wenn sie verstanden haben, wie wunderbar das große Meer ist, dann werden sie nie mehr die Pfütze dem Meer vorziehen. Warum sollten wir das auch tun: Pfützen dem Meer vorziehen?

Herr, wir sind stolz, zu dir zu gehören, denn nichts kann aufwiegen, was du für uns bist!

Keine Kompromisse

Paulus wird am Anfang dieses Textes ganz schön ausfällig! Er attackiert hart und kompromisslos diejenigen, die offenbar in die Gemeinde in Philippi eindringen und dort Unruhe stiften. Er nennt sie Hunde, unrein, dreckig und gierig (vgl. Vers 2). Später wird er sagen: Sie sind Feinde des Kreuzes. Er sagt, sie seien Leute, die ihren eigenen Bauch anbeten. Das ist natürlich nicht die feine Art und in unserer Zeit der grenzenlosen Weite und Offenheit machen diese Tiraden den Apostel nicht gerade sympathischer.

Aber eines wird hier dennoch deutlich: Wenn es um Christus geht, wird Paulus leidenschaftlich und dann riskiert er Streit und Auseinandersetzung. Das hier ist keine Rechtfertigung für Rechthaber und Streithammel! Denn hier geht es um Christus, und die Truppe, die da in die Gemeinde eindringt, hat nicht Christus im Sinn. Die sagt: »Christus ist ja schön und gut, aber Christus allein genügt nicht. Ihr müsstet euch noch nach jüdischer Sitte beschneiden lassen. Und dann müsstet ihr euch verpflichten, das Gesetz buchstäblich einzuhalten. Christus ist in Ordnung, Christus plus Beschneidung. Christus plus Gesetz – das ist erst vollkommen.«

Christus plus, das ist immer die Melodie derer, die uns sagen wollen: »Christus allein reicht nicht. Seid bloß nicht auf ihn allein stolz, da muss etwas dazukommen.« Was dieses Etwas ist, ändert sich im Lauf der Zeiten. Beschneidung und Gesetz! Oder: besondere Erfahrungen! Oder: die Verehrung des Führers, wie immer er heißt! Oder des eigenen Volkes! Oder besondere Auffassungen über das Ende der Welt! Oder besonders ungewöhnliche Geistesgaben!

Christus allein – nein! Christus plus! Immer, wenn das der Fall ist, ist es Zeit für klare Worte! Vielleicht nicht die gleichen wie bei Paulus, aber eine klare Ansage. Wer stolz ist, zu Christus zu gehören, wird sich auch einmal um seinetwegen streiten, gerade nach innen, wenn Gefahr besteht, dass die Gemeinde ihren Kompass verliert und auf etwas anderes als Christus setzt.

Dann heißt es: Hört alle zu, auf Christus sind wir stolz, auf Christus allein!

Christus besser kennenlernen

Paulus möchte Christus so nahe sein, wie es nur geht. Er möchte Christus immer besser erkennen. Nicht Wissen ansammeln, sondern ihn, persönlich, den Herrn, besser kennenlernen und ihm nah sein. Gleichzeitig möchte er, dass das Leben Christi auf sein Leben abfärbt. Er möchte auf zweierlei Weise an Christus Anteil haben: an seinem Leiden und an der Kraft seiner Auferstehung.

Hundert Millionen Menschen werden weltweit verfolgt, weil sie an Christus glauben, in Nordkorea, in China, in vielen arabischen Ländern, in Nigeria und Indonesien. Auf Christus stolz zu sein verspricht kein Leben ohne schwere Zeiten. Verfolgung, Krankheit, Krisen, das alles kann uns ereilen, wie es den Herrn selbst ereilte. Religiöse Menschen im Allgemeinen sagen dann: »Wozu glaube ich denn, wenn Gott mir das zumutet und nicht rasch einschreitet?« Wer stolz ist, zu Christus zu gehören, wird auch nicht gerade jubeln, wenn es schwer wird, aber er deutet es anders: »Auch jetzt habe ich Gemeinschaft mit meinem Herrn, eben Gemeinschaft im Leiden. Dadurch wachse ich ebenfalls immer mehr mit Christus zusammen.« Deshalb kann Paulus wieder ins Extrem gehen und sagen: »Ich will das, ich möchte Gemeinschaft haben mit Jesus in seinem Leiden.«

> Verfolgung, Krankheit, Krisen, das alles kann uns ereilen, wie es den Herrn selbst ereilte.

Aber ebenso will Paulus an der Kraft der Auferstehung Anteil haben. Denn es gibt beides, die Gemeinschaft der Leiden und die Kraft der Auferstehung. Das bedeutet: Wir glauben nicht an kluge und fromme Sätze, an Wahrheiten, an Lehren oder Ideen. Wir glauben an den Auferstandenen. Es kommt etwas von der österlichen Kraft bei uns an. Er wirkt und das wird erfahren, wer ihm vertraut. Diese Kraft verwandelt uns und manchmal auch die Umstände, in denen wir leben.

Es ist in dieser Hinsicht ein massiver Unterschied, ob wir beispielsweise an Mohammed glauben oder an Jesus. Der fromme Muslim, der Mohammed verehrt, weiß, dass sein Prophet tot ist. Ihm bleiben die Lehren, die Ideen, Weisheiten und Gebote, aber nicht Mohammed. Mit dem Auferstandenen ist es völlig anders: Er ist da, und es kommt etwas von ihm zu uns, etwas Kraftvolles und Lebendiges. Seine Liebe kommt zu uns, seine Hilfe, sein lebendiges Wesen.

Ich bin mit einem lebendigen Wesen verheiratet und weiß: Es kommt manchmal etwas anderes als Liebe und Hilfe, zum Beispiel Korrektur, Zurechtweisung. Meistens brauche ich das von diesem und jenem lebendigen Wesen. Mit Jesus ist es ebenso: Es kommt etwas von ihm zu uns. Das ist der Unterschied zwischen religiösen Verehrern von Ideen und denen, deren Stolz es ist, zum lebendigen Herrn mit seiner Osterkraft zu gehören.

Es ist ungeheuer kraftvoll und weit gespannt, was Paulus sich hier erhofft: Er erhofft sich, mit Christus immer enger zusammenzuwachsen, sei es im Leiden, sei es im Erleben seiner österlichen Kraft. Hauptsache ist für ihn, mit Christus zusammen zu sein, denn er ist so stolz, zu ihm zu gehören.

Ergriffen und nicht ergriffen

Das alles macht das Leben so entspannt wie spannend. Er ist von Christus ergriffen, sagt Paulus, und er will Christus ergreifen. Es stecken ein starker Trost und eine schöne Herausforderung in diesen Sätzen. Wieder und wieder dreht es Paulus hin und her: »Ich bin ergriffen, ich bin sein Eigentum, aber dennoch habe ich es noch nicht ergriffen. Ich laufe wie ein guter Sportler, um es zu ergreifen, aber ergriffen habe ich es noch nicht.«

Ich bin ergriffen: Das ist der Anker und der Haltegriff, der Fels, auf dem ich stehe, der sichere Boden, in dem ich verwachsen bin. Ich bin ergriffen. Ich bin sein, ich bin getauft, ich bin Glied an seinem Leib, denn er hat mich erwählt. Nichts und niemand wird uns aus seiner Hand reißen. Ich bin stolz darauf und ich gehöre ganz unverdient zu ihm.

Aber ich hab's noch nicht ergriffen: Ich bin noch nicht am Ziel. Ich habe noch lange nicht eingeholt, was mir geschenkt ist. Ich bin Baustelle, Fragment, unvollkommen, unfertig. Wie schön, dass ich auch das sein darf, er wirft mich trotzdem nicht raus. Jetzt habe ich ein ganzes restliches Leben, um auf das schöne Ziel zuzulaufen, mehr und mehr zu ergreifen, Gemeinschaft mit Jesus zu erleben, Erkenntnis zu sammeln.

Und wenn ich wieder einmal sehe: »Oh nein, ich habe es immer noch nicht ergriffen!«, dann sage ich mir: »Ich bin aber ergriffen.« Das gilt immer noch und darum bin ich entspannt und angespannt zugleich. Entspannt, weil ergriffen, angespannt, weil unterwegs zu ergreifen.

Eine neue DNA – Aus dem Sieg leben

In ihrer jungen Erwachsenenzeit haben die meisten einmal etwas Schräges getan. Der ein oder andere hat sich mit einem etwas merkwürdigen Hobby beschäftigt. Freunde von mir erlagen der Einbildung, dass sie mit einer Pfeife gut aussehen würden, und vertieften sich in die Kunst des Pfeiferauchens. Sie besuchten Seminare, kauften geeignetes Equipment, probierten verschiedene Tabaksorten aus und verbrachten Abende damit, mit dem zuletzt angelesenen Wissen zu beeindrucken. Heute würden wir sagen: Das sieht schon etwas komisch aus, wenn ein 19-Jähriger wie Gandalf aus »Herr der Ringe« pafft oder wie Wilhelm II. Andere haben vielleicht die wildesten Frisuren und Haarfarben und die schrägsten Klamotten ausprobiert oder seltsame Ernährungspläne verfolgt. Wieder andere haben sich intensiv mit Autos beschäftigt, den Wagen getunt, Boxen eingebaut, stundenlang über Felgen sinniert und Testberichte gelesen.

Poker

Bei mir war es Poker, genauer gesagt, Texas Hold'em. Ich habe Bücher dazu gelesen und natürlich gespielt, gespielt, gespielt. Pokerrunden, Online-Poker und Casino. Das ist wie beim Ausdauersport, man wird nur besser, wenn man spielt. Je mehr Hände man spielt, desto klarer kann man die Situation einschätzen. Zunächst waren es symbolische Beträge, um die wir spielten. Nach einiger Zeit befanden wir uns schon auf Taschengeld-Niveau. Manche gingen weiter und erreichten ein stattliches monatliches Einkommen mit ihrem Spiel.

Vielleicht denken einige jetzt an die Szene aus einem James-Bond-Film, wo Daniel Craig in einem Casino in Montenegro gegen den Buchhalter einer geheimen Organisation spielt – »Le Chiffre«. Champagner, Kristallleuchter, Smoking, Millionen von Dollar, die auf dem Tisch liegen. Eine hübsche Frau in einem langen Abendkleid geht am Pokertisch vorbei. Ja, so ähnlich war es bei mir auch – zumindest die Frau in dem langen Abendkleid hatte ich.

Poker ist ein Spiel mit 52 Karten. Das Ziel ist es, eine Kombination aus fünf Karten zu bekommen, die einen möglichst hohen Wert besitzt. Die Spieler sitzen um einen Tisch und halten zwei Karten in der Hand. Auf dem Tisch liegen zunächst drei Karten und nach und nach werden zwei weitere aufgedeckt, dafür muss man aber »zahlen« und einen Einsatz leisten. Man kauft sich sozusagen ein, um eine weitere Karte zu sehen und damit die eigene Kombinationsmöglichkeit zu erhöhen. Nach Runden des Bangens und Taktierens, des Verunsichert-Seins, des Antäuschens und Bluffens liegen in der Mitte fünf Karten. Nun muss jeder Spieler aus den Karten, die auf dem Tisch liegen, und seinen zwei Karten eine Konstellation finden, die jene der Mitspieler schlägt. Es gibt zehn verschiedene Kartenkonstellationen, die man auch »Hand« nennt. Die niedrigste Hand, die man haben kann, ist eine lausige hohe Karte, zum Beispiel ein As, König, Dame etc. Und dann gibt es da noch die höchste Hand – also Kartenkonstellation – die in einem Spiel vorkommen kann. Das ist der »Royal Flush«, die Folge 10 bis As in einer Farbe. Dies ist die beste Hand im Poker.

Die Wahrscheinlichkeit, eine solche Hand im Spiel zu bekommen, liegt bei etwa 0,00323 %. Aber das ist nicht das Besondere. Das Besondere ist, dass in einem Spiel eine solche Hand nur einmal vorkommen kann. Es ist nicht möglich, dass zwei eine solche Hand haben. (Bei den Hold'em-Varianten könnte sie allerdings offen auf dem Tisch liegen und damit für alle Spieler zugänglich sein.)

»Royal Flush« ist, wie schon der Name sagt, eine königliche

Hand. Mit dieser Hand hat man den Sieg. Es gibt keine höhere Hand, das Spiel ist gewonnen, selbst wenn noch nicht alle Karten auf dem Tisch liegen. Wenn man diese Hand hat, dann gibt es keine Konkurrenz und keine verdeckte Wahrscheinlichkeit mehr. Es gibt keine andere Hand, die einem noch den Sieg aus der Hand reißen könnte. Wenn man einen »Royal Flush« hat, dann ist es egal, wie lange das Spiel noch dauert oder wie sehr die Gegner einen einschüchtern. Es ist egal, wie rau das Spiel und der Kampf um die nächsten Karten wird, egal wie sehr die Gegner den Einsatz in die Höhe treiben, das ist alles nur Bluff, das ist letztlich Täuschung, denn es gibt keine höhere Hand als einen »Royal Flush«.

Im Kolosserbrief beschreibt Paulus das Herzstück des christlichen Glaubens. Er zeigt auf, worauf unser Glaube an Gott gründet. Es geht ihm um den Kern des christlichen Lebens, das, was die DNA eines Christen prägt. Das Überraschende ist, dass das Herzstück des christlichen Glaubens ein Triumph ist. Es wird uns sozusagen der »Royal Flush« des christlichen Glaubens vorgestellt. Unsere Beziehung zu Gott gründet auf einem Sieg:

> *Denn als ihr getauft wurdet, wurdet ihr mit Christus begraben. Und ihr wurdet mit ihm zu neuem Leben auferweckt, weil ihr auf die mächtige Kraft Gottes vertraut habt, der Christus von den Toten auferweckt hat. Denn vorher wart ihr tot aufgrund eurer Schuld und weil euer altes Ich euch bestimmt hat. Doch Gott hat euch mit Christus lebendig gemacht. Er hat uns alle unsere Schuld vergeben. Er hat die Liste der Anklagen gegen uns gelöscht; er hat die Anklageschrift genommen und vernichtet, indem er sie ans Kreuz genagelt hat. Auf diese Weise hat Gott die Herrscher und Mächte dieser Welt entwaffnet. Er hat sie öffentlich bloßgestellt, indem er durch Christus am Kreuz über sie triumphiert hat.*
>
> Kolosser 2,12-15; NLB

Was ist der Sieg?

Paulus, der den Brief geschrieben hat, stellt klipp und klar fest: Jesu Weg ans Kreuz ist ein Triumph. Gott hat die Sünde und die Schuld besiegt. Er hat der Schuld und Schande den Boden unter den Füßen weggezogen. Mit dem Kreuz hat sich Gott selbst dem Tod entgegengestellt und gerufen: »Meine Söhne und Töchter bekommst du nicht!« Mit dem Kreuz hat sich Gott der Sünde in den Weg gestellt und gerufen: »Lass meine Söhne und Töchter gehen!« Mit dem Kreuz hat sich Gott den Dämonen der Lügen und Selbsttäuschungen entgegengestellt und gerufen: »Meine Kinder verwirrst du nicht mehr! Lüge und Selbsthass haben keine Macht mehr über sie!« Das Kreuz wurde so tief in den Boden dieser Welt gerammt, dass es zum neuen Scheitelpunkt für die Menschen wurde. Es wurde zum neuen Anker und zum Zeichen, dass der Sieg über all das, was die Welt knechtet und die Seele peinigt, errungen ist.

Der Sieg ist von Gott selbst am Kreuz errungen und in der Dunkelheit des Grabes erduldet worden. In der Ohnmacht und Schwere des Todes hat Gott durch das Leiden den Triumph erfochten und den Sieg im Streit mit dem Widersacher erstritten. Der Sieg ist in der Auferstehung bewiesen. Die Auferstehung macht fest, was keiner zu träumen gewagt hat. Sie demonstriert und legt dar, dass Jesus gesiegt hat. Nichts und niemand konnte Jesus aufhalten. Nichts und niemand kann Jesus aufhalten. Der Sieg ist errungen.

Für wen gilt das?

Jesu Sieg ist sozusagen unser »Royal Flush«, ein »königliches Blatt«. Ein König tritt für die Menschen ein, und Jesus, der König, tritt für uns ein. Im Unterschied zum Pokerspiel kann jedem der »Royal Flush« geschenkt werden. Es gibt keine höhere Hand im »Spiel des Lebens«. Nichts ist größer als Jesu Triumph, wenn es um die Vergebung der Sünde und Schuld, der Verfehlung, der absichtlichen und unabsichtlichen Taten und Gedanken geht. Es gibt keine höhere Hand, die bei der Erneuerung jedes menschlichen Lebens gespielt werden kann. Es gibt kein Leben, das nicht durch diesen Sieg verändert werden könnte. Es gibt keine Schuld und keine belastende Vergangenheit, die nicht durch diesen Sieg verändert werden könnte.

> Es gibt keine belastende Vergangenheit, die nicht durch diesen Sieg verändert werden könnte.

Es gibt keine Persönlichkeit und keine familiären Umstände, die diesen Sieg aufhalten könnten oder die nicht durch den Sieg Jesu verwandelt werden könnten. Egal wie arm oder reich jemand ist, egal ob er sich selbst liebt oder hasst, egal, was er sich angetan hat oder ihm angetan wurde, Jesus hat das alles mitbesiegt. Jesus verwandelt jedes Leben. Stück für Stück arbeitet Gott an der Baustelle unseres Herzens. Er verwandelt die Schwere der Erinnerungen unserer Vergangenheit, die sich in uns eingebrannt haben. Er verwandelt, was festgefahren schien. Es gibt keine höhere Hand, die jemand erhalten könnte. Kein höheres Blatt kann jedem Leben neuen Sinn, fröhliche Hoffnung und ein befreites Herz schenken.

Unser Platz in der Geschichte ist »mit ihm«, mit Jesus. Kolosser 2,12-15 wiederholt das mehrmals. Wir stehen auf der Seite des Siegers. Jesus hat den Tod besiegt, er hat den Sieg errungen, und er nimmt uns an die Hand für die Siegesfeier. Und noch mehr: Er teilt den Sieg mit seinen Freunden, mit jenen, die ihm nachfolgen. Dazu gehören die Glaubensstarken und die Glaubensschwachen.

Der Sieg ist wie ein großer Mantel, in den wir hineinschlüpfen dürfen. Wir können uns bergen in der Wärme dessen, der den Mantel gerade getragen hat. Das ist wie ein Orden, der uns verliehen wird, weil wir zu einer neuen Familie gehören. Durch die Zugehörigkeit werden uns die Früchte des Sieges übereignet. Das geschieht nur durch den Glauben. Durch den Glauben an

Jesus Christus gehören wir zu Gottes Familie, nur so wird uns die Kraft des Sieges geschenkt.

Aus der Kraft des Sieges leben

Um zu verstehen, was es bedeutet, aus der Kraft des Sieges Jesu zu leben, können uns einige Poker-Vergleiche weiterhelfen. Als Christen sind uns Karten geschenkt, die anzeigen, dass Jesus mit und für uns ist. Wenn wir in einer Beziehung mit ihm leben, ist im Prinzip das Wichtigste schon geklärt: Wir wissen, aus welcher Hand wir kommen, und wir wissen, in welche Hand wir nach unserem Leben gehen werden. Zwischen diesen zwei Polen folgen wir Jesus, lassen uns von dem Geist Gottes stärken und richten uns am Wort Gottes aus. Das ist die Theorie. Leider läuft es in der Praxis jedoch nicht immer so rund.

Obwohl uns durch den Glauben ein »Royal Flush« geschenkt ist, passiert es, dass wir uns in schwachen Momenten unsicher fragen: »Gibt es wirklich keine größere ›Hand‹?« Wir werden unsicher, weil das Spiel des Lebens rau ist und die anderen Mitspieler Druck machen, den Einsatz erhöhen.

Das Leben verlangt uns viel ab. Da geht es um den richtigen Job, gesunde Beziehungen, gesunde Selbstliebe, die Herkunftsfamilie, die Familie des Partners, die Zukunftsfamilie, Gesundheit und Wohnen. Wir schauen auf die Taktik der anderen und lassen uns mitreißen von ihrer Sprache und ihrem Tun. Das ist nicht immer schlecht und kann uns durchaus in die nächste Runde bringen. Das Problem ist, dass wir nicht unseren Karten vertrauen, sondern der Taktik der anderen Karten folgen.

Oder wir lassen uns ablenken, schauen mit den Siegeskarten in der Hand ins Narrenkastl[50] und vergessen dabei unsere Karten und die orientierende Kraft, die von ihnen ausgeht.

Manchmal lassen wir uns von der Sorge gefangen nehmen, dass noch nicht alle Karten auf dem Tisch liegen. Was mag noch kommen? Wie soll es weitergehen? Da ist noch einiges zu überstehen im Spiel des Lebens.

Oder wir erleben, wie da immer wieder etwas in uns durchbricht. Paulus würde das den alten Menschen nennen. Der alte Mensch will oft auch mit Jesus zu tun haben, aber er verdreht die kleinen Worte. So wird »mit ihm« zu »mit mir«. Jesus soll mir helfen, er soll mir dienen, meinen Vorstellungen. Da muss ich mich nicht viel ändern. Ich kann bleiben, wie ich bin. Im Prinzip ist Jesus dann wie eine Tablettenkur, die ich einnehme, um den Sieg zu erringen und mein Leben zu meistern.

> Manchmal machen wir uns Sorgen, weil noch nicht alle Karten auf dem Tisch liegen.

Das alles kann uns ablenken oder daran hindern, aus der Kraft der Auferstehung zu leben. Dabei schlüpfen wir immer wieder aus dem warmen Mantel heraus und vertrauen dem Sieg des »Royal Flush« nicht.

Wie das gehen kann ...

Es ist ziemlich unglaublich, dass mit Jesus an der Seite das »Spiel« schon entschieden ist. Jesu Kreuz und Auferstehung sind der Triumph Gottes. Das ist so unbegreiflich, dass es für unseren Verstand und unsere Gefühle kein Normalzustand ist. Verstand und Gefühle müssen in diese Gewissheit immer wieder hineingestellt und danach kalibriert werden. Darum feiern wir Gottesdienst, beugen uns über das Wort Gottes und stellen uns unter es. Wir singen und beten und loben und preisen Gott, damit dieser Sieg tiefer und tiefer in uns eindringt. Wir dienen, spenden, teilen unser Essen und setzen unsere Gaben bei den verschiedenen Diensten in der Gemeinde ein. Das tun wir nicht, weil wir nichts Besseres zu tun haben oder weil wir uns selbst verwirklichen wollen. Wir tun es, um im Kleinen zu lernen, wie wir aus dem Sieg leben können. Wir tun es, um bei anderen Pokerspielern abzuschauen, wie sie mit ihrem »Royal Flush« umgehen.

Im Gottesdienst und in der Gemeinde sollen wir lernen, dass wir uns nicht mehr sorgen müssen. Wir können selbstsicher auftreten und befreit »spielen«. Wir müssen ja nicht beweisen, dass wir es draufhaben, denn wir wollen uns an Jesus hängen und er hat es schon bewiesen. Wir müssen uns keine Sorgen mehr machen wegen des schwierigen Gesprächs, das auf uns wartet. Egal welcher Konflikt sich entzünden mag oder auch nicht, wir sind doch tiefer gegründet, als dass wir durch ein unangenehmes Gespräch infrage gestellt werden könnten. Wir müssen uns nicht die Nacht um die Ohren schlagen vor lauter Sorgen. Sorgen, wie wir die Woche schaffen sollen, Sorgen, ob das Geld reicht, Sorgen, weil schon wieder trübe Stimmung die Gefühle belastet. Es gilt doch: Jesus ist mit dir und für dich.

Tu selbstverständlich dein Bestes und es ist genug. Gehe treu um mit dem Geld, das du hast, und es ist genug. Sei ehrlich und freundlich, und es ist genug. Das alles können wir nur tun und wollen, denn: Jesus ist unsere Hoffnung und unsere Freude, unsere Stärke und unser Licht. Er hat die Sorgen besiegt. »Ihr dunklen Gedanken, Jesus hat euch besiegt!« »Ihr mühsamen Sorgen, verschwindet, Jesus sorgt für mich!« Das atmet jeder einzelne Gottesdienst und das atmet die Gemeinde Gottes.

Ganz anders als beim Poker müssen wir andere Mitspieler jedoch nicht einschüchtern mit unseren Karten, sondern wir sollen im Gegenteil ziemlich freizügig damit umgehen und andere in unsere Hand schauen lassen. Wir müssen nicht ein Pokerface aufsetzen und unsere Karten verheimlichen und so tun, als wüssten wir von nichts. Wir haben es nicht nötig, zu bluffen, denn die anderen sind nicht unsere Gegner, sondern Mitstreiter. Der Sieg Jesu ist dafür da, mit anderen geteilt zu werden. Jeder Mensch soll erkennen, dass ihm der »Royal Flush« geschenkt ist. So kann in jedem Menschen etwas Neues sichtbar werden, weil er mit Jesus verwachsen ist.

Vierter Teil

Durchdrungen – Wie wir durch Jesus Gott als guten Vater sehen

Warten, dass Gott mich sieht

Es gibt verschiedene Formen, zu warten. Da ist das absichtslose Warten. Eigentlich erwartet man nichts von dem, was gleich geschehen soll. Man ist nicht kritisch negativ eingestellt, aber auch nicht optimistisch. Man ist einfach da, wo man gerade ist, und macht mit.

Dann ist da das leicht genervte Warten. Das kennen jene gut, die viel mit der Deutschen Bahn unterwegs sind. Man hat vor Augen, dass es einen Weg und Mittel gibt, um nach Hause zu kommen. Nur wann und wie wird mit den verstreichenden Minuten immer unsicherer. Man wandert gelangweilt von einem Bahnsteig zum anderen, kauft sich den zweiten Kaffee und fängt an, durch folgende Apps zu scrollen: »FlixBus«, »Mitfahrgelegenheit« und schließlich »booking.com«.

Zuletzt gibt es noch das freudig gespannte Warten. Das kennen Familien vielleicht vom Nikolaustag. Kinder, die herumtrippeln und einem plötzlich die kühnsten Versprechungen machen, damit das Warten kürzer wird, ein Herbei-Warten – so kann Warten ebenfalls sein.

Salbungsvolles Warten

Wie ist es mit dem Warten im Advent, wenn wir auf die Ankunft des Herrn warten? Die »richtige« Form des Wartens wäre hier doch die nachdenkliche Form, oder? Es gibt Leute, die bei sogenannten christlichen Festen und Themen schnell eine »gesalbt-nachdenkliche Haltung« einnehmen, als würden sie denken: »Wir müssen uns wieder mehr besinnen – dann wird alles gut.« In eine solche gesalbt nachdenkliche Haltung rutschen aber nicht nur Christenmenschen.

Als Pfarrer erlebe ich es oft, dass die Leute sich mir gegenüber ganz normal verhalten, bis sie erfahren, welchen Beruf ich habe. Da saß ich einmal nach dem Training in der Fußballkabine und es ging heiß her, weil sich zwei in die Haare gekriegt hatten. Nach deftigen Wortgefechten versuchte einer zu schlichten, und meinte mit Blick auf mich: »Lass uns das christlich lösen, Friede ist wichtig.« Als ob ich das hören wollte!

> Die Leute verhalten sich ganz normal, bis sie erfahren, dass ich Pfarrer bin.

Beim Friseur kamen wir einmal auf die zuweilen mühsame Existenz dieses Handwerks zu sprechen. Der Inhaber des Salons erzählte ziemlich direkt und ungeschönt von Investitionen, Kapitalveranlagung und wie er versuche, den Staat zu betrügen. Nachdem er erfahren hatte, dass ich Pfarrer bin, säuselte er in gehobener Tonlage wie aus einer Erzählung Goethes: »Ein erfülltes Leben ist ja auch das Begehren eines jeden.«

Anklagendes Warten

Es gibt noch eine weitere Möglichkeit, wie das Warten aussehen kann, wenn man auf Erlösung hofft wie das Volk Israel. Sie wirkt auf den ersten Blick vielleicht fremd, aber diese Form des Wartens wird uns im Buch des Propheten Jesaja nahegelegt: das anklagende Warten.

»Gott, warum tust du nichts? Gott, greif doch ein!« Es scheint wenig besinnlich, sich bei Gott über Gott zu beschweren. Da mag der eine oder die andere zurückzucken, vielleicht zu schnell zurückzucken.

Der folgende Abschnitt aus Jesaja 63 ist ein Klagelied, das man mit folgendem Titel überschreiben könnte: »Ein zähes Ringen um den fernen Gott«:

So schau nun vom Himmel und sieh herab von deiner heiligen, herrlichen Wohnung! Wo ist nun dein Eifer und deine Macht? Deine große, herzliche Barmherzigkeit hält sich hart gegen mich. Bist du doch unser Vater; denn Abraham weiß von uns nichts, und Israel kennt uns nicht. Du, HERR, bist unser Vater; »Unser Erlöser«, das ist von alters her dein Name. …

Ach dass du den Himmel zerrissest und führest herab, dass die Berge vor dir zerflössen, wie Feuer Reisig entzündet und wie Feuer Wasser sieden macht, dass dein Name kundwürde unter deinen Feinden und die Völker vor dir zittern müssten, wenn du Furchtbares tust, das wir nicht erwarten, und führest herab, dass die Berge vor dir zerflössen! Auch hat man es von alters her nicht vernommen. Kein Ohr hat gehört, kein Auge hat gesehen einen Gott außer dir, der so wohltut denen, die auf ihn harren.

Jesaja 63,15-16; 63,19–64,3

Das anklagende Warten ist geboren aus Schmerz. Gott wird als fern erlebt, fern von den eigenen Fragen, fern von den bedrohlichen Problemen, distanziert, uninteressiert, abwesend, weit weg.

Dazu passt der Ausruf: »So schau nun vom Himmel! Sieh herab!« Man könnte auch sagen: »Sieh doch, dein Volk ist verzweifelt, es ist gefangen genommen von den Feinden, in ein anderes Land verschleppt.« Babylonien, die damalige Großmacht, hatte Israel besetzt und alles verwüstet. Die wenigen, die zurückgelassen worden waren, hatten sich schnell zerstreut. Weiter heißt es: »So schau nun vom Himmel! Sieh herab!« Dies ist die dringende Bitte um Hilfe: »Jetzt musst du eingreifen, Gott, so wie früher, als du uns aus der Hand unserer Feinde befreit und uns durch die Wüste geführt hast. Damals hast du uns täglich versorgt. Und jetzt?«

»Wo ist dein Eifer und deine Macht?« – »Wir wissen vom Wirken Gottes in der Vergangenheit, aber vermissen es in der

Gegenwart. Wir haben dich, Gott, in Erinnerung, wir haben dich, Gott, erfahren, oder?«

Man hört geradezu, was da im Inneren der Menschen vorgeht: »Unseren Besitz haben wir verloren, jetzt verlieren wir langsam auch die Hoffnung, dass es anders werden könnte. Selbst jene, die mit uns verschleppt wurden, wenden sich nun gegen uns. Dem äußerlichen Zerfall folgt der innere Zerfall. Gott war doch früher näher – oder haben wir uns das alles eingebildet? Warum fühlen wir es jetzt nicht mehr? Warum erleben wir es nicht mehr? Warum sehen wir dein Eingreifen nicht mehr, Gott, warum?«

Das anklagende Warten ist geboren aus Schmerz und das Leben als Christen und Christinnen kennt solchen Schmerz. Das anklagende, aus Schmerz geborene Warten hat aber seinen Platz.

Anklagend warten jene, die von Krankheit gepeinigt sind. »Gott, greife ein«, rufen sie, »es ist mir doch schon mal besser gegangen, warum jetzt nicht?« Andere warten vielleicht, dass die Medikamente endlich wirken und ein neues Lebensgefühl aufkommt. Sie rufen dann: »Zerreiß doch die Himmel, für mich, bitte.«

Schmerzlich erwarten wir, dass Gott Recht schafft, uns erlöst.

Ein anderer mag warten, dass Gott endlich in die verzwickten familiären Verhältnisse eingreift, sich Feindschaften legen und sich Geschwister versöhnen. Das ist ein Warten darauf, dass Gott einen Frieden schenkt, den keiner in den letzten Jahren herstellen konnte, der nur empfangen werden kann.

Eine weitere Klage könnte sein: »Gott, wie lange bete ich schon für meine Lieben und es bewegt sich nichts. Es scheint immer schlimmer zu werden, immer endgültiger.«

Oder: »Gott, warum hat die Jobsuche, die Wohnungssuche nicht geklappt? Warum ist meine Beziehung gescheitert?«

Schmerzlich erwarten wir, dass Gott Recht schafft, uns erlöst, Schwache und Opfer, Erniedrigte und Zerschlagene, jene, die ihrer Würde beraubt, Opfer körperlichen oder seelischen Missbrauchs sind.

Klage wird auch dort laut, wo der Gedanke aufkommt: »Warum reicht mein Gebet nur bis an die Zimmerdecke? Warum dringt nichts durch?« Bei Jesaja lesen wir dazu: »Ach dass du den Himmel zerrissest und führest herab, dass die Berge vor dir zerflössen, wie Feuer Reisig entzündet und wie Feuer Wasser sieden macht.« Es ist ein Ausruf: »Greif ein und lass alles erbeben, auch mein Herz!«

Wir haben ein solches schmerzliches Warten als Gemeinde erlebt, als wir eben nicht ins Ostseeviertel gezogen sind. Wir haben uns gefragt, ob wir die göttlichen Zeichen falsch verstanden haben: »Wo ist dein Eifer Gott? Setz dich durch! Warum klappt das nicht mit den bürokratischen Bestimmungen?«

Gott sehen oder von Gott gesehen werden

Was suchen wir in dem anklagenden, schmerzlichen Warten, den Enttäuschungen? Suchen wir eine Erklärung oder Erlösung? Wir wollen doch frei werden und nicht erklärt bekommen, was die verschiedenen Faktoren sind, die den jetzigen Zustand beeinflussen. Jürgen Moltmann hat seinen Schmerz einmal so formuliert: »Meine Frage war nicht: Warum lässt Gott das zu? Sondern: Mein Gott, wo bist du? Damit fing mein Suchen nach Gott an.«[51]

Erlösung heißt, wir suchen Nähe und Stärke und Zuwendung und Mitgefühl. Wo finden wir nun eine Spur der Erlösung oder einfach: Hoffnung, die uns nicht verzweifeln, sondern aufblicken lässt?

Das schmerzliche Warten führt den Kläger gegen Gott ins Gebet. Dass es ein klagendes Gebet ist, erkennt man daran, welche Worte er verwendet. Gleichzeitig sind diese Verse eine der wenigen Stellen im ersten Teil der Bibel, in denen Gott »Vater« genannt wird. Diese Ansprache zeigt eine trotzige Gewissheit, eine widerspenstige Hoffnung, nämlich, dass ein Vater sich um seine Kinder kümmert. Das ist die Aufgabe eines Vaters: dass er sorgt und versorgt. Diese Widerspenstigkeit, dieser tief verankerte Trotz fließt in das Gebet, das im anklagenden Warten gebetet wird.

Doch wofür sollen wir beten? Wilhelm Busch erzählte einmal: »Ich erinnere mich, dass wir in meiner Kindheit einen reichen Onkel hatten. Wenn er zu Besuch kam, brachte er immer herrliche Geschenke mit, Schokolade, Pralinen … Wir Kinder erwarteten ihn stürmisch: ›Onkel, hast du …?‹ Und denken Sie, ich weiß gar nicht mehr, wie der Onkel aussah. Ich sehe nur noch die vollen Taschen vor mir. Das heißt: Der Onkel war mir im Grunde ganz egal, ich wollte seine Geschenke. So machen's die meisten mit dem Heiland. Sie wollen etwas von ihm, aber nicht ihn selbst.«

> Das schmerzliche Warten führt den Kläger gegen Gott ins Gebet.

Wofür sollen wir beten? Natürlich auch für die Geschenke des Gebers, für Heilung, für das Ende der Schmerzen. Lasst uns dafür beten, dass Beziehung gelingt, dass Einsicht entsteht, Gott wundersam und wunderbar eingreift. Dem einen stillt der Geber aller Gaben dann vielleicht den Schmerz und dem anderen schenkt er neue Geduld, zu ertragen. Die eine kann durch Medikamente gut mit ihrer Krankheit leben und der andere bekommt seine Beziehungen noch immer nicht in den Griff. Dieser Spannung können wir uns nicht entziehen.

Doch worauf kommt es letztlich an? Das Gebet in der Bibelstelle ist beachtenswert: Der Schreiber betet und fleht sinngemäß: »Gott, schau auf uns! Schau auf mich.« Es kommt darauf an, dass Gott auf uns schaut! Denn wichtiger, als dass wir Gott sehen, ist, dass Gott uns sieht.

Das widerspricht nicht dem Wunsch, dass Gott etwas sagen möge, es widerspricht nicht der Sehnsucht, dass Gott nun endlich eingreifen möge, sondern bringt auf den Punkt, worauf es im Letzten ankommt. »Gott, bitte sieh mich an.« Dieses Gebet blieb und bleibt nicht unbeantwortet.

An Weihnachten feiern wir, dass Gott die ganze Welt »ansieht«, und in der Adventszeit sind wir bereits in der Erwartung auf die Ankunft des Geschenkes Gottes an uns. Er schenkt sich selbst. Der Geber wird zur Gabe, der Schenkende verschenkt sich. Das ist Gottes Erbarmen, dass er sich deiner und meiner erbarmt, sich unseres schmerzlichen Wartens erbarmt. *Er* kommt als Antwort. Er gibt nicht die Antworten und bleibt dabei, wo er ist. Er verteilt nicht die Schokolade aus dem Himmel wie ein reicher Onkel und bleibt uns eigentlich fern.

Worauf kommt es letztlich an? Dass Gott mich und dich ansieht und er sein Angesicht leuchten lässt über dir und mir und uns gnädig ist. Dass der Herr sein Angesicht erhebt über uns und uns Frieden gibt. Und weil er dein und mein anklagendes und schmerzliches Warten sieht, sind wir gesegnet und behütet. Das ist es doch wert, weiter zu warten.

Du Leidende, Gott sieht dich an durch Jesus.
Du Geschmähter, Gott sieht dich an durch Jesus.
Du Vernachlässigter, Gott sieht dich an durch Jesus.
Du Hoffnungslose, Gott sieht dich an durch Jesus.
Du gepeinigte Seele, Gott sieht dich an durch Jesus.
Du Verlassene, Gott sieht dich an durch Jesus.
Du Enttäuschter, Gott sieht dich an durch Jesus.

Warten, dass ich Gott sehe

Wenn mich jemand als junger Christ gefragt hätte, ob ich an Gebetserhörungen glaube, hätte ich schnell Ja gesagt. Ich hätte von dem Moment erzählt, als ich am Strand in Kalifornien laufen gegangen war und den Autoschlüssel im Sand verloren hatte. Ich hätte erzählt, dass ich gebetet und den Schlüssel im Sand wiedergefunden hatte. Das verstand ich damals als Gebetserhörung.

Ich hätte außerdem davon berichtet, wie wir für Johann beteten, der an der Universität das Verhalten von Affen erforschte. Seine Affen taten einfach nicht, was von ihnen verlangt wurde. Nachdem wir für Johanns Affen gebetet hatten, erledigten sie erfolgreich ihre Aufgaben. Das verstand ich damals als Gebetserhörung.

Ich hätte außerordentliche, übernatürliche, irritierende, provozierende Geschichten erzählt. Vielleicht erhört Gott ja in besonderer Weise die Gebete von Neulingen im Glauben?

Ich könnte nun auch viele Gebete aufzählen, die nicht beantwortet wurden. Damit meine ich keine selbstsüchtigen Gebete, sondern wirklich wichtige wie: »Gott, ich bitte dich um Heilung meiner kranken Mutter, die im Sterben liegt. Ich bitte dich um ein Wunder.« Ich glaube, dass ich mir keinen Vorwurf machen kann, dass ich da nicht beständig gebetet hätte. Aber dieses Gebet wurde, wie viele andere, nicht so beantwortet, wie ich es mir erhofft hatte.

Wir befinden uns in einer Position der erlebten Gebetserhörungen und der unbeantworteten Gebete, in der Position der wunderbaren Gebetserhörungen und jener, wo man das Gefühl hat, die Gebete reichen nicht weiter in den Himmel als das Dach, unter dem man sich befindet.

Unverschämtes Drängen

Von diesem Standpunkt aus lohnt es sich, eine Parabel aus dem Lukasevangelium zu betrachten (Lukas 11,5-13):

> *Und er sprach zu ihnen: Wer unter euch hat einen Freund und ginge zu ihm um Mitternacht und spräche zu ihm: Lieber Freund, leih mir drei Brote; denn mein Freund ist zu mir gekommen auf der Reise, und ich habe nichts, was ich ihm vorsetzen kann, und der drinnen würde antworten und sprechen: Mach mir keine Unruhe! Die Tür ist schon zugeschlossen und meine Kinder und ich liegen schon zu Bett; ich kann nicht aufstehen und dir etwas geben.*
>
> Lukas 11,5-7

Jesu Geschichte der Dorfnachbarn hat vermutlich zu seiner Zeit ein Grinsen auf die Gesichter des Publikums gezaubert. Er beginnt mit einer Frage, die er in dieser Erzählung selbst beantwortet: »Wer unter euch …?«

Ein Mann öffnet eines Nachts für einen späten Gast seine Tür und findet nichts in seiner Vorratskammer. Es war nicht unüblich, dass Menschen in diesem heißen Klima erst nach Sonnenuntergang reisten und man somit noch spät abends Besuch bekam.

In einer Region, die berühmt ist für ihre Gastfreundschaft, würde keine anständige Person einen Reisenden abweisen oder ihm ein Bett anbieten, ohne für ein Abendessen zu sorgen. Es ist also selbstverständlich, dass sich der Gastgeber zu seinem Freund begibt, um ihn um Brot zu fragen, weil seine eigene Speisekammer leer ist. Vermutlich will er seinen Freund neben dem Brot um weiteres Essen bitten. Wer schon einmal mit iranischen oder arabischen Freunden gegessen hat, dem ist vermutlich aufgefallen, dass sie das Fladenbrot wie Besteck verwenden. Sie ergreifen das Essen mit dem Brotstück in ihren Händen. Es kann also davon ausgegangen werden, dass der Nachbar in Not weitere Speisen benötigte, die er sich ebenfalls von seinem Nachbarn ausleihen wollte. Es war sicher nicht unüblich, dass Dorfbewohner einander in Gastfreundschafts-Notfällen aushalfen.

In Jesu Geschichte aber lehnt der Nachbar verbissen die Anfrage ab. Er hat sich schon schlafen gelegt in dem einen Zimmer des Hauses, gemeinsam mit seiner Familie. »Mach mir keine Unruhe«, sagt er. »Die Tür ist zugeschlossen und meine Kinder und ich liegen schon zu Bett; ich kann nicht aufstehen und dir etwas geben.«

Vermutlich haben sich die damaligen Zuhörer kaputtgelacht bei dieser schlechten Ausrede. Jesus fragt zwischen den Zeilen: »Könnt ihr euch so einen Nachbarn vorstellen?« Die innere Reaktion der Leute darauf wäre wohl: »Sicherlich nicht. Niemand in unserem Dorf wäre so unhöflich. Wenn einer so handeln würde, wüsste es am nächsten Morgen das ganze Dorf.«

... so wird er doch wegen seines unverschämten Drängens aufstehen ...

Dann kommt Jesus zur ersten Pointe: »Und wenn er schon nicht aufsteht und ihm etwas gibt, weil er sein Freund ist, so wird er doch wegen seines unverschämten Drängens aufstehen und ihm geben, so viel er bedarf« (Vers 8).

Die zweite Pointe folgt sogleich, nämlich die Anwendung für das Gebet: »Bittet, so wird euch gegeben; suchet, so werdet ihr finden; klopfet an, so wird euch aufgetan. Denn wer da bittet, der empfängt; und wer da sucht, der findet; und wer da anklopft, dem wird aufgetan« (Verse 9-10).

Das Vaterunser als Horizont der Gebete

Es lohnt sich, dieses Gleichnis im Gesamtzusammenhang zu lesen. Lukas erzählt diese Geschichte direkt nach seinem Bericht darüber, wie Jesus seine Jünger lehrt, wie sie beten sollen:

Vater unser im Himmel, geheiligt werde dein Name, dein Reich komme, dein Wille geschehe, wie im Himmel so auch auf Erden, unser tägliches Brot gib uns heute und vergib uns unsere Schuld wie auch wir vergeben unseren Schuldigern und führe uns nicht in Versuchung.[52]

Es ist kein Zufall, dass diese Szenen aufeinanderfolgen, sie gehören in gewissem Sinne zusammen. Indem Lukas die Geschichte des Nachbarn nach dem Vaterunser erzählt, zeichnet er einen scharfen Kontrast zwischen dem widerwilligen Nachbarn und Gott, dem Vater. Wenn sogar ein Nachbar, der dich eigentlich loswerden will, schlussendlich aufsteht, um dir zu geben, was du willst – nicht aufgrund der Freundschaft, sondern aufgrund der Aufdringlichkeit – wie viel mehr wird Gott dir geben, was du brauchst, wenn du mutig und unverschämt betest. Würde denn ein Vater seinem Sohn oder seiner Tochter etwas Schädliches geben, wenn sie nach etwas Gutem fragen?

Der Vergleich zwischen dem widerwilligen Nachbarn und Gott als unserem Vater im Himmel bietet zwei verschiedene Ausgangspunkte zur Interpretation.

Vom bereitwillig hörenden und gebenden Vater

Es ist eine frohe Botschaft, dass unser Vater im Himmel »gibt«. So erzählt es Jesus. Doch was genau gibt er? Das ist eine Anfrage ans Gebet im Allgemeinen: Was gibt Gott? Erhört Gott Gebete? Und wenn ja, wie?

Das Wort »erhören« bedeutet ursprünglich »(an)hören, wahrnehmen«. Die primäre Bedeutung ist heute, »jemandem Erbetens gewähren«. Die Gebetserhörungen, von denen ich am Anfang berichtet habe, fallen in diese Kategorie. Im Ostmitteldeutschen kann »erhören« auch bedeuten: »anhören und ertragen«.[53] In diesem Sinne erhört Gott jedes Gebet, er hört es sich an, er erträgt unsere Klagen – aber er gibt uns nicht immer, was wir erbeten haben.

Man darf jetzt nicht den Irrtum begehen, eine Abkürzung in diese Geschichte einzubauen und damit die Worte Jesu, dass alles Bitten, Suchen und Klopfen erfüllt wird, missverstehen. Es geht hier nicht um eine Anweisung zum Gebet, die Gesundheit und Wohlstand verspricht. Es geht nicht um ein Versprechen, dass wir alles bekommen werden, was wir erbitten.

Wer allein diese Worte als Garantie dafür zitiert, dass er von einer Erkrankung geheilt wird, der knechtet Gott unter seinen Willen, der macht Gott zum Automaten – und versteht diese Erzählung falsch. Was uns hier erklärt und vor Augen gemalt wird, ist, *wie* wir uns zu Gott halten dürfen, und dass Gott unsere Gebete hört – immer! Aber er antwortet oft nicht so, wie wir es erwarten würden.

Vielleicht antwortet er gar nicht. In diesen Momenten scheint Gott furchtbar weit weg, ja verborgen. Und doch hat er unser Gebet gehört.

Manchmal hört Gott, aber er sagt Nein. Dann erscheint er uns grausam.

Oder er hört und wir erkennen nicht, ob das Gebet beantwortet ist oder nicht. In diesen Momenten scheint Gott unklar, undeutlich zu sein.

Zuletzt kann es auch sein, dass Gott erhört und im Sinne unserer Bitten antwortet. In diesen Momenten ist uns Gott vielleicht »am liebsten«.

Wehe uns! Wehe uns, wenn wir Gebete wie eine 2-Euro-Münze verstehen, die gefälligst das gewünschte Produkt »freigeben« soll. Gebet ist keine Transaktion, etwa nach dem Motto: »Wenn ich meine Pflicht tue, schuldet mir Gott.« Das wäre ein buddhistisches Gebetsverständnis, wo jede Umdrehung des Gebetsrades ein Gebet in den Himmel schickt.

Erstes Korrektiv: Das Vaterunser

Zwei Korrektive sind in diesen Text eingebaut. Zum einen das Korrektiv, dass unser Bitten, Suchen und Klopfen dem Vaterunser untergeordnet ist. Das Bitten des Freundes und unser Bitten ist einsortiert in das Gebet, das Jesus seine Jünger und uns gelehrt hat. Ein Gebet, in dem es um das Empfangen des Reiches Gottes geht. Es geht nicht um die Erfüllung unserer Wünsche, sondern um das Empfangen des Reiches Gottes.

Im Vaterunser ordnen sich alle menschlichen Dinge unter:

- die Bitte um das tägliche Brot
- die Bitte um die Vergebung unserer Schuld
- die Bitte, nicht in Versuchung geführt zu werden
- die Bitte um Erlösung von dem Bösen

Sie ordnen sich den auf Gott bezogenen Dingen unter, nämlich den Bitten:

- »Geheiligt werde dein Name«
- »Dein Reich komme«
- »Dein Wille geschehe«

Oder noch radikaler: Die folgenden sechs Bitten ordnen sich der ersten Bitte unter: »Geheiligt werde dein Name!« Denn durch diese erste Bitte empfangen wir das Reich Gottes, werden aufmerksam auf Gottes Willen, lernen unsere Abhängigkeit gegenüber Gott, lernen, Schuld zu vergeben.

Das Bitten des Freundes in der Erzählung und unser Bitten sind einsortiert und genau dieser einen Bitte untergeordnet: »Geheiligt werde dein Name«. Dann ist der Hauptzweck des Gebets eben nicht, das Leben einfacher zu machen oder magische Kräfte zu bekommen, sondern Gott kennenzulernen.

In Not und Leid war »Geheiligt werde dein Name« mein Gebet, als meine Mutter eben nicht gesund wurde. Hat Gott meine

Gebete erhört? Natürlich hat er sie erhört. Denn ich lernte, meine Bitte um Heilung einzusortieren und unterzuordnen.

»Geheiligt werde dein Name« – als wir die Nachricht bekamen, dass sie austherapiert ist und die Palliativ- und Hospiz-Phase beginnt.

»Geheiligt werde dein Name« – in der Art und Weise, wie wir Geschwister miteinander umgingen, wie wir die letzten Tage gestalteten, wie wir mit der Dosierung der Medikamente umgingen.

> Es geht nicht um die Erfüllung unserer Wünsche, sondern um das Empfangen des Reiches Gottes.

»Geheiligt werde dein Name« – in der Art und Weise, wie wir Abschied nahmen, wie wir am Bett saßen und warteten und nicht mehr wussten, was wir sagen sollten.

»Geheiligt werde dein Name« – in der Art und Weise, wie wir versuchten, für meine Mutter da zu sein, ihr beizustehen und sie zu trösten, als sie Angst vor dem Sterben hatte.

»Geheiligt werde dein Name« – als wir die Beerdigung mit meiner kranken Mutter vorbereiteten.

Natürlich hört Gott unsere Gebete. Aber wie er sie beantwortet, bleibt ihm überlassen. Das Erste gibt mir Trost und lässt mich Gott kennenlernen. Das Zweite sorgt mich nicht mehr so sehr wie früher.

Zweites Korrektiv: Der Heilige Geist

Im Anschluss an das Gleichnis findet sich das zweite Korrektiv: Lukas spricht von dem Guten, das die Bittenden, Suchenden und Klopfenden empfangen werden, nämlich den Heiligen Geist.

Durch den Heiligen Geist antwortet Gott als gebender Vater. Diese Antwort Gottes ist nicht gebunden an unser Erleben. Dieses kann momentan oder zurückblickend an Emotionen oder an ein Gefühl der Geborgenheit gebunden sein, muss es aber nicht.

Meine Gefühle der Gegenwart oder der Ferne Gottes entsprechen nicht immer der Wirklichkeit.

Zu oft habe ich den Heiligen Geist nicht gespürt und trotzdem die Gewissheit gehabt, dass es der Heilige Geist ist, der wirkt, weil Gott dies versprochen hat. Weil der Geist Gottes sich an die Bibel bindet, ist es der Heilige Geist, der mir die Heilige Schrift erschließt, und ich lerne, wie ich beten soll. Es ist der Heilige Geist, der mir aufzeigt, wie das Beten mein Herz und mein Leben neu ordnet.

Meine Gefühle der Gegenwart oder der Ferne Gottes entsprechen nicht immer der Wirklichkeit.

Das ist das Gute, das der Vater verspricht, den Heiligen Geist, der in Momenten der Not und Bitte tröstet und einen längeren Atem schenkt, um zu ertragen, was unerträglich scheint. Der Heilige Geist ist es, der Kraft für ein kurzes Aufatmen gibt, wenn wir es nicht erwartet hätten. Der Heilige Geist ist es, der vielleicht unsere Bitte an Gott verändert, der aber auch mutiger und dreister bitten lässt, weil wir über das gegenwärtig Sichtbare hinaus glauben.

Von diesem Heiligen Geist berichten viele Christen, die im Gebet Trost und Gewissheit erfahren haben, selbst wenn ihre Gebete nicht »beantwortet« wurden. Wir brauchen Gott selbst weit mehr als alles, was wir von Gott bekommen könnten.

Einen Gedanken möchte ich hier noch anschließen: Ich habe gelernt, Gebet nicht als meinen Weg zu sehen, um Gottes Gegenwart zu etablieren, sondern als meinen Weg, auf Gottes Gegenwart zu antworten – egal ob ich sie spüren kann oder nicht.

Vom mutigen Drängen

Jesus erzählt, *wie* wir uns zu Gott halten dürfen. Wir sollen mutig-dreist sein. Keine Bedenken – menschlich verstanden – sollen den Beter davon abhalten, es mit dem Bitten zu wagen! Und trotzdem fällt das Gewicht dieser Aktion keineswegs auf den Bittsteller. Nicht der Bittsteller allein bewirkt die Wende. Das Gewicht fällt auf Gott, der die vorgetragene Not nicht untätig ansehen kann. Damit es zum Bitten kommt, eben darum schildert die Geschichte den Freund nicht nur als freundlich und hilfsbereit. Gott lässt sich bitten und anflehen – und bewegen von der vorgetragenen Not.

Gott lässt sich bitten und anflehen – und bewegen von der vorgetragenen Not.

Wir sollen beten. Das wird uns in dieser Erzählung und in vielen anderen Geschichten der Bibel geboten. Ja, geboten! Beten ist wichtig. Es ist wichtig, weil Jesus davon erzählt, schlicht auch weil Jesus gebetet hat. Wir sollen als Einzelne und als Gemeinde beten. Es ist uns geboten, und es ist uns verheißen, dass Gott hört. Ich lerne, dass mir die Gewissheit, dass Gott hört, mehr Trost und Kraft gibt als eine bestimmte Antwort, die ich erwarte.

Lasst uns Gott in den Ohren liegen, dass er seinen Willen durchsetzt, dass die Menschen, mit denen wir zu tun haben, durch den Heiligen Geist zum Vater gezogen werden. Lasst uns beten für die traurigen, geschundenen Seelen in unseren Gemeinden, dass der Heilige Geist ihnen Gewissheit schenkt, dass Gott der Vater ihre Gebete hört. Lasst uns beten für jene, die krank, kraftlos, entmutigt sind, die ihr Haupt kaum noch heben können. Lasst uns beten für alle jene, deren Not groß und deren Glaube klein ist.

Als ich vor vielen Jahren begann, mich mit Aussagen über das Gebet zu beschäftigen, las ich von den großen Betern der Geschichte. Georg Müller begann jeden Tag mit vielen Stunden Gebet, Charles Simeon stand um 4 Uhr auf, um vier Stunden zu beten, Bischof Lancelot Andrews betete fünf Stunden täglich. Der Orden »The Sleepless Ones« betet 24 Stunden am Tag, und er hat das bereits getan, bevor es überall auf der Welt Gebetshäuser gab. Auch wir könnten das alles tun, einfacher und machbarer sind für die meisten vielleicht die Gebetstreffen in unseren Gemeinden zusätzlich zu einer eigenen »stillen Zeit«.

Wenn mich heute jemand fragen würde, ob ich an Gebetserhörungen glaube, dann würde ich Ja sagen. Ich würde von anderen Gebetserhörungen sprechen als in jüngeren Jahren. Und gleichzeitig würde ich von unbeantworteten Gebeten erzählen. Ich würde sagen, dass Jesus seine Jünger und Jüngerinnen auffordert, mutig und dreist zu beten. Ich würde daran erinnern, dass Jesus von einem Vater im Himmel erzählt, der bereitwillig hört und gibt, einem Vater, der unsere Gebete immer hört. Ich würde von Gebeten berichten, die nicht, anders oder irritierend beantwortet wurden. Ich würde erzählen von einem guten Vater im Himmel, der den Heiligen Geist verspricht und uns lehrt, dass unsere Bitten sich dem Vaterunser unterordnen.

Und ich würde sagen: Lasst uns nicht müde werden, zu beten und zu bitten und uns dabei verändern zu lassen, bis wir ganz von ihm durchdrungen sind.

Sich dem Vater hingeben wie Jesus

Der einflussreiche Atheist Richard Dawkins schreibt in seinem Buch »Der Gotteswahn«:

Abraham erhält von Gott den Befehl, seinen geliebten Sohn als Brandopfer darzubringen. Daraufhin baut er einen Altar, schichtet das Brennholz auf und bindet Isaak (bei den Muslimen Ismael) darauf fest. Er hat das tödliche Messer bereits in der Hand, da greift ein Engel auf dramatische Weise ein und verkündet, der Plan habe sich in letzter Minute geändert: Gott habe nur Spaß gemacht, habe Abraham »auf die Probe stellen« wollen, um seinen Glauben zu prüfen. Ein heutiger Ethiker muss sich einfach fragen, ob ein Kind sich von einem solchen seelischen Trauma jemals wieder erholen würde. Nach modernen ethischen Maßstäben ist diese widerwärtige Geschichte ein Beispiel für Kindesmisshandlung, eine Schikane in zwei ungleichen Machtverhältnissen und die erste belegte Verteidigung nach dem Muster der Nürnberger Prozesse: »Ich habe nur Befehle ausgeführt.« Dennoch ist diese Legende einer der großen Gründungsmythen aller drei monotheistischen Religionen.[54]

Dieser Kritik schließt sich ein anderer berühmter Vertreter der Neuen Atheisten an. Christopher Hitchens, Autor des Buchs »Der Herr ist kein Hirte«, sagte in einer Präsentation:

Ist es nicht wahr, dass alle Weltreligionen Abraham zum Stammvater haben? Absolut, und wir vergessen nicht, das zu betonen. Und wofür war Abraham am meisten bekannt?

Er war bekannt dafür zu sagen, dass wenn Gott will, dass ich meinen Jungen töte, ich das natürlich in die Hand nehme. (...) Es gibt jährlich religiöse Feste, in denen bekannt wird: »wir wünschten, dass wir ebenfalls zu solch einem Glauben fähig wären. Und wir schlagen uns auf unsere Brust in Sympathie für diejenigen, bei denen das der Fall ist.« Warum blasen die Juden das Widerwort, die Schophar? Weil die Schophar den Widder symbolisiert, der anstelle des Sohnes geschlachtet wurde. Das Blutopfer ist die Hauptsache. Und es muss ein Kind involviert sein. Das scheint mir abscheulich zu sein.[55]

Die Erzählung von der Opferung Isaaks (1. Mose 22,1-13) ist kein leicht verdaulicher Text. Und trotzdem gehört er zu den Wurzeln des christlichen Glaubens. Es ist ein Text wie jeder andere in der Bibel, der seine Leser aufrichten, ermahnen, zur Buße anleiten und in die Arme Gottes treiben will, der stärken, wachsen lassen und ja, auch erschüttern will – er will Dinge im Leser »ver-rücken«.

Dabei bietet dieser Text natürlich viele Möglichkeiten, um den Gott, dem Christen folgen und den sie lieben, anzuklagen. Mit diesem Abschnitt werden keine Tauffeste gefeiert und keine Hochzeitspredigten gehalten. Der Text wird meist entweder kritisiert, wie von den Neuen Atheisten, oder symbolisch und gleichnishaft gedeutet und damit gezähmt.

Ein Einblick in Abrahams Lebensgeschichte

Ich nehme die Kritik von Dawkins und Hitchens sehr ernst und bis zu einem gewissen Grad stimme ich sogar mit ihnen überein. Beide haben recht damit, dass dies ein schwieriger und erschütternder Bericht ist. Er erschüttert im wahrsten Sinn des Wortes das, was wir über Gott denken und glauben.

Um diesem Text näherzukommen, lohnt es sich, tiefer in

Abrahams Lebensgeschichte einzutauchen. Abram (später Abraham, im Folgenden nennen wir ihn durchgehend Abraham) hört den Ruf Gottes, aus seiner Heimat in ein unbekanntes Land zu ziehen (1. Mose 12), das ihm Gott erst noch zeigen wird, und trennt sich auf diesen Ruf hin von seiner Sippe. Doch gleich als Nächstes folgt eine unrühmliche Begebenheit (1. Mose 12,10-20):

Als eine Hungersnot das Land befällt, weicht Abraham ihr aus und zieht mit Sara nach Ägypten. Abraham gibt seine Frau als seine Schwester aus, damit er nicht getötet wird, wenn ein Ägypter Sara heiraten will. Sara ist zwar tatsächlich seine Halbschwester, aber diese Halblüge verschweigt etwas sehr Wichtiges: Sara ist bereits verheiratet. Abraham weiß, dass sie in Ägypten rechtlos sind und jeder Willkür freigegeben. Er sieht nur zwei Möglichkeiten: den Untergang oder das Preisgeben seiner Frau. Er denkt nicht mehr daran, dass Gott ihm Großes verheißen hat, denn mit dem Ruf ging das Versprechen einher: »Ich will dich zum großen Volk machen und will dich segnen und dir einen großen Namen machen, und du sollst ein Segen sein. Ich will segnen, die dich segnen, und verfluchen, die dich verfluchen« (1. Mose 12,2-3).

Es geschieht, wie Abraham geahnt hat: Die Schönheit seiner Frau erregt Aufsehen, die Kunde von ihr dringt bis zum Pharao – wie leicht hätte der Herrscher Abraham beseitigen lassen können, um Sara zu bekommen. Als Bruder der schönen Frau bekommt Abraham stattdessen sogar Geschenke. Dann aber geschieht, womit Abraham nicht gerechnet hat. Gott, der Mächtige, greift ein und plagt »den Pharao und sein Haus mit großen Plagen um Sarais, Abrahams Frau, willen« (Vers 17). Abraham bekommt seine Frau wieder und kann das Land mit den Geschenken verlassen, aber als einer, der wegen seines Kleinglaubens beschämt wurde. Er musste sich von dem mächtigen Herrn Ägyptens daran erinnern lassen, dass sein Herr der Mächtigere ist.

Dies ist die erste Geschichte von Abraham, in der der »Vater des Glaubens« dieser Bezeichnung keine Ehre macht. Abraham wird beschämt, weil er nicht mit Gottes Möglichkeiten gerechnet hat.

Gott, der Mächtige, greift ein.

Diese Erkenntnis ist auch heute von höchster Bedeutung, in unserer Zeit, in der eine unglaubliche Machtanhäufung möglich geworden ist. Je mehr Macht jemand zu haben scheint, umso mehr scheinen wir zu vergessen, dass es eine größere Macht gibt, die eingreifen kann. Daraus wird mit Westermann deutlich:

> *Es gibt keine Macht auf dieser Welt und wird sie nie geben, die von Gott nicht gestört, gehindert, gehemmt oder mitten in ihrem Zuschlagen aufgehalten werden könnte gegen alle menschliche Voraussicht. Es gibt niemals die Alternative, vor der Abraham zu stehen glaubte in reiner Form, dass nämlich ein Mensch sagen muss: Entweder ich gebe preis, was mir von Gott anvertraut ist – oder ich muss sterben. Gott hat immer noch eine Möglichkeit, wo wir keine mehr sehen.*[56]

Noch wichtiger ist jedoch: Abraham wird zwar beschämt, weil er nicht mit Gottes Möglichkeiten gerechnet hat – aber Gott handelt dennoch weiter an ihm. Die Geschichte sagt unterschwellig: So sind wir Menschen. Wir halten nicht immer der Übermacht stand. Wir sind nicht immer stark im Glauben – so wie auch Abraham alias Abram es nicht war. Aber der Weg geht weiter – Gott nimmt ihn und uns weiter mit.

Dies ist nicht die einzige Geschichte, in der Abraham und Sara nicht gemäß Gottes Verheißung handeln. Die Jahre vergehen und Sara wird einfach nicht schwanger. Deshalb sucht sie einen Ausweg, der in ihrer damaligen Welt üblich war: Sie gibt ihrem Mann ihre Magd als Nebenfrau. Hagar wird schwanger, Ismael wird geboren und Eifersucht und Streit zwischen den beiden Frauen bringen viel Leid über die Familie. Westermann schreibt: »Auch dieser Weg, auf dem die Menschen meinten, Gottes Verheißung nachhelfen zu können, wird von Gott abgewiesen.«[57]

Ein zweites Mal handelt Abraham nicht wie ein »Vater des Glaubens«. Gott hat ihm ja verheißen: »Sieh gen Himmel und zähle die Sterne; kannst du sie zählen? … So zahlreich sollen deine Nachkommen sein!« (1. Mose 15,5). Eine Zukunft konnte Abraham in der Welt, wie sie damals war, nur haben, wenn er Vater wurde. Der alttestamentliche Theologe Westermann schreibt dazu: »Stirbt er kinderlos, so versinkt sein Leben in das Nichts des Vergessens; es wäre, als hätte er nie gelebt, und die Verheißungen versänken mit ihm in das Nichts.«[58]

Abram hört den Ruf Gottes, doch Sarai (später Sara), seine Frau, kann kein Kind bekommen. Trotzdem bestätigt Gott die Verheißung eines Erben immer wieder. Als Abram und Sarai viel zu alt für Kinder sind, Abram ist 99 und Sarai 89, erneuert Gott seinen Bund mit Abram und gibt ihm und seiner Frau neue Namen: Er soll Abraham heißen. Gott sagt: »Darum sollst du nicht mehr Abram heißen, sondern Abraham soll dein Name sein; denn ich habe dich gemacht zum Vater vieler Völker. Und ich will dich sehr fruchtbar machen und will aus dir Völker machen und Könige sollen von dir kommen« (1. Mose 17,5-6). Dann erscheint ihm der Herr in Mamre und sichert ihm zu, dass Sara in einem Jahr ein Kind bekommen wird (1. Mose 18).

Doch bevor endlich das verheißene Kind geboren wird, gibt Abraham Sara ein weiteres Mal als seine Schwester aus. Der fremde König Abimelech nimmt sie zu sich, schläft aber nicht mit ihr (1. Mose 20,1-18). Gott erscheint Abimelech im Traum und weist ihn zurecht. Erneut erhält Abraham seine Frau wieder und erneut wird er beschämt. Dennoch wird hier nicht ein einziges urteilendes Wort gefällt. Abraham erlebt stattdessen, dass es für Gott, gegen alle menschliche Vernunft, nichts Unmögliches gibt. Kurz darauf wird Sara schwanger und Isaak kommt zur Welt (1. Mose 21).

Die schwerste Probe hat Abraham jedoch noch zu bestehen, als Gott ihm befiehlt: »Nimm Isaak, deinen einzigen Sohn, den du lieb hast, und geh hin in das Land Morija und opfere ihn dort zum Brandopfer auf einem Berge, den ich dir sagen werde« (1.Mose 22,2).

Die schwerste Probe hat Abraham noch zu bestehen.

Isaak als Brandopfer darzubringen bedeutete, dass Abraham seinen Sohn auf den Altar legen, ihn mit einem Messer schlachten, das Blut seines Sohnes an den Altar sprenkeln und dann alles, was von seinem geliebten Kind noch übrig war, mit Feuer verbrennen sollte. Wie konnte Gott so etwas Unmenschliches verlangen? Ist das nicht Mord? Ist da ein Aufschrei wie von Dawkins und Hitchens nicht gerechtfertigt?

Gottes Prüfung

Der Befehl beginnt mit der Einleitung: »da prüfte Gott den Abraham« (ELB). Man könnte auch sagen: »da versuchte Gott den Abraham« oder »da stellte Gott den Abraham auf die Probe«.

Sicherlich tat Gott das nicht, um sein Wissen zu erweitern, sondern er prüfte Abraham, um ihm etwas zu zeigen. Walter Kaiser sagt dazu: »Gott kann seine Kreaturen in Umstände besonderer Prüfungen bringen, nicht mit der Absicht, sich selbst Informationen zu beschaffen, sondern um den Individuen und anderen den Charakter ihres Herzens zu offenbaren. Gottes Attribute bleiben … in allen Formen göttlichen Prüfens, zur Probe stellen und dem Versuchen von Personen unangetastet.«[59]

Vielleicht erschüttert uns dieser Text, vielleicht erschüttert uns sogar Gott selbst. Gott kann seine Kreaturen in Umstände besonderer Prüfungen bringen, nicht um etwas über sie herauszufinden, wie sie denn reagieren werden – sondern um ihnen etwas über sich selbst zu zeigen. Gott kann uns in Umstände besonderer Prüfungen bringen, um uns etwas über uns, unser Herz und über Gott zu zeigen.

Mindestens genauso beunruhigend wie Gottes Befehl ist Abrahams bedingungsloser Gehorsam. Früh am Morgen stand Abraham auf – wahrscheinlich hat er ohnehin nicht geschlafen. Er spaltet das Holz zum Brandopfer. Das scheint völlig grotesk, er muss dafür ja berechnen, wie viel Holz er mindestens benötigt, um seinen Sohn zu verbrennen. Dann ziehen sie los, drei Tagesreisen weit zu den Bergen von Morija. Vater und Sohn besteigen den Berg allein. Die Geschichte verlangsamt sich. Abraham baut einen Altar, bindet seinen Sohn, legt ihn auf den Altar und nimmt das Messer, um seinen Sohn zu schlachten. Der Vater ist zum Letzten bereit. In seinem Herzen hat er Isaak bereits geopfert.

Dann wird Abraham in der letzten Sekunde gestoppt.

> Gott zeigt uns durch besondere Prüfungen etwas über uns, unser Herz und über Gott.

Das bereitet vielen Kopfzerbrechen. Man könnte meinen, dass Abraham ein eiskalter Mörder ist, der bereit ist, sein eigenes Fleisch und Blut umzubringen, es sei denn Gott drückt auf den »Aus«-Knopf. Genau an dieser Stelle gibt es zwei Möglichkeiten, zu reagieren.

Die erste Reaktion ist die von Dawkins und Hitchens. Sie würden sagen, dass Abraham des versuchten Mordes schuldig ist, ein Krimineller, der eingesperrt werden sollte. Nach seiner Freilassung sollte ihm per einstweiliger Verfügung verboten werden, sich seinem Sohn zu nähern.

Die zweite Reaktionsmöglichkeit ist die von religiösen Moralisten. Sie würden zu dem Schluss kommen: »Abraham ist unser Vorbild. Sein blinder Glaube, sein absoluter Gehorsam, sein radikaler Fundamentalismus verdienen unseren größten Respekt. Wir sollten alle seinem Beispiel folgen. Wir sollten so sein wie er. Was ist dein Isaak? Lasst uns alle unseren Isaak opfern!«

Aber sind dies wirklich die einzigen Alternativen, zwischen denen wir uns entscheiden müssen? Vielleicht gibt es ja noch eine andere Möglichkeit! Um die Geschichte besser zu verstehen, ist es wichtig, drei Dinge zu klären:

1. Was ist die Bedeutung des Erstgeborenen?
2. Was ist an Abrahams Versuchung so schrecklich?
3. Welche Bedeutung hat das stellvertretende Opfer?

Die Bedeutung des Erstgeborenen

In der Erzählung bezeichnet Gott Isaak dreimal als Abrahams einzigen Sohn (Verse 2, 12, 16). Isaak wird als Erstgeborener angesehen, der Sohn mit Saras Magd hat für Gottes Geschichte mit seinem Volk offenbar keine Bedeutung.

Für westliche Christen des 21. Jahrhunderts ist die Bedeutung des Erstgeborenen nicht leicht zu verstehen. In unserer Gesellschaft zählt das Recht des Individuums mehr als das Recht des Kollektivs. Zu Abrahams Zeiten galt das Gegenteil. Als einziger Sohn stand Isaak nicht nur für sich selbst als Individuum. Isaak repräsentierte die gesamte Familie, den ganzen Clan. Die Hoffnung der Sippe lag auf ihm. Der Erstgeborene stand für die ganze Familie, in all ihrer Stärke und all ihrer Schuld und Sünde.

Im Alten Testament spielt die Erstgeburt eine große Rolle. Im zweiten Buch der Bibel lesen wir Gottes Befehl an sein Volk: »So sollst du dem Herrn alles aussondern, was zuerst den Mutterschoß durchbricht. Alle männliche Erstgeburt unter deinem Vieh gehört dem HERRN« (2. Mose 13,12).

Abraham hatte das verstanden. Wenn Gott Abraham den Befehl gegeben hätte, Sara zu opfern, dann hätte Abraham gesagt: »Das ist verrückt! Sara zu opfern, wäre Mord!« Doch Gott verlangte etwas, was ihm zustand.

Warum ist Abrahams Versuchung so schrecklich?

Worum geht es in Abrahams Test? Der Engel sagt zu Abraham: »Nun weiß ich, dass du Gott fürchtest und hast deines einzigen Sohnes nicht verschont um meinetwillen« (2. Mose 22,12). In der Prüfung geht es also darum, ob Abraham Gott fürchtet. Die Frage ist, ob Abraham den Gott, der segnet, mehr schätzt als den Segen, den er schenkt.

Wer ist der Gott, den Abraham fürchten soll? Wer ist der Gott, den Abraham lieben soll? Abraham hat Gott als einen segnenden, liebenden, vor Unheil bewahrenden Gott erfahren. Jetzt hat Abraham die Aufgabe, Gottes Befehl der Opferung Isaaks mit der bisherigen Selbstoffenbarung Gottes in Einklang zu bringen. Wie kann Gott seine Verheißungen erfüllen, die Menschheit durch Isaak segnen, wenn Abraham diesen jetzt umbringen soll? Wie kann Gott gnädig und barmherzig sein und gleichzeitig ein solches Opfer verlangen?

Wie kann Gott gnädig und barmherzig sein und gleichzeitig ein solches Opfer verlangen?

Ich glaube, dass das der wahre Schrecken von Abrahams Versuchung ist. Der christliche Philosoph Kierkegaard hat viel über diesen biblischen Text geschrieben. Er war davon fasziniert, wie man auf das mit Liebe und Verlust verbundene Leiden reagieren soll. Er meinte, dass Abraham gerade deswegen inspirierend ist, weil er in der Lage war, einen scheinbar unvereinbaren Widerspruch zusammenzuhalten: Er glaubte daran, dass der Gott, der ihm befahl, das zu tun, was am schrecklichsten und am schmerzhaftesten war, auch der Gott war, der ihn liebte.[60]

Was ermöglichte Abraham, den Berg hochzusteigen? Waren es Gedanken wie: »Ich kann es tun, ich kann Gott gehorchen, ich liebe Gott mehr als Isaak«? Das glaube ich nicht. Es war vielleicht eher so: »Inmitten meiner allergrößten Not und unter schlimmsten Schmerzen glaube ich trotzdem daran, dass Gott gut ist, dass Gott mich liebt. Er wird sein Versprechen halten, selbst wenn das bedeutet, dass er Isaak von den Toten auferwecken muss.« Ich glaube, dass Abraham hier dabei war, die dritte Möglichkeit Gottes zu lernen. Die dritte Möglichkeit, die er in Ägypten nicht vor Augen hatte, nicht bei Abimelech und nicht, als er die Magd seiner Frau zu sich nahm.

Die Bedeutung des stellvertretenden Opfers

Als der Engel Abraham davon abgehalten hatte, Isaak zu schlachten, sah dieser einen Widder, der sich mit seinen Hörnern im Gestrüpp verfangen hatte. Diesen opferte er anstelle seines Sohnes. Und dann benannte Abraham den Ort: »Der HERR wird ersehen« (ELB). Das überlesen Leute wie Dawkins und Hitchens, aber auch religiöse Moralisten gern. Der Berg, auf dem Abraham Isaak fast opferte, heißt nicht: »Abraham gehorchte absolut«, sondern »Jahwe Jireh« – »Der Herr wird ersehen, er wird dafür sorgen.«

> Spätestens hier müsste uns eine Ahnung beschleichen, dass die Geschichte noch nicht zu Ende ist.

Der Herr sorgte für das Opfer. Die ursprünglichen Hörer dieser Geschichte haben sich an dieser Stelle vermutlich am Kopf gekratzt. Irgendwie fühlt sich das Ganze nicht vollständig an. Wenn Abraham Isaak hätte opfern sollen, dann ist doch ein Widder kein angemessener Ersatz! Ein Tier ist doch viel weniger wert als Isaak! Spätestens hier müsste die Menschen damals und uns heute eine Ahnung beschleichen, dass die Geschichte noch nicht zu Ende ist.

Als Christen blicken wir auf diesen Text und erkennen sonderbare Ähnlichkeiten. Die Geschichte wirft ihre Schatten hinein in das Neue Testament auf das Leben, den Tod und die Auferstehung Jesu. Dies alles findet einen Anker in der Opferung Isaaks. Nichts, was in diesem Text passiert, ist Zufall. Gott wählt die Berge von Morija, drei Tagesreisen von Abrahams Zuhause entfernt. Morija, die Berge auf denen später der Jerusalemer Tempel gebaut wurde.

Nicht weit entfernt vom Tempel, viele Hundert Jahre später, sehen wir einen anderen Vater mit seinem Sohn. Der wahre Vater führt seinen Sohn, seinen einzigen Sohn, seinen eingeborenen Sohn, den er lieb hat, auf einen Hügel. Jesus und sein Vater gehen den Weg der Erlösung am Kreuz miteinander. Jesus Christus hätte weder von Judas noch von Pilatus noch von Herodes gebunden werden können, wenn der Vater ihn nicht gebunden hätte.

Wie Isaak trägt Jesus das Holz, auf welchem er geschlachtet werden soll. Wie Isaak ist Jesus willig, gebunden zu werden. Aber dieses Mal gibt es niemanden, der eingreift, um ihn zu retten. Jesus, der Sohn Gottes, ist das wahre stellvertretende Opfer für die Menschheit.

Wenn wir den Text über die Bindung Isaaks ernst nehmen, lernen wir Richard Dawkins' und Christopher Hitchens' Beunruhigung verstehen, aber wir können diesen Text nicht so einfach abtun. Genauso wenig sollten wir wie religiöse Moralisten den Schrecken dieser Geschichte unterdrücken und das moralisch Gute sehen. Abraham versteht, mit Gottes dritter Möglichkeit zu rechnen, nachdem er zuvor seine Frau anderen Männern preisgegeben hat.

Wir lernen von einem Gott, der eine dritte Möglichkeit hat, der nicht loslässt von Abraham und weiter mit ihm geht. Gleichzeitig lernen wir von einem Gott, der das Bild eines »lieben Gottes« gehörig sprengt. Das sind Erfahrungen, die in der ganzen Bibel deutlich werden – nämlich, dass die Furcht vor dem Herrn Anfang aller Weisheit ist – und damit sind nicht nur Ehrfurcht und der Respekt gemeint.

Wenn wir uns über das Wort Gottes beugen und unter das Wort Gottes stellen, müssen wir die Bedeutung der Erstgeborenen verstehen, die nicht als Individuen dastanden, sondern die ganze Familie repräsentierten. Mit dem Ruf an Abraham, an den Einzelnen, geht es doch um die ganze Welt.

Wir müssen verstehen, dass es in Abrahams Prüfung nicht nur um die Frage ging, ob er Gott liebte und fürchtete, sondern *welchen* Gott er liebte und fürchtete. Und wir müssen die Bedeutung des stellvertretenden Opfers erkennen, das schließlich von Gott selbst gebracht wurde – zuerst mit dem Widder und dann mit Jesus.

Wenn wir nun nach Anwendungen fragen, meinen viele, es

wäre notwendig, dass wir wie Abraham bereit sein müssen, Gott alles zu opfern. Das ist zwar in Ordnung, aber hier geht es darum, dass letzten Endes Abraham das erforderliche Opfer *nicht* gebracht hat. Es war Gott. Gott hat den Preis bezahlt. Es ist Gott, der versorgt. Gott rettet auf eine Weise, die nicht vorauszuberechnen ist.

In Abrahams Prüfung ging es um die Frage, welchen Gott er liebte und fürchtete.

Ich erinnere an die Worte Westermanns:

> *Es gibt keine Macht auf dieser Welt und wird sie nie geben, die von Gott nicht gestört, gehindert, gehemmt oder mitten in ihrem Zuschlagen aufgehalten werden könnte gegen alle menschliche Voraussicht. Es gibt niemals die Alternative, vor der Abraham zu stehen glaubte, in reiner Form, dass nämlich ein Mensch sagen muss: Entweder ich gebe preis, was mir von Gott anvertraut ist – oder ich muss sterben. Gott hat immer noch eine Möglichkeit, wo wir keine mehr sehen.*[61]

Wenn das für Abraham gilt, dann gilt das für alle, die Gott folgen und lieben. Gottes dritte Möglichkeit gilt für unsere Gemeinden, unsere Leiter, aber auch für all jene, die sich sorgen und nicht sehen, wie ihre Probleme gelöst werden könnten.

Gottes dritte Möglichkeit gilt dem Gefühl der völligen Ohnmacht, wenn wir meinen, einem Koloss gegenüberzustehen, der uns zermalmen kann, ohne dass ein Hahn danach kräht, einer Macht, die so mächtig ist, dass sie das Recht nicht mehr braucht. Dann dürfen wir uns daran erinnern, dass wir einen liebenden Vater haben, der das ganze Bild sieht und immer noch eine Möglichkeit hat.

Christus allein. Allein Christus.

Ein Kollege erzählte mir, dass er von einem Bekannten ein aussortiertes iPad geschenkt bekam.[62] Ein iPad übt schon an sich eine unglaubliche Faszination auf Kinder aus, aber da gibt es bestimmte »kindermanipulierende« Apps, die noch eine ganz besondere Anziehungskraft haben, wie zum Beispiel das Spiel »Super Mario«. Der neunjährige Sohn meines Kollegen platzte fast vor Freude und überlegte, welche Herrlichkeiten er mit dem iPad erleben könnte und wie er mal ganz ungestört seine Spiele spielen würde. Tief ergriffen malte er sich aus, wie sein Leben einen neuen Sinn bekommen würde.

Als Vater und Sohn jedoch gemeinsam das Geschenk auspackten und das iPad einschalteten, versteinerte sich ihr Blick. Ein vierstelliger Code wurde verlangt, bevor das Gerät verwendet werden konnte. Bei einem vierstelligen Code gibt es zehntausend Möglichkeiten (10 hoch 4). Und dieser vierstellige Code fehlte, um an ein »erfülltes« Leben zu gelangen. Jedes Mal, wenn sie einen falschen Code probierten, wackelte das Bild. Nach einigen Versuchen musste man ein paar Minuten abwarten, bis man wieder etwas eingeben konnte, und dann wieder etwas warten. Die Wartezeiten zwischen den falschen Versuchen wurden immer länger. Und es gab nur einen richtigen Code, um an die »Herrlichkeiten« zu gelangen, die sich auf diesem iPad verbargen ...

Nur ein richtiger Code – das ist auch ein zentraler Inhalt der Reformation, des evangelischen Glaubens und dieses Buchs: Es gibt nur einen richtigen Code, um an die »Herrlichkeiten« zu gelangen: Jesus Christus, allein Jesus Christus.

Es besteht eine gewisse Einigkeit darüber, dass Jesus irgendwie zum christlichen Glauben dazugehört. Wir müssen das nicht erst begründen. Jesus Christus – seine Nachfolgerinnen und Nachfolger heißen Christen – da hört man eine gewisse Familienähnlichkeit.

Es gibt nur einen richtigen Code, um an die „Herrlichkeiten" zu gelangen.

Auch zur Zeit Martin Luthers gab es »Jesus« schon. Er hat Jesus nicht erst in den christlichen Glauben »eingeführt«. Umstritten war jedoch die Rolle von Jesus im christlichen Glauben, welchen Platz er einnahm, wenn man über die eigene Seele nachdachte. Und über diese Rolle herrscht bis heute keine Einigkeit. Manche meinen, dass unsere Kirchen Angst hätten, über Christus zu sprechen. Sie behaupten, eine »Christusphobie« sei ausgebrochen. Andere sind der Ansicht, ihren christlichen Glauben »an Jesus Christus vorbeiglauben« zu können.

Damals wie heute wurde und wird lieber vom »lieben und guten Gott« gesprochen als von Jesus Christus, der am Kreuz für unsere Sünden gestorben ist. Damals wie heute ist der Platz, den Jesus Christus für das eigene Heil einnimmt, umstritten.[63]

Nur ein richtiger Code? – Luther und die Reliquien

Für Luther war es hauptsächlich die Auseinandersetzung mit dem Reliquienkult, die ihn dazu bewog, in aller Klarheit festzuhalten: »allein Christus«.[64] Reliquie heißt übersetzt »Überbleibsel«, meint also etwas Zurückgelassenes. Dabei wurden und werden Gegenstände, Knochen oder Körperteile gesammelt und verehrt, von denen man annahm beziehungsweise annimmt, dass sie von Heiligen, von Märtyrern, Bischöfen oder von bekannten Personen aus der Bibel stammen.

Schon in der Frühzeit des Christentums wurden Märtyrer als Heilige im Sinne von Vorbildern verehrt. Erst im Mittelalter verschob sich der Akzent. Heilige waren nicht mehr nur Vorbilder im Glauben, sondern wurden zu Fürsprechern im Glauben. Sie vertraten den Einzelnen vor Gott. Durch die Nähe zu dem Heiligen, durch den Blick auf den Heiligen, wurde dem Beter die Nähe zu Gott garantiert. Deshalb wurden Skelette vorbildhafter und bekannter Christen zerlegt und einzelne Teile präsentiert.[65]

Zu diesem Zweck sammelte man so viel wie möglich: Holzsplitter aus dem Kreuz Jesu, das Blut Jesu, der Atem Jesu, der Milchzahn des neunjährigen Jesus, die Tränen Jesu, das Tischtuch vom letzten Abendmahl,[66] Gegenstände, Knochen und andere Körperteile von Bischöfen der frühen Kirche. Berühmt wurde auch das Turiner Grabtuch, mit dem Jesus möglicherweise in das Grab gelegt wurde (neben drei anderen Grabtüchern, denen dies zugeschrieben wird), und vieles mehr.

Die Reliquienfrömmigkeit konzentriert wie ein Brennglas folgende Fragen: Wie kann ich vor Gott bestehen – oder anders: Wie kann meine Beziehung zu Gott heil werden, in diesem Leben und nach diesem Leben? Wie steht es um meine Seele? Findet meine Seele nach Hause zu Gott? Wie kann mir meine Schuld abgenommen werden? Wie erfahre ich Vergebung meiner Schuld? Wie komme ich der Herrlichkeit Gottes nahe?

Jeder Mensch wusste damals, dass er daraufhin geschaffen worden war, in Beziehung mit Gott zu leben. Jeder wusste, dass diese Beziehung gestört war. Die brennende Frage war also nicht, ob es Gott gibt, sondern wie ich als Mensch einen ungehinderten, direkten Zugang zu Gott bekommen kann, wie ich vor Gott hörbar werde, wie ich es schaffe, dass Gott mich gnädig ansieht.

Diese brennenden Fragen lösten zur Zeit Martin Luthers einen »Run« auf Reliquienverehrung und Wallfahrten aus. Allerdings kosteten die Wallfahrten, Prozessionen und Begegnungen mit Reliquien Geld.[67]

So eine Wallfahrt war wie ein großes Volksfest. Wenn eine Reliquie der Öffentlichkeit gezeigt wurde, war eine große Menschenmenge anwesend. Die Reliquien wurden in kostbare Gefäße verpackt, um ihre Bedeutung zu unterstreichen.

Für Menschen, die mit dem Übernatürlichen wenig Berührung haben, wirkt es vielleicht etwas skurril, wenn die Nabelschnur Jesu verehrt wird oder die Vorhaut Christi, bei der sich sogar 13 Kirchen in Europa darum stritten, welches die echte ist.[68] Zentral an den Reliquien ist: Diese konkreten, greifbaren Gegenstände sollen feststellbar, beweisbar, überprüfbar machen, dass ich dazu beitragen kann, dass meine Seele zu Gott findet.

Was aber bewirken Reliquien? Zum einen gab es die Vorstellung, dass in einem kleinen Knochenstück der ganze Heilige gegenwärtig ist.[69] Diese Spuren des Heiligen werden als ein Zugang zu Gott angesehen, als eine Tür zu ihm. Sie vermitteln einem sozusagen Gott und seine Gnade. Gleichzeitig färbt etwas von dem Vermittelnden auf den Betrachter ab. Die Pointe der Reliquie: »Wenn ich dem Guten nahe bin, werde ich selbst gut.«

Wie schaffe ich es, dass Gott mich gnädig ansieht?

Viele Menschen treibt die Sorge an, dass sie im Jetzt und im Leben nach dem Tod aus den Armen Gottes fallen könnten, die Sorge, dass ihr eigenes Leben, ihr Glaube ungenügend ist. Viele wissen um ihre Fehler und Schuld und sorgen sich nun um die Konsequenzen, befürchten also Strafe. Und schon allein das Anschauen der Reliquien soll die Strafe für ihre Sünden verkürzen. So hatte etwa Martin Luthers Freund, der Kurfürst von Sachsen, 19 000 Reliquien gesammelt – diese waren 1,9 Millionen Jahre Sündenerlass wert.

Für Martin Luther waren die Reliquien dagegen nur »ein tot Ding«. Er verspottete sie als »nutzlose Hunds- und Rossknochen« und erzählte bei einer Vorlesung, dass von den zwölf Aposteln vierzehn allein in Deutschland liegen sollen – was nicht bei allen Zeitgenossen gut ankam.

Wir könnten der Versuchung erliegen, zu meinen, dass sich »aufgeklärte« Christen einer solchen Kritik anschließen sollten. Aber es geht mir nicht um »Reliquienbashing«, sondern darum, dass das menschliche Herz sich nur allzu schnell dazu verleiten lässt, sein Heil in etwas zu suchen, zu dem wir selbst beitragen können. Um in eine Beziehung zu Gott zu kommen, um Gnade zu empfangen, um die Herrlichkeit unseres Schöpfers zu empfangen, lässt sich der Mensch auf Umwege und Irrwege ein. Dagegen richtete sich Luthers Zorn.

Nur ein richtiger Code? – Das Problem des menschlichen Herzens

Dass Menschen, ja auch Christen, ihr Herz an vermeintliche Spuren des Heiligen hängen, ist nichts Vergangenes. Es liegt nicht hinter uns, sondern durchzieht die christliche Religion und sagt viel über das Herz des Menschen aus. Es sagt viel über *mein* Herz und *unser* Herz aus.

Das menschliche Herz sucht ständig »andere Ereignisse und Mächte, Gestalten und Wahrheiten« (Erste These der Barmer Theologischen Erklärung 1934), an das es sich hängen kann. Davon spricht die Bibel häufig und auch die Kirchengeschichte. Wir suchen Gestalten und Wahrheiten, die greifbar sind, die wir uns an die Wand hängen, Handlungen, die wir vollziehen, Rituale, die wir befolgen können, Menschen, deren Meinung zu unserer Gewissheit und Richtschnur wird.

Es ist noch nicht allzu lange her, dass Tyrannen und Diktatoren gefeiert, als Spur des Heiligen verstanden wurden. So galt Adolf Hitler durch Gottes Gnaden mit dem Heiligen Geist ausgestattet, um die Kirche Jesu zu retten. Es waren treue, gläubige, bibelfeste, ehrliche Christen, die das vertraten. Diese Spur des Heiligen sollte erlösen, retten und heilen.

Das menschliche Herz sucht ständig danach, sich selbst gerecht zu machen, das gilt auch für Menschen, die ihr Leben Jesus anvertraut haben. Da bricht immer wieder der alte Mensch durch. Dies ist unsere Natur, die Richtung des menschlichen Herzens. So hängt es sich an vermeintliche Spuren des Heiligen. In großem Getöse folgt es einem schön verpackten »Überbleibsel« und hofft, dass der Glanz der Spur auf es selbst fällt. Unser

Herz will diese vermeintlichen Spuren ergreifen und festhalten. Die Bibel nennt diese Spuren Götzen und Herren.

Johannes Calvin, ein Zeitgenosse Luthers, sagte, dass unser Herz wie eine Götzenfabrik ist. Es sucht sich immer etwas aus, das es anbetet – meistens Vergängliches und Vorübergehendes. Unser Herz sucht ständig etwas, dem es folgen kann. Damit sind nicht nur Gegenstände gemeint oder politische Figuren, »die nun endlich das christliche Abendland retten«. Unser Herz kann selbst das »einfache Leben« als vermeintliche Spur des Heiligen anbeten. Es kann das »erfolgreiche Leben« anbeten oder »Sicherheit«, gelingende Beziehungen, den Partner fürs Leben, den nächsten Job oder den nächsten Termin.

Unser Herz sucht ständig etwas, dem es folgen kann.

Einige Ereignisse, Mächte, Gestalten und Wahrheiten sind uns schnell verdächtig, zum Beispiel wenn Wellness, Politik oder Konsum uns zu einem erlösten Leben einladen, und das ist gut so. Und doch gibt es gerade für Christen ein paar heikle Irrwege, die sie »im Namen Gottes gehen«.

Einen solchen Irrweg sieht Luther dort, wo Christen Gottes Willen, sein Wirken und sein Handeln nur allzu großzügig in einem guten und gelingenden Leben erkennen.[70] Wenn Gottes Wirken und Gottes Wille unter die persönliche Befindlichkeit, unter die subjektive Interpretation fällt, dann ist es letztlich nur das eigene Herz, das schon wieder auf der Suche ist. Von dort droht dem Menschen die Gefahr. Es ist gefährlich, wenn der Mensch sich nicht vom Heiligen Geist in das *Wort Gottes* »hineintreiben« lässt, sondern in die *eigenen Meinungen und Befindlichkeiten*.

Martin Luther nennt einen solchen Menschen »einen Philosophen«. Ein »Philosoph« will die Herrlichkeit Gottes unmittelbar zugänglich machen. Er sieht in dem, was ihm an Gutem zustößt, was ihm gelingt, vielfältiges Sprechen Gottes. Er erkennt durch seine Gefühle und Zeichen in seiner Umgebung, wunderbare Fügungen Gottes. Es droht diesem Menschen die Gefahr, nur allzu selbstsicher zu entscheiden und zu »wissen«, dass dies alles Gott ist und sein guter Sinn und sein Wirken an uns. Doch Vorsicht!

In der Regel können wir die Spuren des Heiligen nicht so deutlich unterscheiden, wie wir meinen. Wir sind nicht dazu veranlagt, Gottes Wesen durch seine Werke zu erkennen. Eigentlich können wir es nicht. Es liegt nicht in uns (Heidelberger Disputation Artikel 19-21).[71]

Gewissheit finden wir in der Begegnung mit Gott. Gott offenbart sich, wird für die Welt deutlich sichtbar im Leiden und in der Kreuzigung von Jesus Christus. Dort, wo es am törichsten erscheint, dort geschieht der große Gnadenakt. Dort wird unsere Schuld vergeben, dort wird uns ein neues Herz geschenkt, dort geht uns ein Licht auf.

Gott vollbringt dies, und zwar durch einen Tausch. All unser dreckiges, beflecktes, unwürdiges, beschämendes, niederträchtiges Verhalten und Denken, die Vergangenheit, die wir verbergen wollen, all das geht auf Jesus Christus über, und seine Gerechtigkeit, seine Schönheit, geht auf uns über. Das ist ein »fröhlicher Wechsel« (Luther).

»Philosophen« begnügen sich nicht damit, bei dem stehen zu bleiben, was Gott selbst von sich in Jesus Christus sagt. Sie wollen die vermeintlichen Spuren der Wege Gottes in Natur und Geschichte von sich aus aufzeigen.

Auch unser Herz möchte einen Gott in der »eigenen Herrlichkeit« und Majestät erkennen, zum Beispiel in farbenfrohen, leuchtenden, gefühlsbetonten Momenten, sei es in einer Wallfahrt oder bei einem Gebet in der Natur mit Sonnenaufgang. Eine solche Herrlichkeit lässt unser Herz gern zu. Das Problem ist, dass wir in der Gefahr stehen, weltlichen Werken göttliche Prädikate zuzuschreiben und das Schlechte gut und das Gute schlecht zu nennen.[72] Allein in Jesus Christus, dem Gekreuzigten und Auferstandenen, ist die wahre Gotteserkenntnis.

Luther ist an dieser Stelle ziemlich scharf – und davon können wir lernen. Er sagt prüfend: »Jene Weisheit, die Gottes unsichtbares Wesen in Werken erkennt und schaut, bläht auf, macht gänzlich blind und verstockt« (Heidelberger Disputation Artikel 22).

> In Jesus Christus, dem Gekreuzigten und Auferstandenen, ist die wahre Gotteserkenntnis.

Das menschliche Herz lässt – auch im Glauben – Gott nicht Gott sein. Dies führt uns vor Augen, dass wir ein neues Herz benötigen, einen neuen Geist. Erst hier wird die Gnade zur Gnade, weil wir sie weder verdient haben noch erwarten können.[73]

Nur ein richtiger Code? – Jesus Christus

In Jesus Christus ist Gott eindeutig. In Jesus Christus ist uns Gott offenbar. Alles andere ist uns und unserem Glauben verborgen. Es ist Spekulation, vermeintliche »Spuren des Heiligen« mit Gottes Wirken gleichzusetzen. Das alles können wir nicht wirklich erkennen. Was wir aber erkennen können, ist Jesus Christus.

Jemand schrieb einmal:

Der, der uns das Wort Gottes sagt,
uns die Gnade Gottes bringt,
uns in die Gemeinschaft mit Gott einführt
und der wiederum unseren Namen vor Gott bringt,
und unser Leben mit Gott vereint,
ist einzig Jesus.

In Jesus Christus gibt Gott sich uns ohne Vorbehalt und Bedingung ganz und gar mit allem, was er ist und tut, hat und vermag. Gott eröffnet den Weg zu ihm selbst, indem er sich uns ganz hingibt. Dazu braucht es nicht Dutzende Versuche, Reliquien, Wallfahrten oder eine subjektive Gefühlslage, die einem anzeigt, dass Gott jetzt da ist. Jesus Christus ist die endgültige Zusage und Hingabe Gottes.

Gott sagt: »Ich für dich! Egal was du jetzt fühlst, egal was du an Geschichte mitbringst, egal was du dir leisten kannst.« Und das soll nun in Verstand, Wille und Gefühl eingeübt werden, weil das nicht die »Betriebstemperatur« unseres Herzens ist. Wir müssen lernen, uns das gefallen zu lassen.

Nur in Jesus Christus ist unsere Erlösung und unser Heil. Nur in Jesus Christus können wir ein erlöstes und heilsames Leben führen.

Nun ist Jesus als Wort Gottes unter die Menschen gekommen (Johannes 1,1-14). Durch ihn können wir Gott als liebenden Vater sehen. Wir üben, es uns gefallen zu lassen, dass Gott in Jesus alles vollbracht hat, wenn wir uns in die Heilige Schrift »treiben« lassen. So lernen wir, unser Leben im Glauben zu führen und lassen unser Herz Stück für Stück von ihm durchdringen und durch das Wort Gottes umformatieren:

> *Denn es ist ein Gott und ein Mittler zwischen Gott und den Menschen, nämlich der Mensch Christus Jesus, der sich selbst gegeben hat als Lösegeld für alle, als sein Zeugnis zur rechten Zeit.*
>
> 1. Timotheus 2,5-6

Glaube allein. Allein Glaube.

Der Kern des reformatorischen Gedankenguts lässt sich in vier *Soli* zusammenfassen:

1. *sola gratia* – die Gnade allein rettet uns
2. *sola scriptura* – die Bibel allein gibt Auskunft darüber, wer Gott für uns ist
3. *solus Christus* – Christus allein zeigt uns das Herz Gottes
4. *sola fide* – der Glaube allein ist nötig, nicht die Werke, damit wir im rechten Verhältnis zu Gott leben

Gesetz und Gnade

Das ganze Drama unserer Beziehung zu Gott hat der Hamburger Maler Franz Timmermann in einem Bild zusammengefasst.[74] Timmermann kam aus der Schule von Lukas Cranach in Wittenberg.

Das Bild ist in der Mitte geteilt durch einen Baum, der auf der einen Seite grünt, aber auf der anderen kahl ist. Links oben sind Adam und Eva zu sehen, wie sie der verbotenen Frucht nicht widerstehen können. Links unten wird ein Mensch in den Fängen der Hölle gequält. Daneben steht Mose und hält der armen Seele, nackt und ein bisschen androgyn, Männlein oder Weiblein ist schwer zu erkennen, die Gesetzestafeln hin. Die Botschaft dahinter ist deutlich: So solltest du leben und tust es nicht.

Auf der rechten Seite aber ist Christus zu sehen, seine Geburt, sein Tod am Kreuz und das Lamm Gottes, das der Welt Sünde trägt. Es triumphiert und trägt die Siegesfahne. Der Auferstandene tötet den Tod, unter dessen Kopf die Gesetzestafeln liegen.

In der Mitte steht nun die arme Seele, und daneben zwei würdige Herren, einer wohl Jesaja, der Prophet, der andere Johannes der Täufer, die beide auf Christus zeigen. Sie scheinen zu sagen: »Liebe Seele, da und da allein, ist Rettung, Heil, Leben, Gerechtigkeit.«

Das ist die Pointe der Reformation. Die Pointe ist nicht: Gnade, Bibel, Christus und Glaube sind wichtig. Das wäre nicht sehr aufregend. Die Pointe ist das »allein«. Unsere tiefste Gefährdung ist, dass wir das »allein« vergessen und dann sagen: Gnade, Bibel, Christus und Glaube sind wichtig, aber bitte nicht allein, sondern zusammen mit etwas anderem, das uns ebenfalls wichtig ist. Die vier Soli beschreiben einen schmalen Weg mit engem Tor.

Allerdings hätte es mancher doch gern ein bisschen breiter und weiter. Im 16. Jahrhundert und heute verursacht dieses Wort »allein« Stress. Das »allein« ist die Pointe, aber auch der Zankapfel. Luthers *Soli* beschreiben, dass es nur *einen* Retter gibt, und dass der Mensch ganz auf Gnade angewiesen und nur durch Glauben zu retten ist – ohne wirklich etwas beizutragen.

Die Bedeutung des »allein«

Sola fide, allein durch den Glauben. Gemeint ist der Glaube an Christus, ein Glaube, der sich von der Bibel aufklären lässt, der auf nichts als Gnade hofft und darum nicht auf seine eigenen guten Taten setzt.

Das hat damit zu tun, dass jetzt, wo vom Glauben die Rede ist, erstmals von uns die Rede ist. Die Gnade ist Gottes Gnade, die Schrift das Medium, durch das er mit uns spricht, Christus der Retter, für uns und an unserer Stelle gestorben und auferstanden. Das geschieht alles auf Gottes Seite. Doch dann heißt es: der Glaube, der Glaube allein, ohne die Werke. Da geht es um uns.

Und natürlich muss das so sein. Das Drama auf diesem Bild ist kein Kasperletheater, wo ein Puppenspieler die Figuren bewegt, wo diese aber nur Dinge sind, eben Puppen. Glauben heißt: Jetzt hören wir und wir verstehen und es berührt uns. Wir bejahen also, was wir hören, und verstehen, und wir merken, dass es unseren Blick auf die Welt verändert. Wir beginnen zu vertrauen, lassen uns beschenken und nehmen an, lassen das nicht alles fremd und äußerlich sein, sondern nah und innerlich. Wir glauben, nicht »es glaubt«. Wir glauben. Und indem wir das tun, ist genug getan. Kein Werk, keine gute Tat muss noch hinzutreten. Es ist genug, wenn wir glauben.

> Wir glauben und indem wir das tun, ist genug getan.

Doch genau hier droht Unfallgefahr. Wir akzeptieren also, sei es froh, sei es grummelnd, dass wir nichts beizutragen haben zu diesem großen Drama. Gar nichts. Nur den Glauben. Ist also der Glaube das einzige, sei es noch so kleine Werk, das der Mensch leistet? Ist wenigstens unsere freie Entscheidung, unser »Ja«, unser Mitwirken mit Gottes zuvorkommender Gnade, unser persönlicher Entschluss, zu glauben, ist wenigstens das alles wirklich unsere Tat?

Ja und nein. Ja, denn es glaubt nicht etwas in uns, sondern wir glauben. Und nein, denn selbst diesen Glauben könnten wir nicht selbst hervorbringen. Wir sehen es zum Teil auf dem Bild. Die arme nackte Seele, Männlein oder Weiblein, steht da, und Mose zeigt ihr ihr Elend, und Jesaja und Johannes zeigen ihr den Weg zur Rettung. Von selbst kommt sie nicht auf die Idee, sie wird angesprochen. Und wir sehen es zum Teil nicht auf diesem Bild, müssen es aber wissen: Dass die arme nackte Seele dazu wirklich Ja sagt, das ist etwas, das sie nicht könnte ohne den Heiligen Geist, ohne Gottes sanfte Bewegung in unserem Kopf und Herzen. So ist auch der Glaube nicht ein Werk, auf das wir stolz sein könnten, sondern ein Geschenk.

Glaube als Blickwechsel

Aber das ist nicht die eine Spur, der ich jetzt folgen möchte, ich möchte vielmehr auf das Innerste dieses Glaubens zu sprechen kommen. Was ist das: unser Glaube? Wie tun wir das: Glauben? Das bringt uns direkt ins Geschehen. Der Glaube ist ein Blickwechsel. Das ist ein wunderbar mehrdeutiges Wort, wie uns der Duden lehrt: Beim Blickwechsel wechseln zwei Blicke, sie schauen einander an und dabei passiert etwas. Gleichzeitig wechsle ich beim Blickwechsel die Blickrichtung, schaue also woanders hin und auch dabei passiert etwas.

Im Bild von Franz Timmermann hat die arme nackte Seele den Blick gewendet. Sie schaut – fast etwas unnatürlich – in eine neue, andere Richtung. Ihr Leib ist noch immer nach links gerichtet, dem Alten zugewandt, dem Aufstand gegen Gott. Dort lauert noch immer die Furcht vor dem bösen Ende und vor der strengen Forderung des Gesetzes, das kein Mensch erfüllen kann. Aber ihr Blick geht in eine neue Richtung: Sie schaut auf Christus, der am Kreuz hängt und der alles für sie gegeben hat. Sie schaut auf Christus, der über den Tod triumphiert. Sie schaut auf Christus und das ändert alles: Alles, was ihr fehlt, kommt ihr nun zu. Alles, was sie quält, verschuldet und beschämt, hängt dort am Kreuz. Der Blickwechsel ändert alles.

Worum geht es im Glauben? Es geht im Glauben um einen Blickwechsel, erstmalig irgendwann, wenn mir das alles neu aufgeht, und dann immer wieder, jeden Tag. Manchmal brauche ich das aufs Neue, weil ich ein bisschen ermattet bin. Dann muss ich den Kopf wenden und auf Christus schauen und den Blick, den Verstand, das Herz, das Vertrauen, die Hoffnung auf ihn allein richten.

Abraham als Glaubensheld?

Damit bin ich am Ziel – aber noch nicht am Ende. Denn von diesem Bild des Blickwechsels her wird deutlich, was Paulus im Römerbrief meint, wenn er den Glauben allein, ohne Zutun der Werke, an der Gestalt Abrahams verdeutlicht:

> *Denn was steht in der Schrift? »Abraham glaubte Gott; und Gott erklärte ihn wegen seines Glaubens für gerecht.« …*
>
> *Gerecht gesprochen aber wird ein Mensch aufgrund seines Glaubens, nicht aufgrund seiner Taten.*
>
> Römer 4,3.5; NLB

An Abraham sollen wir also ablesen, wie Glauben funktioniert. Aber ist er als Vorbild dafür wirklich geeignet? Im Englischen hört sich das noch besser an: als »champion of faith«? Auf den ersten Blick: Ja, sicher. Er wird von Gott angesprochen und aufgefordert, alles sofort zu verlassen. Er bekommt nur ein vages Versprechen auf viele Nachkommen und gutes Land und geht tatsächlich los. Er erweist sich als fürsorglich und großzügig, indem er seinem Neffen das bessere Land überlässt. Er übernimmt Verantwortung und spielt eine gute Rolle in einem politischen Konflikt. Zudem ist er ein ausdauernder Beter, als es darum geht, für Sodom und Gomorra ein gutes Wort im Himmel einzulegen.[75] Insgesamt scheint Abraham durchaus als »champion of faith« zu taugen. Man könnte sogar gefahrlos eine Universität nach ihm benennen.

Auf den zweiten Blick sieht das alles jedoch ein bisschen anders aus, wie wir im Kapitel »Sich dem Vater hingeben« gesehen haben. Als ein Mächtiger jener Tage ein Auge auf Abrahams Frau wirft, bekommt Abraham es mit der Angst zu tun (1. Mose 12). Er gibt vor, sie sei seine Schwester, damit der Herrscher ihn nicht mit Gewalt als Nebenbuhler ausschaltet. Der aber hat eine bessere Idee: Er bietet Abraham ein Vermögen an, wenn der ihm seine »Schwester« zur Frau gibt. Und was tut Abraham, der Glaubensheld? Er lässt sich darauf ein. Irgendwann fliegt alles auf und Abraham kommt gerade noch mit heiler Haut davon.

Man könnte meinen, er habe eine Lektion gelernt, aber ein paar Jahre später wiederholt sich die Geschichte mit einem anderen Herrscher (1. Mose 20). Abraham, der Glaubensheld, hat wieder die Hose voll. Taugt Abraham als Vorbild unseres Glaubens? Man könnte Zweifel bekommen.

Taugt Abraham als Vorbild unseres Glaubens?

Und dann ist da die Sache mit dem Kind, das Sara und Abraham bekommen sollen. Es klappt einfach nicht, deshalb hat Sara eine Idee, wie man ein bisschen nachhelfen könnte: »Abraham«, sagt sie, »verbringe doch die Nacht mit meiner Magd Hagar, hab ein bisschen Spaß mit einem jungen Mädel und vielleicht kommt ja in neun Monaten Nachwuchs.« Was tut Abraham, der Glaubensheld? Lehnt er entrüstet ab, bleibt seiner Sara treu und wartet darauf, dass Gott sein Versprechen wahrmacht? Nein, er lässt sich von der eigenen Frau zum Sugar Daddy machen. Das Ganze wird nicht lustig ausgehen, sondern viel Leid und Schmerz hervorbringen, aber das ist eine andere Geschichte.

Als Gott den beiden ein paar Jahre später noch einmal persönlich sagt: »Ich kriege das hin, auch wenn ihr alt seid, ihr bekommt noch einen eigenen Sohn, vertraut mir«, da brechen die beiden in schallendes Gelächter aus (1. Mose 17,17; 18,12). Das muss man erst einmal bringen: Gott ohne Hemmungen auszulachen. Gott zeigt Haltung und sieht es ihnen nach.

Noch einmal: Taugt Abraham als Vorbild des Glaubens, als »champion of faith«? Paulus, ich weiß nicht, ob du da eine gute Wahl getroffen hast.

Heldentum der anderen Art

Aber das ist nun genau der entscheidende Punkt. Abraham ist kein Held. Er ist Durchschnitt. Er hat seine hellen Momente, da scheint er über sich hinauszuwachsen. Aber er hat Tage, da wäre er besser im Bett geblieben. Manchmal wird es richtig finster, und man reibt sich die Augen, was so alles möglich ist im menschlichen Herzen. Abraham ist kein Held. Er ist alles andere als fehlerlos. Wir könnten da so einiges finden: Er ist zuweilen verwirrt, abgelenkt, abergläubisch, misstrauisch, ungeduldig, eigenmächtig und selbstverliebt, es gibt ein paar finstere Ecken in seiner Seele, in die er nicht einmal selbst Einblick hat. Ihn rettet am Ende auch nur Gnade, nur der Christus am Kreuz.

Wieso ist er aber ein Muster des Glaubens? Wieso hat Paulus in seiner Beschreibung gerade nicht danebengegriffen? Dafür gibt es nur einen einzigen Grund: weil Abraham so vollständig auf Gott angewiesen ist. Abraham weiß das, hat es verstanden und bejaht. Er hofft in all seiner Mittelmäßigkeit und Bösartigkeit, er glaubt in seinen wenigen Sternstunden, er schaut auf Gott, setzt auf Gnade, hofft auf Hilfe.

Jetzt kommt eines zum anderen: Abraham kann sich überhaupt nicht auf sich selbst verlassen, nicht einmal auf seinen Glauben, sofern das sein inniges Festhalten, Vertrauen, sein stabiles, Gott liebendes und ehrendes Inneres meint. Er kann sich nur immer wieder Gott in die Arme werfen. Das ist sein Glauben, sofern es das ist: sich als arme und nackte Seele Christus zuzuwenden, den Blick auf ihn zu richten und zu sagen: Du allein kriegst das hin mit mir, ich nicht.

Ich bringe es auf den Punkt: Der Held ist nicht Abraham, sondern Gott. Es ist besser, einen kleinen und schwankenden und seiner selbst nicht sicheren Glauben an einen großen Gott zu haben als einen großen Glauben an einen kleinen Gott. Abraham klammert sich an Gottes Geduld und seine Zusagen, das kriegt er hin. Glaube ist Blickwechsel.

Schaue ich auf meinen Glauben, dann muss ich verzweifeln. Oft spüre ich gar nichts. Oft bin ich verzagt. Oft schaue ich in meinen Abgrund. Liebe ich Gott? Oder brauche ich ihn einfach nur, weil ich sonst auf der linken Seite des Bildes ende? Vertraue ich, wenn es darauf ankommt? Bin ich zuversichtlich, wenn ich gebetet habe? Habe ich freudige Empfindungen, wenn ich sein Wort höre? Bin ich mit ganzem Herzen bei ihm, wenn wir Loblieder singen? »Nein«, heißt die Antwort in jedem einzelnen Fall, nein, nein, nein und wieder nein.

Ist mein Glaube ein Werk, dessen Qualität entscheidet, dann rettet mich auch mein Glaube nicht. Es ist aber nicht die Qualität meines Glaubens, sondern das Gegenüber meines Glaubens, das mich rettet. Dafür ist mir Abraham Vorbild.

> Ein kleiner Glaube an einen großen Gott ist besser als ein großer Glaube an einen kleinen Gott.

Und Gott hat einen zweiten Namen: der, der den Gottlosen gerecht macht. Mein Glaube ist, dass ich mich Christus an den

Hals werfe. Mein Glaube ist, dass ich arme nackte Seele den Blick auf den Gekreuzigten hefte. Mein Glaube ist, dass ich zu seinem Wort fliehe, wenn alles mich infrage stellt. Dann kann ich sagen: »Du hast es mir doch in der Taufe und im Mahl und wieder und wieder versprochen, dass du mich erträgst, ja liebst, dass ich dir fehle, wenn ich nicht da bin, dass Christus für mich genügt. Daran klammere ich mich, das ist mein Glaube. Und den hast du in meinem Kopf und in meinem Herzen erweckt. *Sola fide* – allein durch diesen Glauben werde ich gerecht, wie schon Abraham, Paulus und Luther. Ich glaube nicht an meinen Glauben, ich glaube an Christus, an sein Wort, diesen Anblick, wie er da für mich am Kreuz hängt und dann den Tod mit der Lanze erdolcht. Ich glaube nicht an meinen starken Glauben, aber mein kleines bisschen Glauben hängt an ihm, schaut auf ihn, hofft auf ihn.«

Und manchmal strahlt es dann auf: Welche Freude, welcher Friede. Und manchmal darf ich dann sein wie ein Kind und selbstvergessen tun, was er will, gar nicht mehr darauf bedacht, damit bei Gott Punkte zu sammeln oder einen Kuhhandel einzugehen. Ich tue es einfach so, weil es richtig ist. Manchmal.

Und dann wieder habe ich nichts als diesen Blickwechsel. Darauf kann ich mich verlassen, darum verlasse ich mich, bleibe gerade im Glauben nicht wieder bei mir, verweile nicht in mir und in der Betrachtung meines Glaubens, sondern bin außer mir – bei ihm. Schaut bloß nicht auf euren Glauben, schaut auf ihn. Allein auf ihn! Und gerade dann ist das der Glaube, der Glaube allein, *sola fide*, der Glaube, der empfängt, was Christus schenkt.

Schlusswort

Noch einmal: Verwurzelt in Jesus

Das war ein langer Weg! Alle Achtung, dass Sie bis hierher durchgehalten haben und mitgegangen sind. Danke für Ihr Interesse!

Wir verbinden mit diesem Buch eine Hoffnung: Zum einen wünschen wir uns, dass Einzelne inspiriert und orientiert werden, Jesus nachzugehen und aus der Verwurzelung in seiner Liebe zu leben. Zum anderen hoffen wir, dass immer mehr Gemeinden erkennen, wie wichtig es ist, Christen dabei zu unterstützen, im Glauben vital zu bleiben und zu wachsen. Da sehen wir nämlich selbst in erfreulich lebendigen Gemeinden häufig Nachholbedarf.

Viele Gemeinden haben erkannt, wie wichtig es in nach-volkskirchlichen Zeiten ist, Menschen den christlichen Glauben aufs Neue vorzuschlagen. Gerade Erwachsene sollen neu oder erstmals zum Glauben finden. Das ist der Wunsch vieler – und sie tun einiges dafür, richten den Gottesdienst auf suchende Zeitgenossen aus, führen Kurse zum Glauben durch, laden zum Pilgern ein, geben Dinner Partys mit kurzen Impulsreden, beteiligen sich an ProChrist, rüsten einander zum persönlichen Zeugnisgeben aus … Darüber freuen wir uns, denn das gehört zum Aufbau lebendiger Gemeinden.

Viele Gemeinden haben entdeckt, wie wichtig es in nach-pastorenzentrierten Zeiten ist, die Gaben der Getauften zu entdecken und ihren Einsatz zu fördern. Sie möchten, dass Menschen, die die Gnade Gottes erfahren haben, auch die Freude an den Gnaden*gaben* erleben. Gemeinden tun einiges dafür, bieten Gabentests an, haben Mentoringprogramme, manche offerieren sogar eine Art »Ehrenamtsbörse«, in der verschiedene Möglichkeiten zum freiwilligen Engagement in der Gemeinde inseriert werden, sie schulen diejenigen, die schon mitarbeiten, senden sie zu Kongressen und feiern mit ihnen, um sich für ihren Dienst zu bedanken. Das ist wunderbar, denn auch das gehört zum Aufbau lebendiger Gemeinden.

Vielen Gemeinden ist bewusst, wie wichtig es gerade in Zeiten sozialer und kultureller Umbrüche ist, die Verantwortung für das Gemeinwesen ernst zu nehmen und sich mit anderen für das Wohl der Menschen in der eigenen Lebenswelt einzusetzen. Sie möchten, dass Christen nicht nur an »Kirche« denken, wenn sie an das »Reich Gottes« denken. Gemeinden tun einiges dafür, sie bieten Bekanntes an, wie die Unterhaltung von Kindergärten und Schulen oder diakonischen Einrichtungen und Beratungsangeboten, aber auch Neues, das sich durch aktuelle Herausforderungen als dringend erweist, zum Beispiel der Einsatz für Flüchtlinge und andere Migranten, die Arbeit in sozialen Brennpunkten, die Fürsorge für Kinder und Familien, die es schwer haben, über die Runden zu kommen, Seniorencafés und Trauergruppen für Menschen in der dritten und vierten Lebensphase. Und das ist gut so, denn auch das gehört zum Aufbau lebendiger Gemeinden.

Aber es gibt eine Lücke, einen »missing link«. Wenn Erwachsene zum Glauben finden, dann muss es uns auch darum gehen, dass Glaubende im Glauben erwachsen werden, urteilsfähig, gut gegründet und fest verwurzelt in gesunder Lehre, geübt in den einfachen, alltagstauglichen geistlichen Übungen, im Gebet, in der Meditation der Schrift. Dazu gehört, dass wir sie dabei unterstützen, an ihrem Charakter zu arbeiten. Nicht zuletzt sollen sie auskunftsfähig über ihren Glauben werden und dabei zugleich gelassen *und* gespannt im Umgang mit ihren nicht-christlichen Nächsten sein, gespannt, ob sich einmal eine Tür auftut, um vom Glauben zu sprechen, gelassen, weil es nicht in ihrer Hand liegt, diese Tür zu öffnen.

Wenn Glaubende im Glauben nicht »erwachsen« werden,

dann können sie, wie es der große Fußball-Philosoph Lukas Podolski stets sagte, ihr Potenzial nicht abrufen. Sie bleiben unter ihren Möglichkeiten, und all die schönen Ideen, wie der Glaube im Alltag und im Gemeindeaufbau Früchte tragen soll, bleiben Theorie. Die Entwicklung der Gemeinde stockt, denn es fehlen am Ende die, die tun könnten, was getan werden müsste.

Wir hoffen, dass Sie, liebe Leserinnen und Leser, die uns auf unserer Reise bis hierher begleitet haben, davon profitiert und nun Lust auf mehr haben. Und wir hoffen, dass Ihre Gemeinden die Herausforderung annehmen (vielleicht im Verbund mehrerer Gemeinden?), regelmäßig etwas zu tun (zum Beispiel mit unserem Kleingruppenmaterial), das Menschen dabei unterstützt, reifer im Glauben zu werden, lebendige, mündige Christen, Jüngerinnen und Jünger – verwurzelt. Weil sie Jesus nachgehen.

Michael Herbst und Patrick Todjeras

Verfasserangaben

Einheiten von Michael Herbst:

Erster Teil

- Zeit, um Wurzeln zu schlagen
- Buße – der Weg zurück zu den Wurzeln
- Eine gesunde Selbsteinschätzung

Zweiter Teil

- Mit herzlosen Grüßen – Eine sperrige Geschichte von Erbarmen
- Jesus behält den Überblick
- Jesus ist alles, immer und gleichzeitig

Dritter Teil

- Bereit für ein neues Leben?
- Neues tun – Dinge nutzen und Menschen lieben
- Nur Jesus ist alles möglich
- Neue Prioritäten – Wollen wir sein, was Jesus will und ist?

Vierter Teil

- Glaube allein. Allein Glaube.

Einheiten von Patrick Todjeras:

Erster Teil

- Zeit, um zu entscheiden
- Zu Jesu Familie gehören
- Eine Heimat im Exil?

Zweiter Teil

- Wo Barmherzigkeit beginnt
- Klug durchs Leben
- König und Kreuz – Im Garten
- Auf dem Weg zum Kreuz – Vor Gericht

Dritter Teil

- Alles neu – Es geht ums Ganze
- Eine neue DNA – Aus dem Sieg leben

Vierter Teil

- Warten, dass Gott mich sieht
- Warten, dass ich Gott sehe
- Sich dem Vater hingeben wie Jesus
- Christus allein. Allein Christus.

Anmerkungen

Alle Internetlinks wurden zuletzt aufgerufen am 15.07.2019.

1 Vgl. Birgit Guth: Waldbaden – Warum uns der Waldspaziergang gut tut. Gesundheitstrends.com 25.10.2018. https://www.gesundheitstrends.com/a/schlaf-und-psyche/waldspaziergang-21003; Lucia Hennerici: Heilende Kräfte des Waldes – Der gesunde Wald. rbb-online 12.06.2018. https://www.rbb-online.de/rbbpraxis/rbb_praxis_service/alternativmedizin/der-gesunde-wald.html; Deutsche Akademie für Waldbaden (Hg.): Ausbildungsgänge. https://www.waldbaden-akademie.com/ausbildungen/; letzter Abruf jeweils 27.08.2019.

2 Vgl. Gemeinde Weitenhagen (Hg.): Söllkensee. https://weitenhagen.info/naturweit/soellkensee; letzter Abruf 27.08.2019.

3 Vgl. Wikipedia: »Wurzel (Pflanze)«. https://de.wikipedia.org/wiki/Wurzel_(Pflanze); letzter Abruf 27.08.2019.

4 Vgl. Naturwald Akademie: Worüber Bäume reden. https://naturwald-akademie.org/waldwissen/wald-tiere-und-pflanzen/baeume-tauschen-sich-aus; letzter Abruf 27.08.2019.

5 Vgl. Michael Herbst: Lebendig!. SCM 2018.

6 In Christ alone. Songwriter: Keith Getty / Stuart Townend, © Capitol Christian Music Group.

7 Vgl. Bertram Eisenhauer: Der allerlangweiligste Tag – In der Wüste der Ereignislosigkeit. FAZ.NET 11.04.2014. http://www.faz.net/aktuell/gesellschaft/der-11-april-1954-ist-der-langweiligste-tag-des-20-jahrhunderts-12891871.html; letzter Abruf 01.08.2019.

8 John F. Kennedy, 20. Januar 1961.
9 Barack Obama, 20. Januar 2009.
10 Papst Franziskus, 13. März 2013.
11 Jesus Christus, ca. 30 n.Chr., Markus 1,15.
12 J.R.R. Tolkien: Der Herr der Ringe. Band 3: Die Rückkehr des Königs. Klett-Cotta, 3. Aufl. 2011, S. 946.
13 Vgl. Henri Nouwen: Du bist der geliebte Mensch. Freiburg 2006, S. 26.
14 Christian Heinrich et al.: Die Kunst der Entscheidung. ZEIT online 11.10.2011. https://www.zeit.de/zeit-wissen/2011/06/Entscheidungen; letzter Abruf 19.06.2019.
15 Ebd.
16 Zitiert nach Lisa Nienhaus & Kolja Rudzio: Irgendwas mit Familie. ZEIT online 11.04.2017. http://www.zeit.de/2017/16/wahlkampf-familien-kita-familiengeld; letzter Abruf 08.09.2017.
17 Ulrich Luz: Das Evangelium nach Matthäus. EKK I/2. Neukirchen-Vluyn 1990, S. 274.
18 Die komplette Geschichte ist im Buch Jona nachzulesen.
19 Vgl. Gerhard Lohfink: Jesus von Nazareth. Herder 2011, S. 226.
20 Ebd., S. 237.
21 The Lord our Shepherd. 2. veränd. Aufl., EP Books 2003.
22 Samuel Lee Wood: Predigt vom 11.05.2014 in The Church of the Advent. http://archive.theadventboston.org/sermons/sw051114.htm; letzter Abruf 04.05.2019; Deutsch durch den Autor.
23 Timothy Keller: I Am the Shepherd – Predigt vom 29.11.1998 über Johannes 10 in der reformierten Redeemer Church in New York. Vgl. https://gospelinlife.com/downloads/i-am-the-shepherd-6561/; letzter Abruf 01.05.2019; Deutsch durch den Autor.
24 Rainer Stuhlmann: Der gute Hirte ist ein Schaf. In: GPM 108 (2019), S. 257-262. S. 257.

25 Der Name Gottes ist Barmherzigkeit – Ein Gespräch mit Andrea Tornielli. Kösel 2016.

26 Vgl. Wikipedia: »Kirche am Steinhof«, Unterpunkt »Bleiglasfenster«. https://de.wikipedia.org/wiki/Kirche_am_Steinhof; letzter Abruf 27.08.2019.

27 Die Beschreibung Gottes als gnädig, barmherzig, geduldig, voller Gnade und Treue findet sich auch mehrmals in den Psalmen (Psalm 86,15; 103,8; 145,8).

28 Paul Simon: Father and Daughter © Universal Music Publishing Group.

29 Zitiert nach Erwin Mülhaupt (Hg.): Martin Luthers Evangelien-Auslegung. Zweiter Teil. Das Matthäus-Evangelium (Kap. 3-25). Göttingen, 2. Aufl. 1954, S. 334.

30 Zitiert nach Tilman Spreckelsen: Das ist wer, den hab ich gern. In: FAZ, Nr. 83, 09.04.2016, S. 11.

31 Zitiert nach Mülhaupt, a.a.O., S. 333.

32 Ebd., S. 331.

33 Orhan Pamuk: Diese Fremdheit in mir. Hanser 2016.

34 Titel eines Buchs von Richard David Precht. Goldmann 2012.

35 Die »Paradise Papers« sind durch die Recherche der Süddeutschen Zeitung aufgedeckte Offshore-Konten bekannter Persönlichkeiten und Organisationen. Es geht um Geldwäsche, Korruption und Steuerhinterziehung.

36 An zwei Stellen spricht Jesus über außerordentliche Menschen, die wir beachten sollen. Über Johannes den Täufer sagt er: »Wahrlich, ich sage euch: Unter allen, die von einer Frau geboren sind, ist keiner aufgetreten, der größer ist als Johannes der Täufer; (der aber der Kleinste ist im Himmelreich, ist größer als er)« (Matthäus 11,11). Im behandelten Abschnitt sagt er: »Wahrlich, ich sage euch: Wo das Evangelium gepredigt wird in der ganzen Welt, da wird man auch das sagen zu ihrem Gedächtnis, was sie getan hat« (Markus 14,9).

37 Das Passahfest ist ein Wallfahrtsfest, zu dem sich Menschen aus allen Enden der damals bekannten Welt in Jerusalem versammelten.

38 Dietrich Bonhoeffer: Nachfolge. Gütersloher Verlagshaus 1989, S. 78.

39 Ebd., S. 82.

40 Ebd., S. 83.

41 Ebd., S. 84.

42 Ebd.

43 Ebd.

44 Vgl. Jochen Klepper: Die Nacht ist vorgedrungen. Strophe 5. EG 16.

45 Zionsville Presbyterian Church (Hg.): Countdown to the Cross – Tried. 25.03.2012. http://www.zpc.org/resources/sermons/countdown-to-the-cross-tried/; letzter Abruf 09.03.2018.

46 John Ortberg: Sermons – Loving Enough to speak truth. Preaching today. https://www.preachingtoday.com/sermons/sermons/2011/august/lovingenoughspeak.html; letzter Abruf 12.08.2019.

47 Dieses Kapitel wurde von einer Predigt zum selben Text inspiriert: John Ortberg: Forget yourself – For where your treasure is. Menlo Church 11.02.2018. https://menlo.church/series/forget-yourself#/modal/message/3912/mlo; letzter Abruf 07.07.2018.

48 Ziebarth Anne Friederike: Tausende Uni-Bücher landen auf dem Müll. OZ 25.06.2018. http://www.ostsee-zeitung.de/Vorpommern/Greifswald/Tausende-Uni-Buecher-landen-auf-dem-Muell; letzter Abruf 07.07.2018.

49 Marcus Theurer: Glanz und Elend. In: FAZ Nr. 126, 1. Juni 2019, S. 3.

50 Das Narrenkastl ist ein Wiener Ausdruck für stumpfes Vor-sich-Hinstarren.

51 Jürgen Moltmann in einem Interview mit Holger Fuß: Jürgen Moltmann hat keinen Gott im Himmel – Denn

das ist was für Engel. Er hat einen Gott auf Erden. Chrismon 01.04.2009. https://chrismon.evangelisch.de/artikel/2010/979/juergen-moltmann-hat-keinen-gott-im-himmel-das-ist-was-fuer-engel-er-hat-einen-gott-auf-erden; letzter Abruf 04.07.2019.

52 Das Vaterunser im bekannten Wortlaut, aber ohne die letzten Worte, die sich nur bei Matthäus finden.

53 Vgl. Duden online (Hg.): »erhören«. https://www.duden.de/rechtschreibung/erhoeren; letzter Abruf 21.08.2019.

54 Richard Dawkins: Der Gotteswahn. Ullstein Taschenbuch, 9. Auflage 2010. S. 513-514.

55 Zitiert nach Martin (Nickname): Predigt zu 1. Mose 22,1-19. UBF Heidelberg 17.01.2013. https://ubfheidelberg.org/2013/01/17/predigt-1-mose-221-19-sonderlektion-2-zum-jahresanfang-2013/; letzter Abruf 02.07.2019.

56 Claus Westermann & Gerhard Gloege: Tausend Jahre und ein Tag. Stuttgart 1959, S. 28.

57 Ebd., S. 29.

58 Ebd., S. 26.

59 Zitiert nach Martin (Nickname): Predigt zu 1. Mose 22,1-19, a.a.O.

60 Vgl. Sören Kierkegaard: Furcht und Zittern. Kopenhagen 1843.

61 Westermann & Gloege: Tausend Jahre, a.a.O., S. 28.

62 Diese Geschichte verdanke ich Pfarrer Sebastian Schulz.

63 Es geht hier nicht um die Frage, ob Christen gegenüber anderen Religionen tolerant sind, sondern um Fragen innerhalb des christlichen Glaubens.

64 Etwa seit dem 11. Jahrhundert hat sich die Reliquienverehrung etabliert.

65 Es gibt verschiedene Kategorien von Reliquien. Der Wert des Mantels des Heiligen Nikolaus liegt dabei höher als ein Taschentuch, das den Mantel des Heili-

gen Nikolaus nur berührt hat. Seit dem Mittelalter ist nicht nur eine eigene Reliquienfrömmigkeit entstanden, sondern auch ein mächtiger wirtschaftlicher Zweig. Beispielsweise wurde der Kölner Dom zu einer der einflussreichsten Kirchen Europas, weil er Knochen beherbergt, von denen man annimmt, dass es die Gebeine der Heiligen Drei Könige sind.

66 Andreas Malessa: Kleines Lexikon religiöser Irrtümer – Von Abba bis Zölibat. Gütersloher Verlagshaus 2009, S. 122.

67 Einer der wichtigsten Förderer von Martin Luther war Fürst Friedrich der Weise, Kurfürst von Sachsen. Bemerkenswert ist, dass Friedrich der Weise eine der größten Reliquiensammlungen Europas hatte. Von einer Reise aus dem Heiligen Land brachte er 1493 Windeln und Stroh mit, die von Jesu Krippe stammen sollten.

68 Reliquienverehrung gibt es nicht nur in der katholischen Kirche. Im Londoner Auktionshaus Sotheby's ist die Versteigerung moderner »Memorabilien« ein besonders gutes Geschäft: Gitarren von Rockstars, Schuhe von Fußball-Legenden. Das Leichentuch der argentinischen Politikerin Evita Perón ging für 130 000 Euro an den Mann, die Aktentasche von US-Präsident John F. Kennedy wechselte 1998 für 700 000 Dollar den Besitzer. Der VW Golf des übrigens führerscheinlosen Papstes Benedikt XVI wurde in den Wochen nach seiner Wahl 2005 über eBay für 190 000 Euro verkauft (vgl. Malessa: Kleines Lexikon, a.a.O., S. 121.)

Eine Stadt in der Normandie (Lisieux), in der die junge Nonne Therese 1897 verstarb, lebt heute von 800 000 Pilgern jährlich. Die Hauptattraktion ist die Vitrine mit den Haaren, die ihr beim Eintritt ins Kloster geschoren wurden.

Der Wunsch, Spuren des Heiligen konkret in den Händen zu halten oder dass von dem vorherigen Besitzer etwas auf den neuen Besitzer überschwappen möge, es abfärbt und einen einnimmt und letztlich erlöst, ob im Jetzt oder im Nachher, ist damals wie heute deutlich.

69 Dazu der Kulturhistoriker Hubertus Lutterbach: »Seit der Zeit galt, dass in dem kleinen Knochen der ganze Heilige gegenwärtig ist, so wie Sie also heute noch in der orthodoxen Kirche in den Ikonen immer einen Heiligenpartikel eingelassen haben, ein Knochenstückchen, und der Maler malt die gesamte Ikone darum herum«; zitiert nach Michael Hollenbach: Reliquien heute und früher – Der Atem Jesu und die Haare des Papstes. Deutschlandfunk 04.09.2016. https://www.deutschlandfunkkultur.de/reliquien-heute-und-frueher-der-atem-jesu-und-die-haare-des.1278.de.html?dram:article_id=364911; letzter Abruf 04.07.2019.

70 Natürlich erhält Gott seine Schöpfung und er spricht durch seine Werke in der Welt. Es ist in die Herzen aller Menschen geschrieben, dass es Gott gibt, dies sagt auch die Bibel. Aber es ist ein großer Unterschied, ob man weiß, dass da ein Gott ist, oder ob man weiß, was oder wer Gott ist.

71 Martin Luther verwendet folgendes Bild: Gott zieht in seiner Herrlichkeit an uns vorbei, ohne dass wir ihn erkennen. Wir können, wie Mose im Alten Testament, sozusagen nur von hinten auf den vorübergegangenen Gott blicken. Wir dürfen ihm nachschauen und dürfen ihn in dem erkennen, was er uns in Jesus Christus am Kreuz gezeigt hat.

72 Das ist aber »für niemand genug und nichts nütze …, wenn er ihn nicht zugleich in der Niedrigkeit und Schmach seines Kreuzes erkennt. So macht er die Weisheit der Weisen zuschanden« (Heidelberger Disputation Artikel 20).

73 Erst in der Kapitulation vor uns selbst wirkt Gottes Geist (Heidelberger Disputation Artikel 18). Luther hat

es in einem Brief an Spalatin vom 12.02.1519 so formuliert: »Durch Leben, nein durch Sterben und Verdammnis wird man Theologe, nicht durch Denken, Lesen und Spekulieren.«

74 »Gesetz und Gnade«, Öl auf Eichenholz, 1540, von Franz Timmermann. Quelle: Hamburger Kunsthalle/bpk, Foto: Elke Walford.

75 Vgl. 1.Mose 18,16-33.

Michael Herbst, Patrick Todjeras

Verwurzelt! –
Das Kleingruppenmaterial

Gemeinsam Jesus und dem Leben auf der Spur

Michael Herbst und Patrick Todjeras wünschen sich, dass das Wissen über Jesus praktisch im Leben ankommt. Ihr Kleingruppenmaterial zu dem Buch »Verwurzelt!« führt Gruppen mit vertiefenden Fragen in einen persönlichen Austausch über die Grundlagen des Evangeliums. Und in eine Reflexion darüber, wo und wie seine verändernde Kraft in der eigenen Gemeinschaft tiefere Wurzeln schlagen kann.

Für alle, die gemeinsam mit Jesus auf der Spur bleiben wollen.

Paperback, 13,5 x 21,5 cm, 96 S.
ISBN 978-3-7751-6042-1

SCM
Hänssler

GOTT BEGEGNEN – AUTHENTISCH LEBEN
AUFATMEN
DOSSIER:
FREUNDSCHAFT
SCM

Sabbatzeit –
Freiwerden zum Sein
Die Hütte „live"